Anselm Grün

Einfach älter werden!

Genehmigte Lizenzausgabe für Verlagsgruppe Weltbild GmbH, Steinerne Furt, 86167 Augsburg

Copyright © Vier-Türme GmbH, Verlag, D-97359 Münsterschwarzach Abtei

Realisierung: Ulrich Grasberger, München

Textauswahl: Ludger Hohn-Morisch

Layout: Dr. Alex Klubertanz, Garmisch-Partenkirchen

Umschlagmotiv: Pater Anselm Grün, Aufnahme: Micha Pawlitzki, Aystetten

Bildnachweis: Bildtafeln im Innenteil: Micha Pawlitzki, Aystetten. Kapitelaufmacher: Rainer Sturm/pixelio.de (S. 12), CFalk/pixelio.de (S. 40), momosu/pixelio.de (S. 102), Marvin Siefke/pixelio.de (S. 138), Thomas Max Müller/pixelio.de (S. 172), Olaf Schneider/pixelio.de (S. 194).

Gesamtherstellung: Offizin Andersen Nexö Leipzig GmbH, Zwickau

Printed in the EU

978-3-8289-5781-7

2015   2014   2013
Die letzte Jahreszahl gibt die aktuelle Lizenzausgabe an.

Einkaufen im Internet:
www.weltbild.de

Anselm Grün

Einfach älter werden!

Weltbild

Inhalt

Tugenden des Älterwerdens

Blätter fallen – Abschiede beginnen leise

Ars moriendi – Wir verlassen Raum und Zeit

Woher komme ich, wohin gehe ich?

Textnachweis

Die Texte dieses Bandes sind erstmals in folgenden Büchern von Anselm Grün beim Vier-Türme-Verlag, Münsterschwarzach erschienen:

Abenteuer Leben – Das spirituelle Familienbuch. Zusammen mit Magdalena Bogner. 2007

Auf der Suche nach dem inneren Gold. 2011

Damit dein Leben Freiheit atmet – Reinigende Rituale für Körper und Seele. 4. Aufl. 2007

Der Weg durch die Wüste – 40 Weisheitssprüche der Wüstenväter. 3. Aufl. 2006

Die hohe Kunst des Älterwerdens. 7. Aufl. 2009

Freu dich am Leben. 2011

Gebet als Begegnung. MKS* 60, 11. Aufl. 2008

Gebet und Selbsterkenntnis. MKS* 1, 13. Aufl. 2007

Gescheitert? – Deine Chance! Wenn Lebensentwürfe zerbrechen.
Zusammen mit Ramona Robben. MKS* 142, 5. Aufl. 2009

Gesundheit als geistliche Aufgabe. Zusammen mit Meinrad Dufner. MKS* 57, Vorzugsausgabe 2009

Ich bin müde. Neue Lust am Leben finden. 3. Aufl. 2012

Ich bleibe an deiner Seite – Sterbende begleiten, intensiver leben. 2010

Lebensmitte als geistliche Aufgabe. MKS* 17, Vorzugsausgabe 2009

Lebensträume – Wegweiser zum Glück. MKS* 171, 2. Aufl. 2010

Trau deiner Kraft – Mutig durch Krisen gehen. 2. Aufl. 2010

Vergib dir selbst. MKS* 120, Vorzugsausgabe 2009

Was kommt nach dem Tod? – Die Kunst, zu leben und zu sterben. 2. Aufl. 2009

Wenn du Gott erfahren willst, öffne deine Sinne. Zusammen mit Ramona Robben, 5. Aufl. 2005

Womit habe ich das verdient? – Die unverständliche Gerechtigkeit Gottes. 2. Aufl. 2005

*MKS = Münsterschwarzacher Kleinschriften

Einfach
älter werden

Wie wir einfach älter werden, das lernen wir von der Natur. Der Herbst steht für das Älterwerden. Der Herbst ist die Zeit der Ernte. Im Alter dürfen wir eine Ernte einfahren. Wir haben Früchte in unserem Leben gesammelt. Von diesen Früchten können andere sich nähren und an ihnen dürfen sie sich erfreuen. Im Alter werden wir zum Segen für andere. Sie haben an unserer Ernte teil.

Und der Herbst ist geprägt von den bunten farbigen Blättern, die langsam von den Bäumen fallen. Das Alter ist nicht eintönig und grau, sondern bunt. Im Alter bekommen viele Mut, ihre Eigenart und Besonderheit zu leben. Kein Alter gleicht dem andern. Jeder ist sein eigener Charakterkopf, bunt in seinen Möglichkeiten und Eigenheiten. Und die Herbstfarben sind milde Farben. Einfach älter werden, das heißt, wie die Herbstblätter milde werden, mit einem milden Blick auf das Leben schauen und mild über andere sprechen, nicht hart urteilend, sondern verstehend und ohne zu bewerten. So wie die milde Herbstsonne alles in ein mildes Licht taucht, so erscheint einem milden alten Menschen das eigene Leben und das Leben seiner Mitmenschen in einem milden Licht. Das tut den Menschen gut. Das lässt sie in dieser Milde die eigene Wahrheit anschauen und aussprechen.

Doch die bunten und in ihren milden Herbstfarben leuchtenden Blätter fallen langsam ab. So gilt es auch im Alter, manches loszulassen. Ich lasse meine Stellung, meine Rolle los. Und ich lerne langsam, einfach ich selber zu sein, ohne mich von der Rolle zu definieren. Ich lasse meine Macht los, mein Gebrauchtwerden, meine Bedeutung. Und ich lasse meinen Besitz los. Meine Mutter meinte immer: Ich möchte mit warmen Händen geben und nicht mit kalten. Manche, die den Besitz krampfhaft festhalten, nehmen ihn als Ersatz für das ungelebte Leben. Wer wirklich gelebt hat, der kann satt an Jahren sich selbst und alles, was er in Händen hält, loslassen, damit Neues in ihm wachsen kann, damit das Licht Gottes durch sein Alter hindurchscheint und er in diesem Licht zum Segen wird für andere Menschen.

Wer von der Natur gelernt hat, einfach älter zu werden, der ist ein Segen für die Menschen, für die jungen, die sich am Schatz seiner Lebenserfahrung erfreuen, und die alten, denen er mit einem milden Blick begegnet und mit denen er gemeinsam lernt, sich langsam vom Baum des Lebens zu lösen, damit eine andere Qualität von Leben in ihm und durch ihn für diese Welt sichtbar wird.

Lebensträume, Lebensstufen, Lebenszeiten

Älterwerden: eine Kunst

Der Mensch wird von allein alt. Aber ob sein Altern gelingt, hängt von ihm ab. Es ist eine hohe Kunst, in guter Weise älter zu werden. Die Kunst des Älterwerdens verlangt ein Wissen um das Geheimnis des Alters. Und sie braucht Übung.

Älterwerden
gehört zum Geheimnis des Menschseins

Wir brauchen heute in unserer Gesellschaft ein neues Gespür für die Weisheit und für den Sinn des Alters. Damit heben und schützen wir den Schatz, den die Gesellschaft in sich birgt. Und zugleich lässt uns die Wertschätzung des Alters auch unser eigenes Älterwerden positiv betrachten. Jeder Mensch wird täglich älter.

Das Nachdenken über das Alter ist daher nicht nur für die älteren Menschen wichtig, sondern für jeden Menschen. Sein Leben gelingt nur, wenn er sich dem Prozess des Älterwerdens stellt. Altern ist eine Grunderfahrung des Menschen. Über das Alter zu reflektieren ist daher immer auch ein Nachdenken über das Geheimnis des Menschseins an sich. Der Mensch wird von allein alt. Aber ob sein Altern gelingt, hängt von ihm ab.

Es ist eine hohe Kunst, in guter Weise älter zu werden. Kunst kommt von »können«, das ursprünglich mit »wissen«, »verstehen« und mit »kennen« zusammenhängt. Die Kunst des Älterwerdens verlangt ein Wissen um das Geheimnis des Alters. Und sie braucht Übung. Kunst gelingt nicht von allein. So geht es darum, das Älterwerden in einer guten Weise einzuüben. Es muss aber nicht alles perfekt sein. »Es ist noch kein Meister vom Himmel gefallen«, sagt ein Sprichwort. Wer die Kunst des Älterwerdens erlernen will, darf dabei auch Fehler machen. »Durch Fehler wird man klug«, sagt ein anderes Sprichwort. Für den griechischen Philosophen Platon hat Kunst immer etwas mit Nachah-mung zu tun. Der Mensch ahmt das nach, was er in der Natur sieht und was er in den Ideen schaut, die Gott ihm eingibt. Und für Platon braucht es die Gestaltungskraft des Menschen, um im Nachahmen etwas Kunstvolles zu schaffen. Das Älterwerden will gestaltet werden. Es orientiert sich am Wissen um das Geheimnis des Menschen und an der Kenntnis seiner inneren Entwicklung.

Aber es verlangt auch die Lust, das nach eigenem Geschmack zu gestalten, was mir in meinem Menschsein vorgegeben ist. Der Medizinhistoriker Heinrich Schipperges spricht von der je eigenen Gestaltung und dem je eigenen Weg in der Kunst des Altwerdens: »Den Weg zu dieser Kunst des Altwerdens und zum Kunstwerk des Altgewordenseins freilich muss letztlich jeder für sich selber finden. Sein Alter nimmt einem keiner ab.«

Das Alter lädt uns ein, in uns hineinzuschauen und dort den Schatz der Erinnerungen und den inneren Reichtum zu entdecken, der in den vielen Bildern und Erfahrungen zum Ausdruck kommt.

Der Sinn
des Alters

Bevor ich über die Kunst des Älterwerdens schreibe, möchte ich zunächst über den Sinn des Alters nachdenken. Denn wenn der ältere Mensch den Sinn des Alters nicht versteht, wird er voller Groll auf die Jungen schauen. Denn dann neidet er »der Jugend ihr Jungsein, ihre Zukunft, ihr Planen und Hoffen und sucht es ihr zu verleiden – sei es auch nur dadurch, dass er alles Neue verwirft und alles Alte verklärt« (Romano Guardini).

Älterwerden ist nicht nur ein Phänomen, das uns alle äußerlich betrifft. Es trägt in sich auch einen Sinn. Und nur wenn wir diesen Sinn erkennen, werden wir in guter Weise unser Älterwerden annehmen können. C. G. Jung vergleicht das Leben mit dem Weg der Sonne: »Der Sinn des Morgens ist unzweifelhaft die Entwicklung des Individuums, seine Festsetzung und Fortpflanzung in der äußeren Welt und die Sorge für die Nachkommenschaft.«

Doch der Lebensnachmittag kann nicht nur ein Anhängsel an den Morgen sein. So wie die Sonne ihre Strahlen einzieht, um sich selbst zu erleuchten, so soll auch der ältere Mensch nach innen gehen, sich seinem Selbst zuwenden und den Reichtum im eigenen Innern entdecken.

In vielen Völkern und Kulturen sind die Alten »die Hüter der Mysterien und Gesetze« (Jung, Werke, Bd. VIII, S. 456). Sie prägen die Kultur eines Volkes. Auf gute Weise alt werden kann jedoch nur, wer bewusst gelebt und seine Lebensschale bis zum Überfließen gefüllt hat. Wer schon in der Jugend nicht wirklich lebt, der ist auch im Alter nicht dazu fähig. Denn es bleibt zu viel Ungelebtes zurück. »So betreten sie die Schwelle des Alters mit einem unerfüllten Anspruch, der ihnen den Blick unwillkürlich rückwärts lenkt.«

Sie kreisen immer nur um ihre Vergangenheit, werden geizig, empfindlich, verbittert und gönnen den Jungen ihr Leben nicht. Ja, sie versuchen, selbst »gar ewig Junge zu werden, ein kläglicher Ersatz für die Erleuchtung des Selbst, aber eine unausbleibliche Folge des Wahnes, dass die zweite Lebenshälfte von den Prinzipien der ersten regiert werden müsse.«

Der Sinn des Alters besteht nach C. G. Jung daher darin, das Abnehmen der körperlichen und geistigen Kräfte anzunehmen und den Blick nach innen zu lenken. In der Seele liegt der Reichtum des Menschen. Das Alter lädt uns ein, in uns hineinzuschauen und dort den Schatz der Erinnerungen und den inneren Reichtum zu entdecken, der in den vielen Bildern und Erfahrungen zum Ausdruck kommt.

Auch der Dichter Hermann Hesse, der bei einem Schüler Jungs eine Therapie gemacht und manches Gedankengut des Schweizer Therapeuten in seine Dichtung übernommen hat, spricht vom besonderen Wert des Alters: »Das Altwerden ist ja nicht bloß ein Abbauen und Hinwelken, es hat, wie jede Lebensstufe, seine eigenen Werte, seinen eigenen Zauber, seine eigene Weisheit, seine eigene Trauer, und in Zeiten einer einigermaßen blühenden Kultur hat man mit Recht dem Alter eine gewisse Ehrfurcht erwiesen, welche heut von der Jugend in Anspruch genommen wird. Wir wollen das der Jugend nicht weiter übel nehmen. Aber wir wollen uns doch nicht aufschwatzen lassen, das Alter sei nichts wert« (aus: Mit der Reife wird man immer jünger. Betrachtungen und Gedichte über das Alter. Frankfurt a. M. 1990).

Um den Wert des Alters und seinen Sinn zu leben, ist es nach Hermann Hesse notwendig, das eigene Alter und alles, was es mit sich bringt, anzunehmen und damit einverstanden zu sein: »Ohne dieses Ja, ohne die Hingabe an das, was die Natur von uns fordert, geht uns der Wert und der Sinn unsrer Tage – wir mögen alt oder jung sein – verloren, und wir betrügen das Leben« (Hesse).

»Das Altwerden ist ja nicht bloß ein Abbauen und Hinwelken, es hat, wie jede Lebensstufe, seine eigenen Werte, seinen eigenen Zauber, seine eigene Weisheit, seine eigene Trauer, und in Zeiten einer einigermaßen blühenden Kultur hat man mit Recht dem Alter eine gewisse Ehrfurcht erwiesen ...«

Kein altes Eisen

Den besonderen Wert entdecken

Neulich erzählte mir eine Rentnerin, die eigentlich frei von Verpflichtungen ist, wie sie sich auch jetzt noch ständig unter den Druck setzt, noch mehr leisten zu müssen. Um halb elf am Vormittag fällt ihr auf einmal ein, dass sie doch jetzt schon mehr im Haushalt erledigt haben müsste. Es geht im Alter nicht mehr darum, sich unter Druck zu setzen. Vielmehr sollte das Leben fließen. Und wenn es fließt, dann wird es fruchtbar für uns und für andere. Wer sich unter Druck setzt, will mit seiner Arbeit nur sein schlechtes Gewissen beruhigen. Doch dann bekommt sein Tun den Geschmack des Harten und Bitteren.

Die Arbeit des älteren Menschen muss frei von dem Druck sein, sich mit anderen zu vergleichen. Sie braucht mehr Durchlässigkeit und Selbstlosigkeit. Und sie muss sich vom Sachlich-Funktionalen mehr zum Menschlichen hin verlagern. Ältere Menschen, die sich für andere einsetzen und die ein Gespür für die Bedürfnisse der Menschen entwickeln, sind zufriedener als solche, die sich nur zurückziehen und um sich kreisen. Leo Tolstoi schreibt in seinen Tagebüchern, gegen depressive Stimmungen gäbe es nur ein Mittel: »Irgendjemandem dienen in ganz einfacher Weise, wie es sich gerade trifft, für jemanden arbeiten.« Ältere Menschen engagieren sich oft ehrenamtlich in der Betreuung von Einsamen und Kranken in der Gemeinde. Bei dieser Tätigkeit entfalten sie neue Fähigkeiten. Sie verstehen die Menschen, die sie besuchen. Und sie finden die richtigen Worte, um mit ihnen zu sprechen.

Meine Mutter brauchte für die Caritassammlung immer sehr lange Zeit. Sie kam während ihrer Besuche gerade mit einsamen und älteren Men-

Wer die Fruchtbarkeit des Alters erfährt, der stimmt in das Lob des Alters ein, das seit jeher die Alten gesungen haben.

schen ins Gespräch. Diese konnten ihr ihre Sorgen und Nöte erzählen. Sie hörte einfach zu und machte ihnen Mut, weil sie aus eigener Lebenserfahrung sprechen konnte. Sie bewertete nicht, was die Menschen ihr erzählten, sondern nahm es einfach in sich auf und gab ihnen das weiter, was sie für sich selbst als Lebensphilosophie erworben hatte.

Eine andere Weise, die Buntheit des Alters zu erleben, sind die Hobbys, die ältere Menschen oft haben. Wer sein Hobby liebt, der bleibt innerlich zufrieden. Fritz Riemann meint, eine gute Liebhaberei sei eine echte Hilfe gegen die Gefahr der Verbitterung: »Etwas lieb haben zu können ist schon ein Schutz gegen Resignation und Verbitterung.«

Wer in seinem Hobby aufgeht, der entwickelt oft Kreativität und Phantasie. Er baut sich seine eigene Welt auf: eine Welt, die er noch selbst gestalten kann, eine Welt, in der die Werte gelten, die ihm zeit seines Lebens wichtig waren. Je mehr dem älteren Menschen die Welt entzogen wird, desto wichtiger ist ihm das Hobby, in dem er diese Welt noch gestalten und formen kann. Manche Menschen entdecken im Alter ihre Fähigkeit, zu malen, zu schreiben oder zu basteln. Sie erfahren die viele freie Zeit, die sie haben, als beglückend. Sie haben keine Langeweile, sondern gestalten eine kreative Zeit, in der das entstehen kann, was sich in den langen Jahren ihres Lebens in ihnen geformt hat.

»Ich erfahre das Glück, dass mir in meinem hohen Alter Gedanken aufgehen, welche zu verfolgen und in Ausübung zu bringen eine Wiederholung des Lebens gar wohl wert wäre.«

Wer die Fruchtbarkeit des Alters erfährt, der stimmt in das Lob des Alters ein, das seit jeher die Alten gesungen haben. Ich möchte nur ein paar Beispiele anführen. Der chinesische Philosoph Lin Yutang schreibt: »Es gibt nichts Schöneres auf dieser Welt als einen gesunden weisen alten Mann.«

Der alternde Johann Wolfgang von Goethe schreibt an Carl Friedrich Zelter: »Ich darf dir wohl ins Ohr sagen, ich erfahre das Glück, dass mir in meinem hohen Alter Gedanken aufgehen, welche zu verfolgen und in Ausübung zu bringen eine Wiederholung des Lebens gar wohl wert wäre.«

Der Frankfurter Psychiater Heinrich Hoffmann, der Verfasser des »Struwwelpeter«, schreibt 1879 an Theodor Curtius: »Ich begreife nicht, wie so viele Menschen sich über das Alter beklagen und vor dem Alter fürchten. Ich finde in den Lebensbeschränkungen, die es verlangt, so viel Behagliches, Beruhigendes, Friedliches, dass ich, als geborener Optimist, auch diese Lebenszeit für die beste halte, wie noch jede, die ich früher durchmaß.«

Die drei Zitate zeigen, dass dem Menschen, der die Kunst des Lebens gelernt hat, auch das Alter gelingt und dass er den besonderen Wert des Alters entdeckt.

Gemeinsam
alt werden

Viele ältere Menschen fühlen sich isoliert, von der menschlichen Gemeinschaft abgeschnitten und unter Umständen in ein Altenheim »abgeschoben«. Damit Altwerden aber gelingt, braucht es die Gemeinschaft. Das hat für mich verschiedene Aspekte. Einmal ist es für die Älteren gut, dass sie Kontakt zu anderen älteren Menschen pflegen. Jetzt nach der Pensionierung haben sie Zeit, alte Freundschaften wieder zu pflegen oder mit anderen etwas zu unternehmen. Sie können die Zeit miteinander genießen, von alten Erfahrungen sprechen und einander zuhören.

Meine Mutter war jahrelang Vorsitzende vom Frauenbund in der Pfarrei. Im Alter haben sich die Frauen jeden Montag getroffen und miteinander Kaffee getrunken. Dabei haben sie sich ganz viel aus ihrem Leben erzählt. Das war wie eine Therapierunde für sie. Sie konnten ehrlich erzählen und mussten nichts beschönigen. So wurde jede gehört. Und alte Wunden wurden durch das Erzählen geheilt. Sie nahmen Anteil am Leben der anderen – auch an deren Krankheiten und Beschwerden, die mit der Zeit immer mehr auftraten. So fühlten sie sich nicht allein. Gemeinsam alt werden ist auch eine Aufgabe für Eheleute. Es gibt wunderbare Beispiele von älteren Ehepaaren, die sich einfach verstehen und die sich auch nach vielen Jahren immer noch zärtlich lieben. Damit das Miteinander in der Ehe im Alter gelingt, braucht es die grundsätzliche Bereitschaft, mit dem anderen mitzugehen – ganz gleich, wie es ihm körperlich oder seelisch geht.

Es ist nicht selbstverständlich, dass Eheleute immer mehr zusammenwachsen. Oft gibt es nach

Jetzt nach der Pensionierung haben sie Zeit, alte Freundschaften wieder zu pflegen oder mit anderen etwas zu unternehmen. Sie können die Zeit miteinander genießen, von alten Erfahrungen sprechen und einander zuhören.

der Pensionierung eine Krise im Miteinander. Mann und Frau haben jahrelang ihren Rhythmus gelebt, der von der Arbeit bestimmt war. Der Mann ging morgens an die Arbeit und kam abends wieder. Tagsüber konnte die Frau schalten und walten, wie es ihr entsprach – oder sie ging selbst zur Arbeit. Doch jetzt verbringen beide den ganzen Tag miteinander. Das wird der Frau oft zu eng. In einer solchen Situation braucht es einen neuen Ausgleich von Nähe und Distanz, damit die Eheleute sich nicht gegenseitig bekriegen, sondern gut miteinander umgehen können. Und der Mann muss sich neue Beschäftigungen suchen, damit er nicht ständig die Frau beobachtet und kritisiert. Nur wenn auch im Alter jeder für sich selbst gut leben kann, wird das Miteinander gelingen.

Die Ehepartner müssen wieder neu lernen, nicht nur über ihre Kinder zu sprechen, sondern auch über sich selbst. Nur so wird die Ehe im Alter zum Segen für die Partner und für die Kinder. Und es braucht viel Geduld, den anderen so zu nehmen, wie er ist. Im Beichtstuhl höre ich öfter große Klagen von älteren Frauen, dass die jeweilige Ehe ein Horror sei: Der Mann könne mit sich nichts anfangen. Er sei unzufrieden mit sich selbst und projiziere seine Unzufriedenheit auf die Frau. Er betrachte die Frau als Besitz und könne nicht akzeptieren, dass sie in den vielen Jahren ihre eigene Persönlichkeit entfaltet habe. Wenn der Mann in einer solchen Situation nicht bereit ist, an sich zu arbeiten, wird das Miteinander zur Hölle. Daher brauchen gerade auch ältere Eheleute Hilfe von außen, damit sie sich selbst in ihrer Begrenztheit annehmen und so auch fähig werden, den anderen anzunehmen und dankbar miteinander die Zeit zu verbringen, die ihnen noch vergönnt ist. Eva Jaeggi beschreibt, wie das Zusammenleben im Alter aussieht, wenn es nicht gelingt: »In vielen Partnerschaften schleicht das graue Gespenst der Langeweile herum. Das war während des Arbeitslebens gar nicht so recht zu bemerken gewesen – nun wird es akut. Und Langeweile zieht sofort einen noch trübsinnigeren Bruder nach sich: den Streit. Alte Akten werden aufgeschlagen, vor allem von den Ehefrauen: ›Als die Kinder klein waren, hast du dich immer verdrückt‹, ›Sparsam warst du ja nie,

Die Ehepartner müssen wieder neu lernen, nicht nur über ihre Kinder zu sprechen, sondern auch über sich selbst. Nur so wird die Ehe im Alter zum Segen für die Partner und für die Kinder.

sonst hätten wir jetzt mehr‹« (Jaeggi, Tritt einen Schritt zurück und du siehst mehr. Gelassen älter werden. Freiburg i. Br. 2005).

Wenn ältere Ehepaare nur um sich kreisen und keine Aufgabe mehr sehen, die sie über sich hinausweist – und vor allem: wenn sie ihr Miteinander nie wirklich reflektiert haben –, dann treten alle verdrängten Konflikte ans Tageslicht, und das Leben zu zweit wird immer schwieriger. Zugleich ziehen sich die Kinder von den Eltern zurück, weil sie es nicht aushalten, ständig nur ihre Klagen übereinander anzuhören. Mir erzählen Frauen, dass sie nur ungern ihre Eltern besuchen. Denn der Vater beklage sich andauernd über die Mutter – und die Mutter über den Vater. Jeder wolle die Tochter auf seine Seite ziehen. Aber miteinander könnten sie ihre Konflikte nicht lösen. Das führt dazu, dass das ältere Ehepaar immer mehr vereinsamt und sich beide stundenlang gegenseitig angiften.

Manchmal höre ich die Klagen junger Familien, dass ihre alten Eltern nur auf die Familie fixiert seien und keinen Kontakt nach außen pflegten. Das überfordert die jungen Familien oft. Denn sie müssen nun alle Bedürfnisse der alten Eltern nach Gemeinschaft und Beziehung erfüllen. Wenn sich jedoch ältere Menschen mit anderen treffen, zum Kegeln, zum Wandern, zum Kartenspielen, zum Kaffeetrinken, zu Ausflügen, zu kulturellen Veranstaltungen, dann entlastet das die Familien. Und es tut auch den älteren Menschen gut. Sie fühlen sich in der Gemeinschaft mit Gleichaltrigen wohl und können so ihre eigenen Beschwerden offener ansprechen und leichter ertragen.

Umgang mit
Angst und Depression

E s gibt nicht nur ältere Menschen, die Liebe ausstrahlen. Es gibt auch viele, die im Alter von Ängsten und Depressionen heimgesucht werden. Man spricht in der Psychologie von »Altersdepression«, die viele erfasst, die in ihrem Leben nie damit zu tun hatten. Wir dürfen nicht werten, wenn jemand im Alter von Ängsten und Depressionen geplagt wird. Vielmehr geht es darum, mit der neuen und schwierigen Situation gut umzugehen. Die Ängste haben einen Sinn und auch die Depressionen haben einen Sinn. Im Gespräch mit der Angst und mit der Depression gilt es, den Sinn zu erkennen.

Häufig taucht die Altersdepression auf, weil man sich im Ruhestand nicht mehr von der Arbeit und von seiner Kraft her definieren kann. Gerade Männer erleben nach der Pension oft depressive Schübe, weil sie sich nicht mehr von den bisherigen Aufgaben her definieren können.

Die Depression ist wie ein Durchgang, der hilft, für das Leben eine neue Grundlage zu finden. Dann zerfallen alte Werte und neue tun sich auf. Nicht mehr die Leistung zählt, sondern das Sein schlechthin. Doch um zu dieser neuen Haltung zu gelangen, braucht es manchmal eine Depression, die mich zwingt, das loszulassen, woran ich mich sonst gerne weiter festhalten würde.

Eine Frau, die in ihrem Leben viel geleistet hat, erkannte im Gespräch mit ihrer Depression, dass ihr momentaner Zustand dazu einladen möchte, geschehen zu lassen: Sie bräuchte nichts mehr zu leisten. Sie bräuchte sich nicht mehr unter Druck zu setzen, müsse im Alter nicht mehr viele Ergebnisse vorweisen und mit anderen konkurrieren. Sie solle einfach geschehen lassen. Dann werde noch genügend entstehen und ihr Alter werde noch reiche Frucht bringen. Die Depression war für diese Frau die Zäsur, die zwischen einer großen Arbeitsleistung und dem Übergang in eine andere Qualität des Lebens stand und die Neuorientierung ermöglichte.

Wenn ein Ehepartner nach langen Jahren des Miteinanders stirbt, gerät der Überlebende oft in eine Depression. Der Boden, auf dem er bisher stand, verschwindet unter seinen Füßen. Er wird in seiner Identität erschüttert. Er versteht sich selbst nicht mehr. Bisher war er in all seinem Denken auf den Partner bezogen. Nun steht er allein da. Er weiß nicht mehr, wer er eigentlich selbst ist. Alle Kraft, die ihm die Partnerschaft gegeben hat, ist ihm entzogen. Jetzt erlebt er sich kraftlos, trostlos und depressiv.

Auch dies ist eine Phase, durch die der ältere Mensch durchgehen muss, um sein Leben auf eine neue Grundlage zu stellen und in Gott neuen Halt zu finden. Seine Kinder können ihn nicht von dieser Einsamkeit und Depression befreien. Sie dürfen ihm auch keine Vorwürfe machen. Sie sollen den älteren Menschen in seiner Depression verstehen und ihn begleiten. Oft will der ältere Mensch nur über seine innere Orientierungslosigkeit sprechen, ohne Antworten oder Ratschläge zu erwarten. Er möchte nur gehört und ernst genommen werden. Auch diese Phase braucht es als Durchgang, um schließlich zu einer neuen Lebensorientierung zu kommen.

Es gibt aber nicht nur die depressiven Phasen im Leben des älteren Menschen, sondern auch die Krankheit der Depression. Sie kann organische Ursachen haben. Aber sie kann auch durch die äußeren Umstände bedingt sein. Der Psychotherapeut Christian Müller erklärt das erhöhte Auftreten der Depression im Alter so: »Der alte Mensch wird durch Pensionierung, Wohnungswechsel, Verlust des Gehabten aus seinem gewohnten Rahmen herausgerissen, und seine psychischen Kräfte reichen nicht mehr aus, um diese Verluste zu kompensieren.«

Die Psychologie spricht dabei von der »Vulnerabilität«, von der Verletzbarkeit des Menschen. Normalerweise kann der Mensch solche Verluste verkraften. Im Alter stehen ihm jedoch nicht immer in ausreichendem Maße die psychischen Kräfte zur Verfügung, um mit den belastenden Situationen zurechtzukommen. Woher die Depression, an der der ältere Mensch dann leidet, letztlich kommt, ist nicht entscheidend. Wichtig ist, dass der Betroffene sich seine Depression eingesteht und offen mit dem Arzt darüber spricht. So ist eine Heilung möglich.

Depression ist wie ein Durchgang, der hilft, für das Leben eine neue Grundlage zu finden. Dann zerfallen alte Werte und neue tun sich auf. Nicht mehr die Leistung zählt, sondern das Sein schlechthin.

Wir sollten nicht gegen die Depression kämpfen, sondern uns mit ihr anfreunden. Dann wird sie uns in eine neue Qualität des Lebens führen, zu einem neuen Selbstbild und zu einem verwandelten Gottesbild.

Signale
verdrängter Trauer

Altersdepressionen laden uns ein, all das loszulassen, was bisher unser Leben ausgemacht hat. Waren wir stolz auf unsere Gesundheit, auf unsere Kraft, mit der wir auch noch 70-jährig alles in die Hand genommen haben, so zeigt uns die Depression, dass wir gerade das loslassen müssen, was uns so wichtig war. Es ist eine spirituelle Herausforderung, sich durch die Depression alles nehmen zu lassen, wodurch wir uns definiert haben: unseren starken Glauben, unseren Optimismus, unsere Kraft, unsere Freiheit, unsere Kreativität. Wir haben im Alter keine Garantie, dass uns das alles erhalten bleibt. Die Depression drängt uns dazu, uns von unserem alten Selbstbild zu verabschieden und uns im Alter neu zu definieren und neue Schwerpunkte zu setzen: Was macht unser Leben wirklich aus? Worauf kann ich letztlich bauen? Oft zeigt sich in der Depression die verdrängte Trauer über die Verluste, die wir mit dem Älterwerden erleiden. Daher zwingt sie uns, alles zu betrauern, was uns im Alter genommen wird. Durch die Trauer hindurch gelangen wir dann in tiefere Schichten unserer Seele, in den Seelengrund, in dem andere und neue Möglichkeiten des Lebens und des Seins in uns bereitliegen. Wir sollten im Alter nicht gegen die Depression kämpfen, sondern uns mit ihr anfreunden. Dann wird sie uns in eine neue Qualität des Lebens führen, zu einem neuen Selbstbild und zu einem verwandelten Gottesbild.

Natürlich gibt es im Alter auch Depressionen, die unbedingt vom Arzt oder Psychotherapeuten behandelt werden müssen. Oft wird es notwendig sein, antidepressive Medikamente zu nehmen, denn sonst ist die Gefahr des Suizids zu groß. Wenn die Risikofaktoren »Alleinsein plus hohes Alter plus chronische Schmerzen plus Angst vor Pflegebedürftigkeit« (Barbara Bojak) zusammen-

kommen, ist auf jeden Fall eine medikamentöse Behandlung angebracht. Auch eine Therapie kann helfen. Gute Gespräche erleichtern es den älteren Menschen nicht nur, ihr Leben besser zu verstehen und anzunehmen. Sie lösen auch – so zeigt uns die neurobiologische Forschung – im Gehirn günstige Stoffwechselvorgänge aus. Sie haben also eine ähnliche Wirkung wie die Medikamente.

Aber auch die Depression, die medizinisch behandelt werden muss, ist eine spirituelle Herausforderung. Zum einen bedarf es der Demut, sich einzugestehen, dass man Medikamente nehmen muss. Zum anderen fordert mich die Depression heraus, tiefer nach innen zu gehen: zu dem inneren Raum der Stille, in dem Gott in mir wohnt. Dort hat die Depression keinen Zutritt. Ich habe Depression, aber ich bin nicht meine Depression. In mir gibt es noch einen inneren Kern, der heil und ganz ist. Diesen Kern finde ich im inneren Raum der Stille, in dem zugleich Gott in mir wohnt.

Meine eigene
Endlichkeit

Mit 68 Jahren gehöre ich noch so gerade zu den jungen Alten [Anm. d. Hg.: Anselm Grün hat das Folgende geschrieben, als er 62 Jahre war]. Daher ist manches, was ich gesagt habe, noch nicht von eigener Erfahrung gedeckt. Ich konnte in den vorausgehenden Zeilen nur sagen, was ich selbst für mich als einen Weg sehe, wenn ich auf die nächsten Jahre blicke. Es geht für mich darum, Ja zu sagen zu dem, was sich mir in den Weg stellt, daran nicht zu zerbrechen, sondern nur die Illusionen zerbrechen zu lassen, die ich mir vom Leben gemacht habe. Für mich ist es eine wichtige spirituelle Aufgabe, immer mehr Ja zu sagen: zu meiner Endlichkeit und Begrenztheit, zum Abnehmen meiner Kräfte und schließlich zum Sterben, dessen Zeitpunkt und Form in Gottes Hand liegen.

In der Beschäftigung mit meinem eigenen Älterwerden und Zugehen auf den Tod haben mich die Worte beeindruckt, die Karl Rahner kurz vor seinem Tod geschrieben hat: »So sind wir Alten in einer seltsamen, einmaligen Spannung stehend zwischen einem Mut des diesseitigen Lebens und der Hoffnung des ewigen Lebens. Wir leben noch, also müssen wir noch weiterzuleben suchen. Gewiss brennt unser hiesiges Lebenslicht allmählich kleiner und niedriger und zittert oft ängstlich. Gewiss haben wir diesbezüglich nur begrenzte Möglichkeiten und brauchen uns nicht illusioniert vorreden, wir könnten den alten Schwung des Lebens weiter bewahren, wenn wir nur wollen. Diesbezüglich gibt es hohle Parolen (›Man ist so alt, wie man alt sein will‹), die man sich nicht anquälen sollte, sondern ehrlich und nüchtern zur Abnahme seiner Lebenskraft in allen Dimensionen (auch des Geistes) sich bekennen. Aber man lebt eben doch noch und sollte das Leben, das einem noch geblieben ist, wirklich leben und ausfüllen wollen« (Rahner, Schriften zur Theologie, Bd. 15. Einsiedeln 1983).

Das Älterwerden hat seinen eigenen Sinn und birgt in sich eine eigene Herausforderung. Für mich ist es vor allem eine spirituelle Aufgabe, die mir mit dem Älterwerden gestellt wird. Ich weiß, wie leicht es ist, vom Annehmen und Loslassen zu sprechen. Aber wenn ich konkret eine Aufgabe

Keiner von uns Älterwerdenden kann für sich abschätzen und garantieren, wie gut ihm das Altern gelingen wird. Es ist eine hohe Kunst, das Altern einzuüben und zu meistern. Beim Erlernen einer Kunst macht jeder Fehler. Auch die dürfen sein.

loslassen soll, merke ich selbst, wie schwer es mir fällt. Da tauchen genügend Gedanken in mir auf, die mich daran hindern. Da kommen Zweifel hoch, ob es die anderen wohl gut genug machen oder ob meine spirituelle Richtung weitergeht, wenn ich nicht mehr da bin.

Dies alles sind berechtigte Überlegungen. Doch sie hindern mich letztlich, all das, was ich aufgebaut habe, loszulassen und mein Zurücktreten und Nicht-mehr-gefragt-sein anzunehmen.

Ich bin dankbar, wenn meine Vorträge gut besucht sind und meine Bücher gerne gelesen werden. Ich sage, dass ich mich nicht darüber definiere, ob ich solchen Erfolg habe. Aber wie ich reagiere, wenn ich einmal vor leeren Sälen sprechen oder gar nicht mehr angefragt werde, kann ich heute noch nicht sagen.

Ich weiß, dass das dann der Ernstfall sein wird: Er wird mich konkret und in aller Deutlichkeit anfragen, ob ich all das, was ich hier und jetzt als richtigen Weg des Älterwerdens spüre, auch selbst verwirklichen kann. Ich darf aber darauf vertrauen, dass Gott mich dann den Weg nach innen führt und ich bereit werde, das Äußere zu lassen und

Das Älterwerden hat seinen eigenen Sinn und birgt in sich eine eigene Herausforderung. Für mich ist es vor allem eine spirituelle Aufgabe, die mir mit dem Älterwerden gestellt wird.

mich auf die stille Welt der Seele und auf das Geheimnis des unbegreiflichen Gottes einzulassen.

Keiner von uns Älterwerdenden kann für sich abschätzen und garantieren, wie gut ihm das Altern gelingen wird. Es ist eine hohe Kunst, das Altern einzuüben und zu meistern. Beim Erlernen einer Kunst macht jeder Fehler. Auch die dürfen sein.

Die Schritte, die ich in diesem Buch dargelegt habe, sollen eine Hilfe sein, die Kunst des Älterwerdens zu erlernen. Sie gehen nicht streng der Reihe nach – manchmal müssen wir vom letzten Schritt zurück, um beim ersten wieder neu anzufangen.

Aber wenn wir uns in die Kunst des Älterwerdens einüben, dürfen wir vertrauen, dass Gott unserem Mühen seinen Segen schenkt, dass er uns die Weisheit und Gelassenheit, die Freiheit und Milde des Alters zuteilwerden lässt.

So wünsche ich Ihnen und mir, dass das Älterwerden uns weise macht, milde gegenüber uns selbst und anderen.

Gemeinsam alt zu werden ist eine neue Herausforderung, die die Pensionierung mit sich bringt. Auch hier ist es wichtig, einen Rhythmus für den Alltag zu finden, der jedem genügend Freiraum ermöglicht.

Wohin mit
der freien Zeit?

Das Familienleben gerät durcheinander, wenn der Mann auf einmal daheimbleibt und nicht mehr zur Arbeit fährt. Die tägliche Arbeit hat das Miteinander von Mann und Frau strukturiert. Jeder hatte in der Arbeit genügend Freiraum, den er selbst gestalten konnte. Die gemeinsame Zeit daheim war begrenzt. Doch nun sitzen sie gleichsam aufeinander. Der Mann weiß oft nichts mit seiner freien Zeit anzufangen. Er sitzt im Wohnzimmer oder in der Küche herum. Das wird der Frau zu eng. Sie fühlt sich kontrolliert und beobachtet. Manchmal redet der Mann ihr dann noch ständig rein, was und wie sie arbeiten solle. Das gemeinsame Miteinander wird so zur Belastung.

Auch hier ist es wichtig, einen Rhythmus für den Alltag zu finden, der jedem genügend Freiraum ermöglicht. Zu viel Nähe tut nicht gut. Es braucht ein neues Ausbalancieren zwischen Nähe und Distanz.

Gemeinsam alt zu werden ist eine neue Herausforderung, die die Pensionierung mit sich bringt. Am Anfang fühlen sich die Pensionäre noch fit genug, alles Mögliche zu unternehmen. Doch dann kommen die ersten Anzeichen des Älterwerdens. Man kann nicht mehr alles, was man möchte. Krankheiten mehren sich. Die Ernährung muss umgestellt werden. Und das Miteinander verändert sich. Es ist schön zu beobachten, wenn ein Ehepaar in einer guten Weise miteinander alt wird. Da stützt der eine den anderen. Sie verstehen sich. Sie sind gerne zusammen. Aber sie lassen auch einander den Freiraum, den jeder für sich braucht. Doch es ist nicht selbstverständlich, dass das gemeinsame Altwerden gelingt. Es braucht viel Geduld für den gesunden Partner, die Krankheit des anderen zu ertragen, ohne Vorwurf auf seine Grenzen zu reagieren. Aber wenn es gelingt, dann entsteht ein Miteinander, das für jeden Gast eine Atmosphäre von absoluter Daseinsberechtigung vermittelt. In der Nähe solch reifer Ehepaare fühlt man sich angenommen. Da darf alles sein. Da wird nichts bewertet. Da ist trotz der Altersbeschwerden eine innere Frische und Weite, Milde und Barmherzigkeit. Solche Paare sind ein Segen für ihre Umgebung.

Die Krise
beim Ausscheiden aus dem Beruf

Viele fühlen sich nach der Pensionierung in ihrem Selbstwert gekränkt. Sie flüchten in den Aktivismus und beschäftigen sich ständig selbst, um nicht zum Nachdenken zu kommen. Andere verlieren jeden Schwung.

Viele Menschen kommen in eine Krise, wenn sie aus dem Beruf ausscheiden. Sie haben bisher ihr ganzes Leben gearbeitet und sich von der Arbeit her definiert. Jetzt fehlt ihnen die Arbeit. Auch wenn ihnen die Arbeit zuletzt oft zur Last wurde, stürzt die Pensionierung sie nun doch in eine Krise. Die Arbeit hat ihrem Leben bisher einen guten Rhythmus gegeben. Der fällt nun weg. Sie haben ihr Selbstwertgefühl aus der Arbeit bezogen. Jetzt wissen sie nicht, was ihr Wert ist und was ihrem Leben Sinn gibt. Vielleicht haben sie sich auf die Freiheit von der Arbeit gefreut. Sie wollten nun viel Zeit mit ihrer Frau verbringen und weite Reisen machen.

Aber nun sind Mann und Frau ständig daheim zusammen und gehen sich auf die Nerven. Sie müssen erst wieder einen neuen Rhythmus von Nähe und Distanz finden. Oder aber die Träume weiter Reisen lassen sich nicht verwirklichen, weil körperliche Krankheiten sie daran hindern. Viele fühlen sich nach der Pensionierung in ihrem Selbstwert gekränkt. Sie flüchten in den Aktivismus und beschäftigen sich ständig selbst, um nicht zum Nachdenken zu kommen. Andere verlieren jeden Schwung. Nicht einmal die kleinen Reparaturarbeiten am Haus erledigen sie, obwohl sie genügend Zeit dazu hätten. Sie lassen sich hängen und werden depressiv.

Die Bibel schildert uns diese Krise des Ausscheidens aus dem Amt in der Geschichte des Königs Saul (vgl. 1 Samuel 10 ff.). Saul war vom Propheten

Samuel zum König gesalbt worden. Doch weil er einen Befehl des Herrn nicht befolgt hatte, salbt Samuel David zum König. Saul weiß nichts von dieser Salbung und David tritt in den Dienst Sauls. Doch Saul wird eifersüchtig auf David, weil dieser bald beliebter ist als er. David besiegt den Riesen Goliath. Das Volk jubelt ihm zu. Das ärgert Saul. Immer wieder quält ihn ein böser Geist. Man könnte sagen: Er wird von einer Depression befallen. Er kann sein Amt nicht loslassen. Er gesteht sich nicht ein, dass seine Zeit vorbei ist. So beschließt er, David zu töten. Aber David kann fliehen. Saul hat das Gefühl, dass Gott ihn verlassen hat. Vor dem Krieg gegen die Philister befragt Saul Gott, was er gegen die Feinde unternehmen soll. Doch Gott gibt keine Antwort. Da geht Saul zur Totenbeschwörerin von Endor und lädt auf diese Weise noch mehr Schuld auf sich. Im Krieg fallen seine drei Söhne, darunter Jonathan, der Freund Davids. Saul wird verletzt. Er kann seine Niederlage nicht eingestehen. So stürzt er sich selbst in sein Schwert und setzt seinem Leben ein Ende.

Was die Bibel von Saul berichtet, geschieht bei vielen Menschen, die es nicht aushalten können, dass ihre Nachfolger in der Firma erfolgreicher arbeiten. Sie sind voller Eifersucht. Sie werden oft auch von einem bösen Geist heimgesucht und machen ihren Nachfolgern das Leben schwer. Und sie selbst sind todunglücklich. Sie können sich selbst nicht aushalten. So flüchten sie in den Alkohol oder in eine leere Routine. Aber sie leben selbst nicht mehr.

Die Bibel zeigt uns in der Geschichte des Saul keinen Weg aus der Krise heraus. Wir können nur an David ablesen, was uns helfen könnte, diese Krise zu überwinden. Als David alt geworden ist, zettelt sein Sohn Abschalom einen Aufstand gegen ihn an. Der König muss fliehen und wird auf der Flucht von Schimi, von einem Mann aus dem Hause Sauls, beschimpft. Als ein Diener Davids Schimi töten will, hindert ihn David daran. »Lass ihn fluchen! Sicherlich hat es ihm der Herr geboten. Vielleicht sieht der Herr mein Elend an und erweist mir Gutes für den Fluch, der mich heute trifft« (2 Samuel 16,11 f.). David stellt sich den Dingen, die er in seinem Leben verkehrt gemacht hat. Er ist bereit loszulassen. Aber er hofft, dass das Beschimpftwerden, das er erfährt, ihm zum Segen gereicht. Er stellt sich mit seiner Trauer darüber, dass sein eigener Sohn sich gegen ihn auflehnt, unter den Segen Gottes. So kann er hoffen, dass sein Weg gut weitergeht.

In der Pensionierung geht es darum zu betrauern, dass die Arbeit zu Ende geht und dass nicht alles so gelungen ist, wie man es erhofft hat. Man darf betrauern, dass man jetzt erst einmal nichts Besonderes mehr ist, dass man nicht mehr von allen um Rat gefragt wird und dass man in der Öffentlichkeit nichts mehr gilt. Wer das betrauert, der kann dann auch neue Möglichkeiten in seinem Leben entdecken. Er kommt mit sich selbst in Berührung.

> **In der Pensionierung geht es darum zu betrauern, dass die Arbeit zu Ende geht ... Man darf betrauern, dass man jetzt erst einmal nichts Besonderes mehr ist, dass man nicht mehr von allen um Rat gefragt wird und dass man in der Öffentlichkeit nichts mehr gilt. Wer das betrauert, der kann dann auch neue Möglichkeiten in seinem Leben entdecken.**

Jede Krise zerbricht Illusionen, die ich mir von mir und meinem Leben gemacht habe. Das Zerbrechen dieser Illusionen ist die Chance, dass ich für eine andere Sicht auf mein Leben aufgebrochen werde.

Umgang
mit Krisensituationen

In vielen Begleitungsgesprächen erzählen mir Menschen, dass sie persönlich von einer Krise betroffen sind. Ein Mann muss kurzarbeiten und merkt am Monatsende, dass ihm das Geld fehlt, das er zur Begleichung seiner Verpflichtungen benötigt. Seine Firma hat angekündigt, dass sie Mitarbeiter entlassen wird, und es kann sein, dass er selbst davon betroffen ist. Die Familie befürchtet, dass sie Sozialhilfe beantragen muss. Dann wird man den Lebensstandard nicht halten können, und der Sohn wird kaum studieren können. Eventuell muss sogar das Haus verkauft werden. Keiner behält einen klaren Kopf.

In vielen Gesprächen werde ich mit Krisen konfrontiert. Die Leute erzählen mir ihre Not und möchten einen Rat haben. Sie wollen sich nicht nur ihr Herz erleichtern und endlich mal über all das sprechen, was sie belastet. Sie wollen auch wissen, wie sie mit der Krise konkret umgehen können. Sie fragen mich ganz direkt: »Was können Sie mir raten?«

Ich kann auf diese Frage nicht sofort antworten. Und ich spüre, dass dieses Vertrauen auch eine Falle sein kann. Wenn ich gleich einen Rat gebe, könnten ihn die Gesprächspartner als Patentrezept verstehen und ihn einfach befolgen. Aber der Einzelne kommt dann nicht mit sich und seiner eigenen Quelle in Berührung. Die Krise kann der Einzelne aber nur überwinden, wenn er mit seiner eigenen Kraft in Berührung kommt oder wenn er die Kraft des Heiligen Geistes in sich selbst spürt.

Ich kann die Krise des anderen nicht lösen und ihm auch nicht vermitteln, dass alles wieder gut wird. Aber ich muss die Krise, in die ein Mann, eine Frau, eine ganze Familie gerät, ernst nehmen. In der Krise melden sich ja auch andere Lebensthemen zu Wort: die Angst vor dem Verlassenwerden, die Angst, es nicht zu schaffen, die Angst, zu kurz zu kommen, die Angst, durch das Leben überfordert zu sein. Und es ist gut, im Gespräch diese tiefer liegenden Themen anzusprechen, die durch die Krise an die Oberfläche kommen.

In jeder Krise ist es eine gute Empfehlung, sich bei anderen Menschen Rat zu holen. Oft genügen vertraute Freunde, mit denen ich offen sprechen und gemeinsam mit ihnen überlegen kann, wie ich auf die Krisensituation reagieren soll. So ein Gespräch kann die Augen öffnen, Wege und Gedanken zu erkennen, die weiterhelfen. Viele tun sich jedoch schwer, über ihre Gefühle zu sprechen. Sie haben bisher von sich das Bild eines starken und erfolgreichen Menschen in einer vorbildlichen Familie vermittelt.

Es braucht deshalb Demut, sich von diesem Bild zu verabschieden und einer Freundin oder einem Freund, einem Seelsorger oder Therapeuten gegenüber die eigene Wahrheit offenzulegen.

Auch dürfen wir nicht in der Haltung in das Gespräch gehen, dass der Gesprächspartner für mich meine Probleme lösen soll. Wenn wir uns so verhalten, bleiben wir in der Passivität und bürden dem anderen die Verantwortung für das Gelingen unseres Lebens auf.

In einem Gespräch geht es immer zunächst darum, unsere Situation, unsere Nöte und unsere Hilflosigkeit zu beschreiben. Der andere wird es anhören und sagen, was es in ihm auslöst. Man kann ihn fragen, was er dazu meint oder wie man damit umgehen soll.

In einem Gespräch geht es immer zunächst darum, unsere Situation, unsere Nöte und unsere Hilflosigkeit zu beschreiben. Der andere wird es anhören und sagen, was es in ihm auslöst. Man kann ihn fragen, was er dazu meint oder wie man damit umgehen soll.

Ein guter Gesprächspartner wird nicht gleich Lösungen vorschlagen. Er wird die Frage zurückgeben: »Was glaubst du, was dir weiterhilft? Welche Quellen stehen dir zur Verfügung, um auf die Krise zu antworten?«

Wenn ich dann diese Fragen des anderen ernst nehme und in mich hineinhorche, werde ich oft selbst etwas entdecken, was mir weiterhilft.

Vielleicht steht am Ende des Gesprächs dann auch ein Rat des anderen – aber auf keinen Fall darf ich mich davon abhängig machen und ihm unbedacht folgen.

Ich bin für mich selbst verantwortlich. Wenn der Rat mir einleuchtet oder wenn er mir stimmig erscheint, dann soll ich ihn befolgen. Dann folge ich aber meiner eigenen Einsicht. Der andere hat mir die Augen geöffnet: Ich habe selbst Wege entdeckt, die ich gehen kann.

Oft öffnen die Wege aus der Krise eine Chance, eine Möglichkeit, dass ich mein Leben neu ordne, dass ich neue Maßstäbe für mein Leben entwickle, dass ich authentischer werde. Deshalb lautet meine letzte Empfehlung, diese Chance zu entdecken.

Jede Krise zerbricht Illusionen, die ich mir von mir und meinem Leben gemacht habe. Das Zerbrechen dieser Illusionen ist die Chance, dass ich für eine andere Sicht auf mein Leben aufgebrochen werde.

Eine Frau geriet etwa in eine existenzielle Krise, als sich ihr Mann von ihr trennte. Ein Jahr nach dieser Krise kann sie von sich sagen, dass sie wirklich neu aufgebrochen ist, dass sie jetzt ihre eigene Kraft spürt. Sie fühlt sich frei, nun das zu verwirklichen, was sie von Kindheit an geträumt hat.

Zunächst hatte das Verlassen des Mannes ihr jedes Selbstwertgefühl geraubt. Sie zerfleischte sich selbst mit Selbstvorwürfen und Selbstentwertungen. Doch dann kam sie in Berührung mit ihrem Lebenstraum und mit der Kraft, die unterhalb ihrer Verletzung in ihr ruhte.

Wenn jemand einen Menschen in dieser ersten Phase des Schmerzes begleitet und von der Chance spricht, die in der Krise liegt, wird er damit kaum das Herz des anderen erreichen. In dieser ersten Phase ist es wichtiger, den Schmerz, die Sorgen und Ängste anzuschauen und ihnen zu begegnen.

Erst dann kann man behutsam auf die Chance hinweisen, die in der Situation liegt. Auch wenn jemand die Chance noch nicht sieht, kann der Hinweis auf sie doch Hoffnung und Kraft schenken, aufrecht durch die Krise zu gehen.

Die Suche nach den neuen Möglichkeiten löst die Krise noch nicht auf, aber sie weitet den Blick: Man ist nicht mehr nur auf den Schmerz, auf die Orientierungslosigkeit, auf die Erschütterung durch die Krise fixiert. Und irgendwann kann man dann die Chance erkennen, die sich auftut.

Diese Chance liegt nicht unbedingt darin, dass alles besser wird, sondern eher darin, dass wir authentischer werden, dass wir der Wahrheit unseres Lebens ins Auge sehen. Vielleicht wird das Leben nach der Krise bescheidener werden. Aber wenn wir mit unserem wahren Selbst in Einklang kommen, wird es auf jeden Fall ehrlicher und wahrhaftiger.

Vielleicht wird das Leben nach der Krise bescheidener werden. Aber wenn wir mit unserem wahren Selbst in Einklang kommen, wird es auf jeden Fall ehrlicher und wahrhaftiger.

Grundregeln

der Kunst des Älterwerdens

Es gibt Grundregeln für die Kunst des Älterwerdens, die für jeden gelten. Dazu gehören die Schritte des Annehmens, des Loslassens und des Über-sich-Hinausgehens. Wer diese Kunst erlernen will, der muss diese Tugenden des Alters einüben. Aber bei allen gemeinsamen Regeln muss jeder schließlich doch seinen ganz persönlichen Weg finden. Er muss selbst entscheiden, wie er mit seinem Älterwerden umgeht, mit dem, was ihn da von außen trifft, mit der Krankheit, mit den Verlusterfahrungen und mit der Erfahrung der eigenen Grenzen.

In einer Gesprächsrunde mit Mitbrüdern und Freunden der Abtei Münsterschwarzach haben wir uns Gedanken gemacht, was wir in der hohen Kunst des Älterwerdens nachahmen wollen. Wir haben nach Bildern gesucht, die das Altwerden ausdrü-

»Was wüsste man vom Leben, solange man nicht weiß, was Altern meint. Altern meint: mit den Jahren in die Jahre kommen, um die Zeit wissen, mit der Zeit gehen, in der Zeit stehen und auch gegen die Zeit. Altern heißt: gehen und vergehen, sich wandeln, ohne sein Inbild zu verlieren« (Heinrich Schipperges).

cken. Eine Frau meinte, für sie seien die Jahreszeiten ein wichtiges Bild für das Leben des Menschen. Der Frühling – die Kindheit und Jugend – habe sein aufblühendes Leben, der Sommer – das Erwachsenenalter – seine sonnigen Tage. Das Alter sei dagegen wie der Herbst in seiner Schönheit. Dem kann ich zustimmen: Auch der Herbst ist schön. Er ist geprägt durch die wunderbaren Herbstfarben, durch die Milde des Sonnenlichts und durch das Feiern der Ernte, das Genießen der Gaben der Schöpfung.

Während des Berufslebens und in der Arbeit kann man vieles nicht wahrnehmen. Im »Herbst« des Lebens geht es darum, das Schöne zu schauen und zu genießen. Statt zu leisten, genügt es, einfach da zu sein. Aber so wie der Herbst Neues in der Schöpfung hervorbringt, so ist es auch die Aufgabe im Alter, Neues zu probieren.

Man kann etwa mit den Händen etwas tun: stricken, malen, töpfern, basteln, gestalten ...

Nach dem Herbst kommt der Winter. Auch er hat seine Schönheit. Er ist voller Ruhe und Stille. Wenn Schnee die Landschaft bedeckt, entsteht ein eigener Zauber. In der Kunst des Älterwerdens ahmen wir Herbst und Winter nach und gestalten sie so, dass es ein schöner und fruchtbarer Herbst und ein ruhiger und stiller Winter wird, der erfüllt ist von der Wärme der Liebe.

Aber sowohl Herbst als auch Winter können auch von negativen Erfahrungen geprägt sein. Da gibt es die Herbststürme, die Bäume entwurzeln und uns das Vertraute nehmen. Es gibt den Winterfrost, der uns frieren lasst. Schneemassen schneiden uns dann unter Umständen von der Außenwelt ab. Zur Kunst des Altwerdens gehört es, Herbst und Winter in ihrer Schönheit, aber auch in ihrer Rauheit anzunehmen und bei allem Bedrängenden doch auch die Liebe zu entdecken, die jede Zeit des Lebens zu wandeln und zu wärmen vermag.

Ein anderes Bild für das Alter, das einem Mitbruder einfiel, ist das des Traubenstocks. Die Früchte, die im Herbst am Weinstock hängen, tun nichts mehr. Sie setzen sich einfach nur der Sonne aus und reifen, bis sie geerntet und für andere zu einer Quelle der Freude werden. Der ältere Mensch muss nichts mehr leisten, er muss sich nicht durch Leistung Anerkennung verschaffen. Er ist einfach da. Allerdings zeigt der Weinstock auch, dass dies kein passives Dasein ist. Er hat ja noch den inneren Trieb, der ihn am Leben hält. So wird das Alter dann fruchtbar, wenn der ältere Mensch das, was in ihm ist, ausdrücken kann: in Worten, in Erzählungen oder in Bildern oder Musik. Künstler wie Pablo Picasso und Marc Chagall oder Musiker wie Pablo Casals oder Sergiu Celibidache haben bis ins hohe Alter den Reichtum ihrer Seele zum Ausdruck gebracht und damit zahlreiche Menschen beglückt.

Viele ältere Menschen haben der Welt Wichtiges zu sagen. Doch die meisten haben kein Forum, vor dem sie es zur Sprache bringen und ausdrücken können. Wenn Ältere das, was in ihnen an echtem Reichtum liegt, thematisieren können und wenn sie dabei Zuhörer oder Betrachter finden, dann gelingt die hohe Kunst des Älterwerdens.

Ein anderes Bild für das Alter ist der Lehnstuhl, in dem der alte Mensch sitzt. Er kann dann einfach zuschauen, was um ihn herum geschieht. Oft blickt er auch mehr nach innen. Er sitzt einfach da und strahlt für seine Umgebung Ruhe und Zuversicht aus. In Dörfern ist das Bild der Bank, die vor dem Haus steht, ein schönes Bild für das Altwerden. Wenn ältere Menschen auf der Bank sitzen

Viele ältere Menschen haben der Welt Wichtiges zu sagen. Doch die meisten haben kein Forum, vor dem sie es zur Sprache bringen und ausdrücken können. Wenn Ältere das, was in ihnen an echtem Reichtum liegt, thematisieren können und wenn sie dabei Zuhörer oder Betrachter finden, dann gelingt die hohe Kunst des Älterwerdens.

und einfach nur schauen und schweigen, kommen sie oft ins Gespräch mit den Vorübergehenden. Sie müssen sich kein Forum schaffen. Sie sind trotz ihrer vordergründigen Einsamkeit mitten im Geschehen – und immer wieder werden sie von Vorbeigehenden angesprochen. Sie hören zu, sie sagen das, was sie bewegt. Sie erzählen von früher, wenn sie gefragt werden. So gehören sie zum Leben und zur Gemeinschaft. Und doch lassen sie die anderen Menschen agieren. Sie greifen nicht in das Geschehen ein, sondern geben nur ihren Kommentar, wenn sie gefragt werden. Sie lassen die Menschen los und werden gerade so für die anderen zum Segen.

Über das Älterwerden nachzudenken heißt immer auch, über das Leben zu reflektieren. Heinrich Schipperges hat diesen Zusammenhang vom Altwerden und der Kunst des rechten Lebens beschrieben: »Was wüsste man vom Leben, solange man nicht weiß, was Altern meint. Altern aber meint: mit den Jahren in die Jahre kommen, um die Zeit wissen, mit der Zeit gehen, in der Zeit stehen und auch gegen die Zeit. Altern heißt: gehen und vergehen, sich wandeln, ohne sein Inbild zu verlieren, ein winziges Stück Erfahrung jeweils und immer wieder von neuem hinüberreißen in ein großes Stück Hoffnung« (Schipperges, Sein Alter leben. Wege zu erfüllten späten Jahren. Freiburg i. Br. 1986).

So gilt es, beim Nachdenken über das Älterwerden immer auch zu bedenken, worin ich den Sinn meines Lebens sehe und wie es mir gelingt, heute – in meiner Situation und in meinem Alter – bewusst und achtsam zu leben.

»Altern heißt: gehen und vergehen, sich wandeln, ohne sein Inbild zu verlieren, ein winziges Stück Erfahrung jeweils und immer wieder von neuem hinüberreißen in ein großes Stück Hoffnung« (Heinrich Schipperges).

Als ich im Urlaub einmal allein an einem See saß und auf die Wellen schaute, überkam mich ein tiefer Friede. Ich konnte auf einmal einverstanden sein mit all den unerfüllten Bedürfnissen.

Sehnsucht
als Hilfe

Mit der eigenen Sehnsucht in Berührung zu kommen, heißt nicht, vor der Realität unseres Lebens davonzulaufen. Im Gegenteil, wenn wir in uns spüren, dass in uns eine Sehnsucht nach Gott ist, nach etwas Weltjenseitigem, nach einem Ort, der diese Welt übersteigt, dann können wir uns aussöhnen mit der oft so banalen Wirklichkeit unseres Lebens. Dann sind wir nicht enttäuscht, wenn der von uns geliebte Mensch unsere tiefste Sehnsucht nach absoluter Liebe nicht erfüllen kann. Dann überfordern wir unseren Ehepartner nicht mit Erwartungen, die eigentlich nur Gott erfüllen kann. Ich erlebe immer wieder Menschen, die von dem, den sie lieben, erwarten, dass er sie heile, dass er sie erlöse und befreie und ihrem Leben letzten Sinn schenke. Aber das sind Erwartungen, die kein Mensch uns erfüllen kann. Die Sehnsucht relativiert unsere Erwartungen, wenn wir uns damit abfinden, dass sie nicht von Menschen erfüllt werden kann. So hilft uns die Sehnsucht, menschlich miteinander umzugehen, den Menschen so zu lassen, wie er ist, anstatt ihn ständig mit Gott zu vergleichen, dem er nie gleichkommen kann.

Zu unserem Leben gehören Enttäuschungen. Unsere Familie enttäuscht uns, unser Beruf enttäuscht uns. Wir sind von uns selbst enttäuscht. Wir haben uns Illusionen gemacht über uns und die andern. Wir haben uns getäuscht. Das zu erkennen ist schmerzlich. Und viele weichen dieser schmerzlichen Erkenntnis lieber aus. Aber dann sind sie ständig auf der Flucht vor sich selbst. Dann kommen sie nie zur Ruhe. Wenn wir uns unserer Sehnsucht stellen, können wir uns damit aussöhnen, dass unser Beruf unsere Erwartungen nicht erfüllt. Dann sind wir einverstanden mit uns selbst, mit unsern Fehlern und Schwächen. Wir müssen uns selbst ja gar nicht genügen. Unsere Sehnsucht geht über unsern Beruf und über uns selbst hinaus. Sie zielt auf Gott. Gott allein vermag unsere Sehnsucht zu erfüllen. Die Sehnsucht relativiert alles, was wir hier tun. Dadurch befreit sie uns von dem verbissenen Streben nach immer mehr Erfolg und Anerkennung. Sie befreit uns von dem Druck, unter den wir uns oft genug setzen. Ich erlebe bei vielen Menschen, dass sie nicht bei sich selbst sind, sondern bei den andern, bei dem, was die andern von ihnen erwarten. Und weil sie meinen, sie müssten diese Erwartun-

Ich sehe meine Berufung darin, die Sehnsucht in meinem Herzen wach zu halten, damit ich auf Gott hin offen bleibe und damit mein Herz weit wird auch gegenüber den Menschen. Die Sehnsucht lässt das Herz weit werden, nicht nur gegenüber Gott, sondern auch gegenüber den Menschen.

gen erfüllen, setzen sie sich selbst unter Druck. Die Sehnsucht bringt uns in Berührung mit uns selbst. Wenn ich meine Sehnsucht spüre, dann bin ich in meinem Herzen. Und dann haben die andern mit ihrer Erwartung keine Macht über mich. Die Sehnsucht bewahrt mich davor, auf die Enttäuschungen meines Lebens mit Resignation zu reagieren. Im Gegenteil, die Enttäuschung hält meine Sehnsucht wach.

Vor fast 30 Jahren habe ich einmal ein Sensitivity-Training gemacht. Da kam ich mit den unerfüllten Bedürfnissen meiner Kindheit in Berührung. Das hat eine Krise bei mir ausgelöst. Ich hatte das Gefühl, zu kurz gekommen zu sein. Doch als ich im Urlaub einmal allein an einem See saß und auf die Wellen schaute, überkam mich ein tiefer Friede. Ich konnte auf einmal einverstanden sein mit all den unerfüllten Bedürfnissen. Ich konnte mir sagen: »Es ist gut, dass du nicht satt geworden bist. Das hält dich wach und lebendig, das hält dich offen auf Gott hin. Vielleicht wärst du sonst auch ein Spießer geworden, vielleicht hättest du so einigermaßen zufrieden dahingelebt. Aber du hättest deine eigentliche Berufung nie entdeckt.«

Ich sehe meine Berufung darin, die Sehnsucht in meinem Herzen wach zu halten, damit ich auf Gott hin offen bleibe und damit mein Herz weit wird auch gegenüber den Menschen. Die Sehnsucht lässt das Herz weit werden, nicht nur gegenüber Gott, sondern auch gegenüber den Menschen. Das weite Herz hat Raum für die Menschen. Das weite Herz verurteilt nicht. Es hat das Leben mit seinen Enttäuschungen und Desillusionierungen erfahren und angenommen. Aber es hat sich nicht zusammengezogen, sondern die Enttäuschungen sind ihm zum »Sprungbrett« in die Weite Gottes geworden. Gerade indem es sich ehrlich seiner Situation gestellt hat, ist die Sehnsucht nach Gott in ihm gewachsen. So ist es durch die Sehnsucht weit geworden.

Wenn ich meine befriedigten und unbefriedigten Bedürfnisse im Licht der Sehnsucht anschaue, dann kann alles zu einer Erfahrung Gottes werden. Dann wird der Mensch, der mich liebt, zu einem Verweis auf Gottes Liebe. Ich kann in seiner Liebe etwas von Gottes unendlicher Liebe spüren. Aber zugleich werde ich ihn nicht mehr mit meinem Anspruch überfordern, dass er mich unendlich lieben müsse. Doch nicht nur seine Liebe, sondern auch meine Enttäuschung darüber, dass er mich nicht versteht, dass ich seine Liebe nicht mehr spüre, kann mir zu einem Ort der Gotteserfahrung werden. Denn gerade die Enttäuschung durch Menschen verweist mich auf Gott. Anstatt zu jammern, dass der andere so hart ist, kann ich durch seine Härte meine Sehnsucht nach der Liebe Gottes vertiefen. Es ist mir nur möglich, wirklich mit Menschen zusammenzuleben, wenn ich nicht in ihnen, sondern in Gott meinen tiefsten Grund sehe. Und

»Ich habe in meinem Leben herausgefunden, dass die Sehnsucht die einzig ehrliche Eigenschaft des Menschen ist« (Ernst Bloch).

in meinem Beruf werde ich mit Erfolg und Misserfolg nur dann gut umgehen können, wenn ich in

Gott meinen letzten Halt finde. Denn vom Erfolg allein kann ich nicht leben. Ich muss von einer anderen Wirklichkeit her leben. Wenn ich meinen Alltag im Licht der Sehnsucht betrachte, dann wird mir alles zu einem Ort des Absprungs zu Gott hin. Ich überspringe die Realität meines Alltags nicht, sondern begreife sie als den Ort, der mich immer wieder auf Gott verweist.

Der atheistische Philosoph Ernst Bloch hat in einem Interview an seinem 90. Geburtstag gesagt: »Ich habe in meinem Leben herausgefunden, dass die Sehnsucht die einzig ehrliche Eigenschaft des Menschen ist.« In allem kann der Mensch lügen. In alles kann sich etwas Unechtes und Falsches einschleichen. Die Liebe kann geheuchelt sein, die Höflichkeit nur anerzogen. Das Helfen kann aus egoistischen Motiven erfolgen. Aber bei der Sehnsucht kann der Mensch nicht manipulieren. Der Mensch ist seine Sehnsucht.

Ich erlebe häufig Menschen, die alles, was sie tun, in den schönsten Farben zeichnen müssen. Wenn sie vom Urlaub erzählen, dann war alles super. Wenn sie einen Kurs besucht haben, dann war das die tiefste Erfahrung, die sie je gemacht haben.

Manchmal habe ich da den Verdacht, dass sie alles in ein rosiges Licht tauchen müssen, um ihre Enttäuschung zu verbergen. Eigentlich ist ihr Leben durchschnittlich. Im Urlaub gab es viele Missverständnisse mit dem Ehepartner. Aber nach außen muss man davon schwärmen. Man muss sich gleichsam beweisen, dass alles, was man tut, richtig ist. Doch hinter der Fassade sieht es ganz anders aus.

Die Sehnsucht lässt mich mein Leben ehrlich anschauen. Ich muss nicht übertreiben. Ich muss den andern nicht beweisen, wie tief meine Erfahrungen sind und welche Riesenfortschritte ich auf meinem inneren Weg mache. Ich nehme mich so, wie ich bin, durchschnittlich, aber doch auch suchend, ringend, erfolgreich und erfolglos, sensibel und unsensibel, spirituell und zugleich oberflächlich. Ich darf mein Leben so anschauen, wie es ist. Denn meine Sehnsucht geht über dieses Leben hinaus. In der Sehnsucht manipuliere ich nicht. Die Sehnsucht ist einfach da. Und nur dort, wo die Sehnsucht ist, ist wirkliches Leben. Nur dort, wo ich mich meiner Sehnsucht stelle, bin ich auf der Spur des Lebens.

Dort, wo ich mich meiner Sehnsucht stelle, bin ich auf der Spur des Lebens.

Revision de vie: Was trägt, was zählt, was bleibt?

Was wichtig war, wird kleiner –
was unwichtig, kommt näher

»Altwerden ist ein herrliches Ding, wenn man nicht verlernt hat, was anfangen heißt« (Martin Buber).

Altern gelingt
nicht von allein

Was die Bibel über das gelingende Altern sagt, das hat die chassidische Tradition in wunderbarer Weise ausgelegt. Martin Buber erzählt uns eine chassidische Geschichte mit dem Titel »Das Altern«, die sich auf Psalm 71,9 bezieht.

»Ein Spielmann spielte Rabbi Chanoch vor. Der sagte: ›Auch Melodien, die altern, verlieren den Geschmack. Diese hat uns vormals, als sie bei Rabbi Bunam gespielt wurde, das Herz erhoben. Jetzt ist ihr Geschmack verloren gegangen.‹ So ist es in Wahrheit. Man muss sich auf das Alter sehr rüsten und bereiten. Wir beten: ›Wirf uns nicht hinweg zur Zeit des Alters!‹ Denn dann geht der Geschmack verloren. Aber zuweilen ist gerade dies das Gute. Denn sehe ich, dass ich nach allem, was ich getan habe, gar nichts bin, so muss ich eben von neuem zu arbeiten beginnen. Und es heißt von Gott im Gebet: ›Der an jedem Tag das Werk der Schöpfung erneut‹« (Buber, Die Erzählungen der Chassidim. Zürich 1949).

Altern gelingt nicht von allein. Wir müssen annehmen, dass der Geschmack von dem, was wir bisher gesungen, gesprochen und getan haben, verloren geht. Doch gerade darin liegt eine Chance. Wir erkennen, dass wir nach allem, was wir getan haben, gar nichts sind – oder wie Jesus sagen würde: unnütze Knechte. »Wir haben nur unsere Schuldigkeit getan« (Lukas 17,9). Wir können uns nichts auf unsere vergangenen Leistungen einbilden. Im Alter können wir nicht auf dem ausruhen, was wir getan haben. Wir müssen von neuem an uns arbeiten. Denn Gott ist auch der, der immer von neuem schafft. Auch das Alter braucht die Bereitschaft, an sich zu arbeiten und sein Leben auf eine neue Grundlage zu stellen, damit es gelingt. Martin Buber schreibt als Kommentar zur chassidischen Geschichte: »Altwerden ist ein herrliches Ding, wenn man nicht verlernt hat, was anfangen heißt.«

Gerade der verlorene Geschmack an dem, was wir bisher gelebt haben, zwingt uns, immer wieder neu anzufangen – aber gerade so bleiben wir lebendig. Bei einem Vortrag über die spirituellen Herausforderungen des Älterwerdens wurde ich gefragt, wie man denn älteren Menschen helfen könne, die sich selbst nicht annehmen können und die unzufrieden mit sich selbst sind.

Junge Menschen können die älteren Menschen nicht belehren. Aber sie können ihnen durchaus helfen, indem sie gut hinhören, was diese uns zu erzählen haben. Oft werden sie etwa hören, dass das ganze Leben der älteren Menschen eine einzige Plage war. Andere dagegen schauen im Alter auf eine glückliche Lebenszeit zurück, sind aber heute unzufrieden: Damals war alles wunderschön, aber jetzt ist alles zerbrochen. Der Ehepartner ist gestorben. Die Krankheit greift immer mehr nach ihnen. Ein älterer Mann, der vier Sprachen fließend sprach und durch einen Schlaganfall diese Fähigkeit verloren hatte und nur noch mühsam sprechen konnte, sagte mir: »Das Leben ist nicht mehr schön. Ich möchte nicht mehr leben.«

Es ist nicht so einfach, auf solche Klagen eine Antwort zu geben, die dem älteren Menschen in seiner Schwäche wieder Sinn schenkt. Ich muss zunächst seinen Schmerz, seine Verlassenheit und Einsamkeit annehmen, um dann mit ihm gemeinsam einen Weg zu finden, wie er darauf reagieren kann. Das Gelingen des Alterns geht nur über einen Prozess der Trauer: Ich muss all das, was mir genommen wurde, betrauern. Nur so kann ich vielleicht in mir Neues entdecken.

Als Begleiter in solchen Suchprozessen kann ich kein frommes »Pflaster« auf die Not des älteren Menschen »kleben«. Ich muss versuchen, seinen Schmerz zu verstehen und anzunehmen. Aber dann kann ich ihn behutsam dazu führen, sich mit seinem Leben auszusöhnen. Er kann das Vergangene nicht mehr rückgängig machen. Aber es ist seine Aufgabe, darauf zu reagieren. Er kann angesichts seines Lebens verbittern – oder aber er kann sich mit ihm aussöhnen. Er kann sich auf das fixieren,

> **Es ist keine leichte Aufgabe, sich im Alter mit sich und seinem Leben auszusöhnen. Im Alter können wir uns nicht auf dem ausruhen, was wir getan haben. Wir müssen von neuem an uns arbeiten.**

Wenn wir in Dankbarkeit auf unser Leben zurückschauen und uns damit versöhnen, dann werden wir – auch in unserer Hilflosigkeit und Schwäche – zum Segen für die Menschen in unserer Umgebung. Wir zeigen in unserer Person, dass Leben trotz unerfüllter Wünsche und trotz Schicksalsschlägen erfüllt und »ganz« sein kann.

was er verloren oder nicht erreicht hat, oder aber er kann sich dankbar daran erinnern, was er erlebt hat und was ihm geschenkt wurde.

Alles, worauf wir dankbar zurückschauen, bleibt uns, es kann uns nicht genommen werden, auch wenn es momentan nicht da zu sein scheint. Wenn wir in Dankbarkeit auf unser Leben zurückschauen und uns damit versöhnen, dann werden wir – auch in unserer Hilflosigkeit und Schwäche – zum Segen für die Menschen in unserer Umgebung. Wir zeigen in unserer Person, dass Leben trotz unerfüllter Wünsche und trotz Schicksalsschlägen erfüllt und »ganz« sein kann. Es ist keine leichte Aufgabe, sich im Alter mit sich und seinem Leben auszusöhnen. Friedrich E. Freiherr von Gagern beschreibt seine Erfahrung des Älterwerdens: »Je älter ich werde, desto mehr lastet alles das, was ich nicht getan habe; wo ich versagt habe; mich versagt habe; aus Trägheit und Härte des Herzens, Machtgier, Egoismus. Wohl dem, der an einen Gott glaubt, den er demütig bitten kann: ›Herr, verzeih mir!‹«

Was wir schon immer in unserem Leben einüben sollten, das ist im Alter auf neue Weise von uns gefragt. Unser Leben gelingt, wenn wir uns mit allem annehmen, mit dem Gelingen und mit dem Versagen.

Annehmen
der eigenen Grenzen

Ich erlebe immer wieder ältere Menschen, die ihre eigenen Grenzen nicht akzeptieren können. Sie meinen, sie müssten beispielsweise noch genauso viel arbeiten wie ihre jüngeren Kollegen. Wenn sie bei Sitzungen früher müde werden, halten sie sich durch übertriebenen Kaffeekonsum wach. Wenn sie etwas nicht so schnell verstehen, versuchen sie es, durch längeres Arbeiten wettzumachen. Doch je mehr sie gegen die eigenen Grenzen arbeiten, desto eher wird ihre Umgebung diese Grenzen wahrnehmen. Manche ältere Menschen überspringen beim Sport ihre Grenzen. Sie wollen sich beweisen, dass sie genauso viel und genauso schnell laufen können wie die anderen. Sie steigen etwa noch auf die gleichen Berge wie früher und gestehen sich nicht ein, dass es eigentlich zu viel für sie ist. Solche Übertreibungen beim Sport führen dann oft zum Herzinfarkt oder zu anderen gesundheitlichen Schäden. Es bedarf der Demut, seine enger werdenden Grenzen zu akzeptieren. Innerhalb dieser Grenzen ist noch vieles möglich: Sport, Wandern, Arbeiten. Aber die Art und Weise des Arbeitens oder des Sporttreibens wird anders werden. Wir sollten nicht die Köpfe hängen lassen und nichts mehr tun. Aber in unserem Handeln sollten wir ein gutes Gespür für die eigenen

Es bedarf der Demut, seine enger werdenden Grenzen zu akzeptieren. Innerhalb dieser Grenzen ist noch vieles möglich.

45

Grenzen entwickeln. Zu diesen Grenzen gehört das Schwächerwerden. Wenn der Körper signalisiert, dass er manches oder vieles nicht mehr kann, hat es keinen Sinn, ihn mit Gewalt zu Höchstleistungen zu treiben. Wenn die Beine nicht mehr mitmachen, die Knie Beschwerden zeigen, dann braucht es Demut, das zu akzeptieren, den eigenen Bewegungsspielraum zu begrenzen und sich einzugestehen, dass man schwächer wird.

Wie schwer es ist, sich mit seinen Grenzen auszusöhnen, erzählt die Therapeutin Eva Jaeggi am Beispiel von Jochen. Jochen war immer vital und sportlich. Nach seiner Pensionierung freute er sich, dass er nun ausgedehnte Bergtouren machen konnte. Doch dann kam ein Schlaganfall, der ihn an den Rollstuhl fesselte. Jochen wurde »wortkarg, menschenscheu, verbittert« (Jaeggi). Er zog sich von allen Freunden zurück. Für seine Frau, die ihn liebevoll pflegte, wurde er immer mehr zur Last. Eines Tages war es der Frau zu viel. Als Jochen jammerte, dass ihn das Leben nicht mehr freue, dass er am liebsten damals beim Schlaganfall gleich gestorben wäre, schrie ihn seine Frau an: »Ich bin nicht mehr bereit, zu unserem unwiderruflichen Leid, das durch deine Krankheit gekommen ist, noch etwas durch Isolation und Verbitterung zuzulegen. Es ist, wie es ist, und ich bin gerne bereit, das Leid mit dir zu tragen. Aber nur das, was notwendig ist – nicht das, was du durch deine Unfähigkeit, behindert zu sein, uns beiden noch zufügst« (Jaeggi). Dieser Aufschrei rüttelte Jochen wach. Zusammen mit seiner Frau organisierte er nun gemeinsame Theater- und Kinobesuche und Urlaubsreisen ins Gebirge. »Die beiden fanden in ihren Gesprächen ein solch wunderbares Gefühl von Gemeinsamkeit, wie sie es seit vielen Jahren nicht mehr gehabt hatten. Sie organisierten ein möglichst abwechslungs-

reiches Leben rund um Jochens Rollstuhl« (Jaeggi, Tritt einen Schritt zurück und du siehst mehr. Gelassen älter werden. Freiburg i. Br. 2005). Erst durch die Konfrontation mit seiner Frau gelang es Jochen, seine Grenzen anzunehmen und auch als Behinderter noch ein erfülltes Leben zu leben.

Wenn die Beine nicht mehr mitmachen, die Knie Beschwerden zeigen, dann braucht es Demut, das zu akzeptieren, den eigenen Bewegungsspielraum zu begrenzen und sich einzugestehen, dass man schwächer wird.

Ich erlebe nicht nur ältere Menschen, die sich mit ihren Grenzen schwertun, sondern oft sind es auch ihre Kinder, die sich nicht trauen, den älteren Menschen Grenzen zu setzen. Aber die Kinder helfen den alten Eltern nicht, wenn sie ihnen alle ihre Wünsche erfüllen. Indem sie die eigenen Grenzen erkennen und sich gegenüber den Eltern abgrenzen, ermöglichen sie es diesen, sich den eigenen Grenzen zu stellen. Wir müssen den älteren Menschen zutrauen und sie ermutigen, dass sie sich ihrer Grenzen bewusst werden. Nur so werden sie im Alter reifen und sich den Aufgaben stellen, die das Alter von ihnen fordert.

Aussöhnen
mit der Vergangenheit

Von außen her fällt es schwer, einem Verbitterten seine Bitterkeit zu nehmen, einem Enttäuschten Hoffnung und Vertrauen zu schenken. Aber ein älterer Mensch wird nie glücklich sein, wenn er es nicht fertigbringt, sich mit seiner Geschichte auszusöhnen.

Es stimmt mich oft traurig, wenn ältere Menschen auf alles schimpfen und mit Gott und der Welt unzufrieden sind. Viele haben das Gefühl, dass sie in ihrem Leben zu kurz gekommen seien. Sie kreisen immer um die Vergangenheit, um die Menschen, die sie verletzt haben, um das Schicksal, das ihnen übel mitgespielt hat, um all das Schwere, das sie getroffen hat. Und oft genug kommen dann Sätze wie: »Wenn das nicht gewesen wäre, wenn dieser oder jener das nicht getan hätte, dann ...« Aber zugleich wollen solche Menschen leider nicht wahrhaben, dass sie das Vergangene nicht rückgängig machen können.

Ihre Aufgabe wäre es, sich gegenüber der Vergangenheit anders zu verhalten. Nicht das Vergangene können sie ändern, wohl aber ihre Einstellung dazu. Von außen her fällt es schwer, einem Verbitterten seine Bitterkeit zu nehmen, einem Enttäuschten Hoffnung und Vertrauen zu schenken.

Aber der ältere Mensch wird nie glücklich sein, wenn er es nicht fertigbringt, sich mit seiner Geschichte auszusöhnen. Es hat wenig Sinn, so einen verbitterten Menschen auf die guten Seiten seines Lebens hinzuweisen, auf seine glücklichen Kinder oder auf das, was er in seinem Leben gearbeitet und geleistet hat.

»Das verstärkt nur Gefühle von Schuld und leugnet die Wirklichkeit des Gefühls, versagt zu haben. Die einzige Hoffnung liegt in der einfachen Tatsache, dass jemand, der zuzuhören und dem Leben in seiner unverhüllten Wirklichkeit sich zu stellen wagt, nicht wegläuft, sondern mit einem Wort, einer Geste, einem Lächeln oder mit freundschaftlichem Schweigen bedeutet: ›Ich weiß – du hattest nur ein Leben zu leben und es kann nicht noch einmal gelebt werden, aber ich bin hier, bei dir und fühle mit dir‹« (Henri J. M. Nouwen, Zeit, die uns geschenkt ist. Älterwerden in Gelassenheit. Freiburg i. Br. 1983).

Was kann uns helfen, uns mit unserer Vergangenheit auszusöhnen? Wir sollen den Schmerz durchaus zulassen. Aber wir dürfen nicht ständig um ihn kreisen. Wir sollen auch die Wut über die Menschen zulassen, die uns unfair behandelt und tief verletzt haben. Aber auch dann muss ich irgendwann das Kreisen um den Schmerz und um die Wut loslassen und sagen: »Es war so. Es hat wehgetan. Aber ich gebe dem Vergangenen keine Macht mehr über mich. Ich habe es immerhin überlebt. Ich darf stolz sein, dass ich das durchgestanden habe. Und jetzt ist es meine Entscheidung, wie ich leben will, ob ich mich von der Vergangenheit mein ganzes Leben lang bestimmen lasse oder ob ich einen Schlussstrich ziehe und mich ganz der Gegenwart widme. Die Vergangenheit hat nur so viel Macht über mich, wie ich ihr gebe. Die anderen haben mich verletzt. Aber ob ich diesen Menschen jetzt noch Macht gebe und mir von ihnen mein ganzes Leben zerstören lasse, das ist meine Entscheidung. Das hängt nicht mehr von diesen Menschen ab. Ich bin verantwortlich dafür, wie ich jetzt leben möchte.«

Jetzt ist es meine Entscheidung, wie ich leben will, ob ich mich von der Vergangenheit mein ganzes Leben lang bestimmen lasse oder ob ich einen Schlussstrich ziehe und mich ganz der Gegenwart widme.

Bei frommen Menschen münden die Klagen über das eigene Leben oft in Anklagen gegen Gott: »Alles Beten hat ja anscheinend nicht geholfen. Trotz meines Glaubens hat das Leben mir so übel mitgespielt. Trotzdem habe ich meinen Sohn, meine Tochter so früh verloren. Und mein Mann, meine Frau ist mir genommen worden, obwohl wir jeden Sonntag in die Kirche gegangen sind. Alles hat doch keinen Sinn.« Auch solche Anklagen kann ich verstehen. Doch wenn die Anklagen verklungen sind, kann und sollte ich mich fragen: »Will ich an meinem Bild von mir selbst und von Gott festhalten? Klage ich Gott an, weil er nicht meinem Bild entspricht, das ich mir von ihm zurechtgelegt habe? Oder aber bin ich bereit, mich auf den ganz anderen und manchmal auch unverständlichen Gott einzulassen und mich in ihn hinein zu ergeben?« Wenn ich mich diesen Fragen ernsthaft stelle, dann werde ich Trost und Hoffnung erfahren. Denn im Alter werden wir herausgefordert, unsere Bilder von Gott loszulassen und uns dem unbegreiflichen Gott zu überlassen. Zugleich aber dürfen wir aber darauf vertrauen, dass seine Unbegreiflichkeit im Letzten Liebe ist.

Wenn ältere Menschen in ihre Vergangenheit schauen, kommen immer auch Schuldgefühle auf. Sie fühlen sich schuldig, dass sie als Eltern ihren Kindern nicht gegeben haben, was sie brauchten. Oder sie haben Schuldgefühle, weil die Kinder jetzt nicht mehr in die Kirche gehen. Wenn Kinder ihnen signalisiert haben, dass sie als Eltern daran schuld wären, dass sie ihr Leben nicht meistern könnten, dann quälen sich manche alten Eltern mit Selbstvorwürfen. Sie haben das Gefühl, alles verkehrt gemacht zu haben. Doch damit rauben sie sich selbst alle Freude am Leben.

Ich habe Männer erlebt, die im Krieg waren und denen erst im Alter bewusst wurde, was sie damals an Unheil angerichtet haben. Sie tendierten dazu, sich selbst anzuklagen und zu verurteilen. Hier ist die Botschaft von der Vergebung heilsam. Wenn Gott uns vergeben hat – und darauf dürfen wir vertrauen –, dann sollen und dürfen auch wir uns selbst vergeben. Wir sollen aufhören, um unser Versagen zu kreisen. Wir sollen unser Leben – mit allem, was war – in die barmherzige Liebe Gottes hineinhalten und darauf vertrauen, dass es von Gott angenommen ist. In der Hoffnung auf Gottes Barmherzigkeit sollen auch wir mit uns barmherzig umgehen und uns selbst all das vergeben, was wir uns bisher vorgeworfen haben.

> »Will ich an meinem Bild von mir selbst und von Gott festhalten? Klage ich Gott an, weil er nicht meinem Bild entspricht, das ich mir von ihm zurechtgelegt habe? Oder aber bin ich bereit, mich auf den ganz anderen und manchmal auch unverständlichen Gott einzulassen und mich in ihn hinein zu ergeben?«

Ein Weg, mit dem Alleinsein gut umzugehen, besteht darin, sich der Welt und den Menschen zuzuwenden, anstatt ständig etwas von ihnen zu erwarten.

Mit Einsamkeit
umgehen lernen

Zum Alter gehört auch die Einsamkeit. Vertraute Menschen sind gestorben, bei vielen Aktivitäten der Jüngeren kann man nicht mehr mitmachen. Manche fühlen sich durch ihre Schwerhörigkeit mitten in der Gesellschaft einsam. Wir unterscheiden zwischen Alleinsein und Einsamkeit. Ich bin gerne allein und kann das Alleinsein genießen, um ein Buch zu lesen, um nachzudenken, um zu meditieren. Einsamkeit ist dagegen mehr ein Gefühl. Bei vielen zeigt es sich so, dass sie mit dem Alleinsein nichts mehr anfangen können, dass ihnen »die Decke auf den Kopf fällt«, dass sie sich »mutterseelenallein« fühlen. Sie fühlen sich abgeschnitten von menschlichen Kontakten, übersehen von den Menschen, isoliert und mit ihrer Einsamkeit und Not alleingelassen.

Für Hermann Hesse ist die Annahme der eigenen Einsamkeit ein Weg zur Weisheit. Ohne sich der eigenen Einsamkeit zu stellen, können wir nicht weise sein:

Wahrlich, keiner ist weise,
der nicht das Dunkel kennt,
das unentrinnbar und leise
von allen uns trennt.

Seltsam, am Abend zu wandern!
Leben ist Einsamsein.
Keiner kennt den andern,
jeder ist allein.
(Hesse, Gedicht »Im Nebel«)

Wie wir im Alter das Alleinsein empfinden, hängt von unseren Erfahrungen in der Kindheit ab: »Wenn jemand als Kind zu oft und zu lange allein gelassen wurde, bevor er Vertrauen und Hoffnung lernte, kann er später Einsamkeit ähnlich verzweifelt und hoffnungslos erleben; die Früherinnerungen wirken in ihm noch so mächtig nach, haben ihn so geprägt, dass er in Panik gerät, wenn er länger allein ist« (Fritz Riemann, Die Kunst des Alterns. Stuttgart 1981).

Aber auch wenn ein Kind nie gelernt hat, allein zu sein, allein zu spielen, wird es ihm später schwerfallen, Einsamkeit auszuhalten. Wer mit sich als Kind allein nichts anfangen konnte, wird auch als älterer Mensch die Einsamkeit als Langeweile erleben. Er hat als Kind nie Phantasie entwickelt. Jetzt erwartet er auch im Alter ständig von anderen, dass sie für ihn planen und etwas unternehmen. Riemann meint, ein gesundes Kind habe immer auch das Bedürfnis, mal für sich allein zu sein und allein zu spielen.

»Wenn wir es als Kinder lernten, etwas mit Lust und Liebe zu tun, wann und solange wir es wollten; wenn wir die Freude am konstruktiven Spiel erleben durften, brauchen wir später keine Angst vor Langeweile zu haben und können auch das Alleinsein ertragen. Denn wir werden dann immer etwas finden, dem wir unser Interesse zuwenden können« (Riemann).

Man muss sich ein Leben lang darauf vorbereiten, mit der Einsamkeit des Alters gut umzugehen. Der deutsche Philosoph Arthur Schopenhauer meinte, dass die Jugend daran arbeiten solle, »die Einsamkeit ertragen

Die Einsamkeit annehmen kann der, der sich nach innen wendet und dort mit seinem innersten Kern in Berührung kommt. Er wird dabei fähig werden, in sich zu ruhen.

zu lernen, weil sie eine Quelle des Glücks und der Gemütsruhe« sei. Viele lernen heute nicht, Einsamkeit zu ertragen, weil sie immer vor ihr auf der Flucht sind. »Wir sind immer auf der Flucht vor uns selbst, vor der Begegnung mit uns selbst, weil wir immer etwas haben wollen, statt etwas zu sein, wie es Erich Fromm ausdrücken würde« (Riemann).

In dieser Beziehung leben manche alte Menschen auf Kosten ihrer Kinder. Sie beklagen sich ständig, dass die Kinder sie so wenig besuchen. Sie fühlen sich nur lebendig, wenn die Kinder um sie herum sind. Sie weigern sich letztlich, einen wesentlichen eigenen Reifungsschritt zu tun, den das Älterwerden von ihnen fordert: dass sie lernen, mit ihrem Alleinsein etwas anzufangen, die Stille wahrzunehmen, nach innen zu gehen, sich zu erinnern an das, was sie gelebt haben und was ihren wahren Wert ausmacht. Die Kinder tun den alten Eltern keinen Gefallen, wenn sie ihnen jeden Wunsch erfüllen. Sie müssen ihnen auch zumuten, das Alleinsein auszuhalten.

Ein Weg, mit dem Alleinsein gut umzugehen, besteht darin, sich der Welt und den Menschen zuzuwenden, anstatt ständig etwas von ihnen zu erwarten. Riemann schreibt dazu: »Das Leben und die Welt sind so reich und voller Wunder, die nur darauf warten, entdeckt zu werden; und der Mensch ist so reich und vielseitig angelegt, dass jeder jemanden oder etwas finden kann, dem er sein Herz und sein Interesse zuwenden kann – sei es in der Form einer tätigen Liebe oder in der eines forschenden Sichversenkens, sei es in schöpferischem Gestalten oder im Erfüllen einer Aufgabe. Denn was uns letztlich am Leben erhält, ist diese Fähigkeit, uns an etwas zu freuen, etwas mit Lust und Liebe zu tun, etwas zu lieben« (Riemann).

Entscheidend ist, ob wir uns im Alter uns selbst, dem Leben, den Menschen und Gott zuwenden, oder ob wir nur träge um uns kreisen und jammern, weil wir nicht bekommen, was wir wollen. Im zweiten Fall bleiben wir auf der Stufe eines schmollenden Kindes stehen, das jammert, wenn es nicht erhält, was es unbedingt möchte. Wer der Einsamkeit des Alters aus dem Weg geht, der verweigert sich letztlich dem Leben und dem notwendigen Schritt, den das Leben im Alter von ihm fordert. Wir fliehen dann vor der notwendigen »Anstrengung, unser Interesse auf etwas zu wenden, unser Herz an etwas zu hängen« (Riemann). Die Einsamkeit annehmen kann der, der sich nach innen wendet und dort mit seinem innersten Kern in Berührung kommt. Er wird dabei fähig werden, in sich zu ruhen. Und er wird sich in Gott geborgen fühlen. Wir können letztlich nicht vor der Einsamkeit der Krankheit oder des Todes fliehen. Wir müssen die Einsamkeit als Chance sehen, zum Eigentlichen vorzustoßen. Es gibt zwei Hilfen, sich in der eigenen Einsamkeit geborgen und getragen zu fühlen: »Die eine Geborgenheit kann uns die Natur vermitteln, wo immer wir uns ihr zuwenden. Wer sich durchlässig macht für all die Wunder des Lebens, wer sich als Geschöpf unter Geschöpfen fühlt, eingebettet in das große Entstehen und Vergehen, in Geburt und Tod, Wachstum und Reife, braucht Einsamkeit nicht zu fürchten; sie kann ihm im Gegenteil oft erst den Zugang zum Kreatürlichen öffnen, ihm helfen, seine engen, ichhaften Grenzen zu überschreiten in eine Verbundenheit mit allem Lebendigen« (Riemann).

Entscheidend ist, ob wir uns im Alter uns selbst, dem Leben, den Menschen und Gott zuwenden, oder ob wir nur träge um uns kreisen und jammern ...

Im Alter geht es nicht mehr darum, was ich getan habe und was ich tue, sondern wer ich bin.

Keine
Pensionierungsgrenze

Im Kloster haben wir keine Pensionierungsgrenze. Hier kann jeder so lange arbeiten, wie er möchte. Das hat etwas Heilsames. Denn die älteren Mitbrüder fühlen sich noch gebraucht. Und sie haben bis ins hohe Alter hinein eine sinnvolle Beschäftigung. Aber die Gefahr dabei ist, dass einer nicht spürt, wann es für ihn Zeit ist, seinen Posten für einen jüngeren Mitbruder zu räumen.

Johannes Kuhn erzählt etwas Ähnliches vom bekannten Bischof Otto Dibelius, der den Satz geprägt hat: »Ein Christ ist immer im Dienst.« Er war ein guter Bischof. Aber er wollte in seinem Amt einfach nicht aufhören. Da gingen einige Pfarrer zu ihm und sagten: »Herr Bischof, Sie haben uns in vielem als Vorbild gedient, nun seien Sie uns auch darin ein Vorbild, dass man alt werden kann, ohne bis zuletzt in allen Phasen an seiner Funktion zu hängen und alles immer weitermachen zu müssen.« Der Bischof sah das ein und antwortete: »Ihr habt recht. Im Altwerden kommt es nun auch darauf an, wer zu sein.« Im Alter geht es nicht mehr darum, was ich getan habe und was ich tue, sondern wer ich bin.

Wir meinen oft, dass wir weniger werden, wenn wir unsere Arbeit, unsere Kraft, unsere Aufgaben, unsere Bedeutung loslassen. Der Taoismus kennt eine Parabel, die uns zeigt, dass gerade dann, wenn aller äußere Wert losgelassen worden ist, der eigentliche Wert des Menschen zum Vorschein kommt. Sie erzählt von einem Zimmermann und seinem Lehrling, der eine gewaltige, sehr alte und knorrige Eiche erblickte und darüber staunte: »Der Zimmermann sagte zu seinem Lehrling: Weißt du, warum dieser Baum so gewaltig und so alt ist? Der Lehrling sagte: Nein ... Warum? Da antwortete der Zimmermann: Weil er unnütz ist. Wenn er nützlich wäre, wäre er schon lange gefällt, zersägt und zur Herstellung von Betten und Tischen verwendet worden. Weil er aber unnütz ist, hat man ihn wachsen lassen. Deshalb ist er nun so groß, dass man in seinem Schatten ausruhen kann« (in: Henri J. M. Nouwen, Zeit, die uns geschenkt ist. Freiburg i. Br. 1983).

Weil der Wert des Baumes nur darin lag, Baum zu sein, konnte er frei dem Licht entgegenwachsen – und so wurde er zu einem Baum, der viele Menschen einlud, sich unter seinem Schatten auszuruhen. Wenn wir unseren äußeren Wert loslassen, dann erfahren wir, dass unser wahrer Wert darin besteht, einfach Mensch zu sein. Und dann wird

Zum Leben in der ersten Lebenshälfte gehören das Kämpfen und Ringen. Und zum Leben in der zweiten Lebenshälfte gehört das Loslassen. Und wer sein Leben versäumt hat, der hat nichts, was er lassen könnte.

unser Leben fruchtbar. Andere werden kommen, um bei uns auszuruhen. Sie spüren, dass wir nichts mehr wollen, sondern dass wir einfach nur da sind.

Loszulassen vermag ich nur, was ich angenommen habe. Ich kann mein Leben nur loslassen, wenn ich es gerne gelebt habe. Wer nie richtig gelebt hat, der kann sein Leben auch nicht loslassen. C. G. Jung meint, ab der Lebensmitte bleibe nur der lebendig, der bereit ist zu sterben. Sterben ist der Gipfel des Loslassens. Jung hat die Erfahrung gemacht, dass es die gleichen Menschen sind, die in der Jugend nie gelernt haben zu kämpfen und die im Alter unfähig sind loszulassen. Er meint, diese würden das Leben so, wie es ist, nicht akzeptieren. Zum Leben in der ersten Lebenshälfte gehören das Kämpfen und Ringen.

Und zum Leben in der zweiten Lebenshälfte gehört das Loslassen. Und wer sein Leben versäumt hat, der hat nichts, was er lassen könnte. Er trauert im Alter dem ungelebten Leben nach. Und so versäumt er die wichtigste Aufgabe des Alters: das Loslassen. C. G. Jung schildert die Alten und Jungen, die ihr Leben versäumen, weil sie sich nicht auf die jeweilige Aufgabe ihres Alters einstellen: »Ein Junger, der nicht kämpft und siegt, hat das Beste seiner Jugend verpasst, und ein Alter, welcher auf das Geheimnis der Bäche, die von Gipfeln in Täler rauschen, nicht zu lauschen versteht, ist sinnlos, eine geistige Mumie, welche nichts ist als erstarrte Vergangenheit. Er steht abseits von seinem Leben, maschinengleich sich wiederholend bis zur äußersten Abgedroschenheit. Was für eine Kultur, die solcher Schattengestalten bedarf« (Jung, Gesammelte Werke, Bd. VIII. Zürich 1967).

Es gibt durchaus
noch viel zu tun

Der frühere Bürgermeister von Bremen, Henning Scherf, beschreibt, wie die »Buntheit« des Alters aussehen kann. Er selbst lebt mit anderen älteren Leuten in einer Wohngemeinschaft zusammen. Er ist noch in zahlreichen Organisationen engagiert. Das wird so nicht für jeden stimmen und möglich sein. Aber er erzählt auch von Tätigkeiten, denen sich viele ältere Menschen widmen könnten. So liest er öfter in einer Grundschule den Kindern vor. Und er schreibt von sich: »Ich bin vernarrt in diese Kinder, ich freue mich auf jede Lesestunde. Und mein Eindruck ist, dass es auch für die Kleinen reizvoll ist, ein fremdes Gesicht zu sehen und mit jemandem reden zu können, der ihr Großvater sein könnte.«

Henning Scherf spricht von »Seniorexperten«, die ihr Wissen an andere weitergeben. In Bremen gibt es Freiwilligen-Agenturen, bei denen sich vor allem ältere Menschen melden, die pensioniert sind. Sie wollen anderen helfen. Aber dieses Engagement gibt ihnen selbst Erfüllung. Und Henning Scherf plädiert für generationenübergreifende Nachbarschaften, in denen die älteren Menschen für die Jungen Dienste leisten und umgekehrt. In dieser Richtung gäbe es sicher noch viele Möglichkeiten, für ältere Menschen Milieus zu schaffen, in denen sie sich wohl fühlen und in denen sie sich im Rahmen ihrer Fähigkeiten engagieren können.

Für ältere Menschen gibt es noch genügend sinnvolle Beschäftigungen und Orte, an denen sie gebraucht werden. Und es gibt viele Tätigkeiten, die ihnen selbst Freude bereiten: Der eine ist

Hobbygärtner, ein anderer singt im Gesangverein, ein dritter führt mit anderen Senioren Radtouren durch und genießt dabei die Bewegung und die Gemeinschaft.

Allerdings braucht es sowohl beim Engagement für andere als auch beim Hobby das richtige Maß. Menschen, die im Alter noch mehr als in ihrer Jugend arbeiten, die sich gleichsam hinter ihrer Tätigkeit verstecken und sich in sie flüchten, suchen nur die Zerstreuung. Doch die Zerstreuung ist kein Weg zu einem geglückten Alter. Manche Aktivitäten von Seniorenclubs dienen allein der Abwechslung: Hauptsache, man ist irgendwie beschäftigt und man entgeht der Einsamkeit. Doch Aktivität um der Aktivität willen hinterlässt eine innere Leere. Das hat schon Blaise Pascal deutlich gesehen: »Nichts ist dem Menschen unerträglicher, als ohne Leidenschaften, ohne Geschäfte, ... ohne Aufgabe zu sein. Dann spürt er seine ganze Nichtigkeit, seine Verlassenheit, sein Ungenügen, seine Abhängigkeit, seine Unmacht, seine Leere. Allsogleich wird dem Grund seiner Seele die Langeweile entsteigen und die Düsternis, die Trauer, der Kummer, der Verdruss, die Verzweiflung.«

Aktivitäten sind dann erfüllt, wenn sie mit Leidenschaft getan werden, das heißt, wenn man sein »Herzblut« hineingibt, wenn die Liebe in sie hineinfließt. Was nur der Zerstreuung dient und getan wird, um sich der eigenen Einsamkeit nicht zu stellen, hinterlässt letztlich Enttäuschung und Leere.

»Ich bin vernarrt in diese Kinder, ich freue mich auf jede Lesestunde. Und mein Eindruck ist, dass es auch für die Kleinen reizvoll ist, ein fremdes Gesicht zu sehen und mit jemandem reden zu können, der ihr Großvater sein könnte« (Henning Scherf).

Karl Rahner nennt eine wichtige Aufgabe des Alters: Brücke zwischen den Generationen zu sein, zwischen Alt und Jung zu vermitteln, mittendrin sein und ihre Erfahrungen einbringen. Allerdings sollen sie nicht die Jungen kopieren wollen, sondern bewusst zu ihrem Alter stehen.

Brücke

zwischen den Generationen sein

Es gibt viele gelungene Beispiele, wie ältere Menschen sich sinnvoll für andere engagieren. Bei einem Verein, der Essen auf Rädern für Senioren organisiert, arbeitet eine ältere Frau mit, die multiple Sklerose hat. Sie ist durch die Arbeit wieder aufgeblüht, da sie sich auf einmal wieder gebraucht fühlt. So findet sie in ihrem Leben wieder Sinn. Sie kann von ihrer Mitarbeit sagen: »Das ist nun mein Lebensinhalt, das mache ich nun weiter, solange ich irgendwie kann.« Hier bewahrheitet sich, was Marie von Ebner-Eschenbach gesagt hat: »Die Menschen, denen wir eine Stütze sind, geben uns den Halt im Leben.« Zur Fruchtbarkeit braucht es im Alter beides: das Tun, das Sichengagieren und zugleich auch die Fähigkeit zur Einsamkeit, zur Stille und zur Ruhe. Karl Rahner nennt eine wichtige Aufgabe des Alters: Brücke zwischen den Generationen zu sein, zwischen Alt und Jung zu vermitteln. Ältere Menschen sollen sich nicht aus der Gesellschaft heraushalten, sondern mittendrin sein und ihre Erfahrungen einbringen. Allerdings sollen sie nicht die Jungen kopieren wollen, sondern bewusst zu ihrem Alter stehen.

Heute erleben wir, dass ältere Menschen besonders bei Kindern gefragt sind. Enkelkinder kommen gerne zu ihrem Großvater und ihrer Großmutter, weil sie da nicht beurteilt werden. Bei ihnen dürfen sie sein, wie sie sind. Und oft vermitteln die Großeltern zwischen Eltern und Kindern. Aber auch in der Politik erleben wir, dass ältere pensionierte Politiker etwa bei Tarifauseinandersetzungen gerufen werden, um zu schlichten und einen Weg in die Zukunft zu finden.

Es gibt aber nicht nur die weisen alten Männer, die verbinden und versöhnen. Es gibt auch die zornigen alten Männer, die keine Rücksicht mehr auf die Meinung der Menschen nehmen müssen und daher ihre Meinung ungeschminkt sagen dürfen. Oft werden sie gehört. Man spürt bei ihnen, dass ihr Protest keine Selbstdarstellung ist, sondern dass es ihnen um die Sache geht.

Die Buntheit des Alters zeigt heute viele Facetten. Die älteren Menschen haben mehr Möglichkeiten, sich zu betätigen, als je zuvor. Da gibt es ältere Menschen, die auf der Universität ein Seniorenstudium machen. Es gibt Altenkreise, die über philosophische oder theologische Fragen diskutieren. In den kirchlichen Akademien sind es oft älte-

re Menschen, die sich für die Fragen unserer Zeit interessieren und lebhaft mitreden wollen. Es gibt Seniorenreisen: Manche ältere Menschen gönnen sich Reisen, die sie sich während ihres Berufslebens nie leisten konnten. Sie interessieren sich für die Welt und für das, was die Welt zusammenhält. Sie gehen gerne in Konzerte oder ins Theater. Sie hüten die Kultur und ihre Werte. Da sie nichts zu verlieren haben, sind sie offen für das, was wirklich trägt. Sie hinterfragen vieles von dem, was allgemein gilt, nicht um als Ewiggestrige zu leben, sondern als Menschen, die von dem Druck frei geworden sind, sich selbst darzustellen. Ihnen geht es um die Zukunft des Menschen und seiner Welt.

Da sie nichts zu verlieren haben, sind sie offen für das, was wirklich trägt. Sie hinterfragen vieles von dem, was allgemein gilt, nicht um als Ewiggestrige zu leben, sondern als Menschen, die von dem Druck frei geworden sind, sich selbst darzustellen. Ihnen geht es um die Zukunft des Menschen und seiner Welt.

Das persönliche
Charisma kann
aufblühen

Bei meiner Mutter, die aus einfachen bäuerlichen Verhältnissen in der Eifel stammt, habe ich im Alter eine neue Offenheit und Freiheit erlebt. Da interessierte sie sich für viele Themen, die in ihrer Kindheit tabu waren. In Gesprächen mit meiner Schwester wollte sie genau wissen, wie das mit der Homosexualität ist. Sie hatte dabei absolut kein dogmatisches Denken, obwohl sie in ihrer Kindheit eine eher enge kirchliche Erziehung erlebt hatte. Sie traute einfach ihrem Gefühl und der eigenen Erfahrung. Sie wollte nicht werten, sondern war offen und bereit, das Leben zu verstehen.

Bei meinen älteren Mitbrüdern im Kloster erlebe ich die Buntheit des Lebens auf verschiedene Weisen. Mein ältester Mitarbeiter in der Verwaltung ist mit 86 Jahren Bruder Cornelius. Er ist im Krieg schwer verwundet worden und hat eine sehr harte Kriegsgefangenschaft überstanden. Trotz seiner starken Behinderung aufgrund der Kriegsverletzung lässt er es sich nicht nehmen, jeden Tag in die Klosterverwaltung zu kommen und dort noch einige Stunden zu arbeiten, zu schreiben und Bekannte zu empfangen, denen er aus seiner reichen Erfahrung nicht nur Hilfen bei ihrer Renten- und Krankenversicherung anbietet, sondern auch eine Art Seelsorger ist. Er spricht mit ihnen über all das, was sie beschäftigt. Wenn wir in der Verwaltung den Geburtstag eines Mitarbeiters oder einer Mitarbeiterin feiern, erzählt er oft von der harten Zeit nach dem Krieg, in der er – obwohl von Beruf Zimmermann – ohne besondere Ausbildung in die Verwaltung gesteckt wurde. Im Laufe der Zeit hat er sich zum Fachmann für Versicherungsfragen entwickelt, der auch immer wieder von Leuten aus der Umgebung zurate gezogen wurde.

Bruder Martin, der lange Zeit in Venezuela als Koch der dortigen Klostergemeinschaft und des Internats gearbeitet hat, hat am Abend oft aus seinem Leben erzählt. Er hat dabei nichts schöngeredet, er hat die Dinge erzählt, wie sie waren. Auch in der Mission war nicht alles ideal. Doch trotz all der Menschlichkeiten, die er dort erlebt hat, hat er nie seinen spirituellen Weg aufgegeben. Und bis zuletzt war er interessiert und offen für die Menschen. Bis ins hohe Alter hinein hat er gerne gesungen. So war das Chorgebet für ihn täglich eine Zeit, in der sein Herz aufleben konnte. Als er einmal im Krankenhaus war, lag neben ihm im Zimmer ein Mann, der sich als Kommunist bezeichnete und von der

Kirche nichts wissen wollte. Trotzdem haben die beiden sich gut verstanden. Und sie hatten noch lange miteinander Kontakt.

Mein Novizenmeister war Pater Augustin. Er war ein glänzender Organist und hat jahrzehntelang die Kultur des Orgelspielens in der Abtei geprägt und den Gottesdiensten mit der Orgel eine spirituelle Tiefe verliehen. Die letzten Jahre spielte er ohne Noten täglich nach dem Mittagessen allein für sich in der Kirche und improvisierte. Manche Gäste, die darum wussten, setzten sich irgendwo versteckt in die Kirche, um dem Spiel zu lauschen. Sie spürten, dass die Musik für den Geist Gottes durchlässig war, dass in ihr die Stille des Geheimnisses hörbar wurde.

Als ich anfing, Bücher zu schreiben, bat Pater Augustin mich immer um ein Exemplar. Und ich wusste, dass er dieses auch las. Einmal sagte er mir, er hätte nicht gedacht, dass Altwerden so schwer

Die letzten Jahre spielte er ohne Noten täglich nach dem Mittagessen allein für sich in der Kirche und improvisierte. Manche Gäste, die darum wussten, setzten sich irgendwo versteckt in die Kirche, um dem Spiel zu lauschen. Sie spürten, dass die Musik für den Geist Gottes durchlässig war, dass in ihr die Stille des Geheimnisses hörbar wurde.

sei. Dabei strahlte er immer Güte und Barmherzigkeit aus. Als es in einer Sitzung um ein Bauvorhaben ziemlich hitzig zuging und ich schon aufgeben wollte, kam er zu mir. Er ermutigte mich, mich von der Hitze des Gefechtes nicht beeindrucken zu lassen, sondern weiterzumachen.

Und als wir uns im Konvent über die Theologie und Gestaltung der Eucharistiefeier unterhielten, meinte er: »Darum geht es doch gar nicht. Seit 50 Jahren ist für mich die entscheidende Frage: Glaube ich das, was ich tue?« Auf einmal war die Atmosphäre des Gespräches wie verwandelt. Die persönlichen Worte von Pater Augustin haben die Diskussion auf den eigentlichen Punkt gebracht.

Solche älteren Menschen, die mit wenigen Worten das sagen, worum es eigentlich geht, sind ein Segen für jede Gemeinschaft, für jede Familie, für jede Stadt, ja für das ganze Land.

Es gibt viele Weisen, wie ein Mensch mit seinem Lebenskonzept in die Krise kommen kann. Da sind die persönlichen Krisen, die daran hindern, das bisherige Leben so weiterzuführen. Ein Mann hat nach seiner Ausbildung rasch Karriere gemacht in seinem Beruf. Er hat eine Familie gegründet und hat drei gesunde Kinder. Doch dann stirbt der älteste Sohn bei einem Verkehrsunfall. Oder ein Kind begeht Selbstmord. Oder die Kinder entwickeln sich anders, als die Eltern sich das erhofft haben. Sie lehnen sich auf gegen die nach außen hin so erfolgreichen Eltern und

Wie Lebens-
entwürfe zerbrechen

decken ihnen ihre Ohnmacht auf. Sie verweigern das Leben und die Leistung. Sie flüchten in Drogen, werden abhängig und brechen den Kontakt zu den Eltern ab. Da stockt der Lebensfluss. Der Beruf, die Stellung, alles Ansehen bei den Menschen verliert an Bedeutung. Man war stolz, den eigenen Betrieb so erfolgreich ausgebaut zu haben. Doch jetzt schmeckt alles schal. Man kann sich an seiner Arbeit, an seinem Betrieb nicht mehr freuen. Alles war umsonst. Man macht sich Vorwürfe, dass man die Kinder vernachlässigt hat. Man möchte den ganzen Betrieb dafür hergeben, wenn Gott einem den Sohn oder die Tochter wieder schenken würde. Der Schmerz ist so groß, dass das ganze Leben davon

Der Schmerz ist so groß, dass das ganze Leben davon beeinträchtigt wird. Und manch einer findet nicht mehr zurück in die Lebensspur, die er bisher verfolgt hat.

beeinträchtigt wird. Und manch einer findet nicht mehr zurück in die Lebensspur, die er bisher verfolgt hat. Er ist so geschlagen, dass er auch keine Freude mehr an seinem Beruf und an seinem sozialen Engagement hat. Er zieht sich zurück, schämt sich vor der Gesellschaft. Andere flüchten in die Öffentlichkeit. Sie stürzen sich noch mehr in ihren Beruf. Aber hinter der erfolgreichen Fassade lauert die Verzweiflung. Man funktioniert noch, aber das Leben, die Freude, die Liebe sind aus dem Herzen entschwunden.

Manche scheitern, weil sie wie aus heiterem Himmel eine heimtückische Krankheit heimsucht. Da kommt ein Mann von einem Auslandsaufenthalt müde und schlapp zurück. Er weiß nicht, was er hat. Im Krankenhaus findet man lange nichts. Schließlich entdeckt man eine bisher unbekannte Viruserkrankung, gegen die kein Kraut gewachsen ist. Jahrelang leidet er an dieser Krankheit und findet nicht mehr zu seiner alten Kraft zurück.

Ein anderer Mann, der bisher immer erfolgreich gearbeitet und sich in seiner Gemeinde politisch engagiert hat, leidet auf einmal unter Schlaflosigkeit. Er geht zum Arzt. Aber der kann ihm nicht weiterhelfen. Er nimmt immer stärkere Tabletten. Aber die lösen das Problem nicht. Er hat Angst, verrückt zu werden, wenn er nicht mehr schlafen kann. Es fehlt ihm die Kraft für seine tägliche Arbeit. Er wird immer nervöser. Er hat Angst, sich den wirklichen Problemen zu stellen, die hinter seiner Schlaflosigkeit stecken. Er müsste eine Therapie machen. Aber er kann es sich nicht eingestehen, dass er therapeutische Hilfe in Anspruch nehmen muss.

Ein anderer Mann bekommt auf dem Höhepunkt seines Erfolges einen Herzinfarkt. Er muss sich zurücknehmen und sein Leben von Grund auf ändern. Aber das gelingt ihm nicht. Jetzt spürt er, wie sehr er sich von seinen Erfolgen und seiner Leistung definiert hat. Ein anderer gerät in eine Depression. Bisher war er immer fröhlich. Jetzt wird er von depressiven Verstimmungen befallen. Er zieht sich immer mehr zurück, hat Angst, anderen gegenüber seine Hilflosigkeit zu zeigen. Wieder ein anderer muss erleben, wie seine Ehefrau in eine Depression verfällt. Bisher hat er sich immer auf seine Frau verlassen können. Sie hielt ihm den Rücken frei, damit er seinen vielen Verpflichtungen nachgehen konnte. Jetzt muss er sich um sie kümmern. Da spürt er seine ganze Hilflosigkeit. Das bringt sein Lebenskonzept durcheinander. Häufig erlebe ich, wie Menschen sich eingestehen müssen, dass sie eine Psychose haben. Lange Zeit haben alle den Geschäftsführer bewundert, dass er so viel arbeiten kann, ohne je müde zu werden. Jetzt muss er sich eingestehen, dass er manisch-depressiv ist. Es sind die manischen Phasen, in denen er ununterbrochen arbeiten kann. Aber jetzt zeigt sich die Manie in ihrer Gefährlichkeit. Er kennt kein Maß mehr, trifft falsche Entscheidungen und richtet sich und seine Firma zugrunde.

Andere scheitern in ihrem Lebenskonzept, weil ihnen äußere Umstände einen Strich durch die Rechnung machen. Da sind die vielen Menschen, die heute auf der Flucht sind, die vertrieben werden und aus politischen Gründen ihre Heimat verlassen müssen. Ihnen wird die Grundlage ihrer Existenz entzogen. Manche finden eine neue Heimat und bauen sich dort eine neue Existenz auf. Andere kommen nicht mehr hoch. Der Schmerz über den Verlust ist zu groß, als dass sie in der Fremde Fuß fassen könnten. Andere werden Opfer finanzieller Machenschaften. Sie werden von geldgierigen Geschäftemachern ausgebeutet. Und auf einmal stehen sie vor dem Nichts. Immer mehr junge Menschen werden obdachlos, weil sie aus dem Netz der sozialen Sicherung fallen oder weil sie irgendein Missgeschick trifft. Sie können nur noch auf der Straße leben und laufen dort ihren Problemen davon. Sie geben ihre alte Identität auf und finden eine Scheinidentität im Kreise der anderen Obdachlosen. Doch aus Scham über sich greifen sie immer öfter zum Alkohol und geben sich selbst auf. Sie haben keine Hoffnung mehr,

Ihr Lebenskonzept ist zerbrochen. Es ist schwer für sie, ein neues Ziel zu finden.

sich selbst aus dem Sumpf ziehen zu können. So geraten sie tiefer und tiefer in Hoffnungs- und Sinnlosigkeit hinein.

Andere waren voller Idealismus. Sie haben sich für die Umwelt engagiert, bei vielen Demonstrationen mitgemacht. Jetzt spüren sie, dass sie immer aggressiver und unzufriedener werden. Sie wurden von ihren Gesinnungsgenossen im Stich gelassen. Manche haben sich lieber angepasst und Karriere gemacht. Andere, mit denen sie voller Idealismus gekämpft haben, verstricken sich in Machtkämpfe. Sie entdecken bei ihnen dunkle Seiten, Eigeninteressen, Rivalitätskämpfe. Hinter der idealistischen Fassade stecken egoistische Bedürfnisse, für die man die Bewegung oder die Partei missbraucht. Manche wenden sich enttäuscht ab. Sie treten aus der Bewegung aus. Wofür sie gekämpft haben, das hat sich als Fata Morgana erwiesen.

Ich erlebe gerade in der Kirche viele Menschen, die sich nach dem Konzil voller Idealismus für die Erneuerung der Kirche engagiert haben. Sie wollten eine lebendige Liturgie, eine gastfreundliche und offene Gemeinde. Sie haben sich für die Dritte Welt eingesetzt. Sie haben für den Frieden demonstriert und für die Bewahrung der Schöpfung gekämpft. Doch dann geraten sie in die Mühlen der Amtskirche. Sie werden enttäuscht von den Gremien der Kirche oder von einzelnen Vertretern. Manche der ehemaligen Freunde sind in ihrer Religiosität erstarrt. Sie sind konservativ geworden und haben sich hinter ihrem Moralismus und ihrer Rechthaberei verschanzt.

So wird ihnen die Kirche immer fremder. Ihre Sprache erreicht sie nicht mehr. Manchmal sind sie noch wütend über kirchliche Verlautbarungen. Aber oft bleibt nur noch das Gefühl von Fremdheit und Distanz. Jetzt wenden sie sich resigniert und verbittert von der Kirche ab. Ihr Lebenskonzept ist zerbrochen. Es ist schwer für sie, ein neues Ziel zu finden. Sie haben ihr Herzblut für die Kirche gegeben. Aber es war umsonst. Dennoch leiden die früher so Engagierten am Verlust dessen, was ihnen einst so teuer war, wofür sie alles gegeben haben. Manchmal, wenn sie eine Kirche betreten, erfasst sie eine tiefe Traurigkeit. Was sie dort erlebt haben, ist endgültig vorbei, zerbrochen.

Ich erlebe gerade in der Kirche viele Menschen, die sich nach dem Konzil voller Idealismus für die Erneuerung der Kirche engagiert haben. Sie wollten eine lebendige Liturgie, eine gastfreundliche und offene Gemeinde. Sie haben sich für die Dritte Welt eingesetzt. Sie haben für den Frieden demonstriert und für die Bewahrung der Schöpfung gekämpft.

geweigert hätten, erwachsen zu werden und ihre Aufgabe als Eltern wahrzunehmen. Es gibt nie die ideale Zeit, in die wir hineingeboren werden. Und es gibt nie die idealen Eltern, die wir uns gewünscht hätten. Auch wenn die Eltern es noch so gut meinen, werden Kinder verletzt. Gerade in der Beziehung zu unseren Geschwistern erleben wir, dass diese vorgezogen und wir benachteiligt werden. Die Eltern können noch so gerecht sein, wir werden dennoch das Gefühl haben, nicht in gleicher Weise beachtet zu werden.

Viele haben allerdings eine große Last mit sich herumzuschleppen. Sie haben den Vater oder die Mutter früh verloren. Oder der Vater war unzuver-

Versöhnung
mit meiner Lebensgeschichte

Versöhnung mit sich selbst heißt zuerst, sich mit der eigenen Geschichte auszusöhnen. Ganz gleich, in welcher Zeit wir geboren wurden, es gibt immer Situationen, denen wir gerne ausgewichen wären. Die Kriegsgeneration hat Schlimmes erlebt. Aber die Kinder des Wirtschaftswunders beklagen sich genauso, dass ihre Kindheit nicht glücklich war, dass die Eltern sie vor lauter Faszination von Geld und Erfolg vernachlässigt hätten. Und die Kinder der 68er-Generation klagen ihre Eltern an, dass sie sich vor lauter Rebellion

lässig. Er hat getrunken und war nach exzessivem Alkoholgenuss unberechenbar, so dass die ganze Familie sich vor ihm fürchten musste. Die Mutter war depressiv und konnte den Kindern kein Urvertrauen schenken. Ein Kind wurde zu Verwandten abgeschoben, weil die Mutter sich nicht in der Lage sah, es zu erziehen. Mädchen wurden sexuell missbraucht von nahen Verwandten oder sogar vom eigenen Vater. Das sind Hypotheken, die nicht so leicht abzutragen sind. Und es braucht oft eine Therapie, um mit solchen Verletzungen fertigzuwerden. Aber jede Wunde kann heilen. Wir können uns unsere Kindheit nicht aussuchen. Aber irgendwann einmal müssen wir uns aussöhnen mit allem, was wir erlebt und erlitten haben. Nur wenn wir bereit sind, uns auch mit unseren Wunden auszusöhnen, können sie sich wandeln. Für Hildegard von Bingen ist es die eigentliche Aufgabe des Menschen, seine »Wunden in Perlen zu verwandeln«. Das gelingt aber nur, wenn ich Ja sage zu meinen Wunden, wenn ich aufhöre, andere dafür verantwortlich zu machen. Die Versöhnung mit meinen Wunden geht allerdings erst einmal über das Zulassen des Schmerzes und der Wut denen gegenüber, die mich verletzt haben. Die Versöhnung mit meinen Verletzungen bedeutet dann zugleich, dass ich denen, die mich gekränkt haben, vergebe. Der Prozess der Vergebung braucht allerdings oft lange. Es ist nicht einfach ein Willensakt. Ich muss nochmals das Tal der Tränen durchschreiten, um dann an das Ufer der Versöhnung zu gelangen. Von dort kann ich zurückblicken und verstehen, dass die Eltern mich nicht bewusst verletzt haben, sondern nur deshalb, weil sie selbst als Kinder getreten worden sind. Es gibt keine Versöhnung mit meiner Lebensgeschichte ohne Vergebung. Ich muss denen, die mich verletzt haben, vergeben. Nur so kann ich die Vergangenheit loslassen, nur so kann ich mich vom ständigen Kreisen um meine Wunden befreien, nur so werde ich frei vom destruktiven Einfluss derer, die mich gekränkt und entwertet haben.

Ich erinnere mich an eine Frau, die in der Therapie lang und breit ihre Mutterwunde angeschaut hat. Sie wusste genau Bescheid über die Mechanismen, mit denen ihre Mutter sie verletzt hat. Aber sie kam trotz aller Therapie nicht davon los. Das Wissen allein heilt also die Wunden nicht. In unserer monatlichen Jugendvesper konnte sie laut eine Fürbitte für ihre Mutter sprechen und ihr vor den anderen vergeben. Das hat sie befreit. Jetzt hat sie das Gefühl, dass die Therapie abgeschlossen ist, dass sie wirklich frei geworden ist von ihrer Mutter, an die sie durch ihre Wut immer noch gebunden war. Aber vermutlich brauchte sie auch die lange Zeit des Schmerzes und der Wut, um dann im Gebet die Vergebung nicht nur mit den Lippen, sondern auch mit dem Herzen aussprechen zu können.

Viele machen Gott für ihre verworrene Lebensgeschichte verantwortlich. Sie brauchen die Anklage gegen Gott, um einen Grund zu haben, ihr Leben zu verweigern. Gott ist schuld, dass sie in diese Familienkonstellation hineingeraten sind, dass sie diese Eigenschaften mitbekommen haben, dass sie so viele Defizite haben und so große Lasten mit sich herumschleppen müssen. Gott habe sie ungerecht behandelt, habe sie fallen gelassen und sich nicht um sie gekümmert. So leben sie unversöhnt, in sich selbst zerrissen, unzufrieden mit sich und aller Welt, in ständigem Protest gegen Gott, der für ihr Schicksal verantwortlich sei. Sie können Gott nicht vergeben, der ihnen dieses Geschick bereitet hat. Manche tun sich schwer mit der Vorstellung, dass sie Gott vergeben sollen. Aber zur Annahme der eigenen Lebensgeschichte gehört es auch, dass wir Gott vergeben können, dass er uns diesen Weg zugemutet hat.

Zur Annahme der eigenen Lebensgeschichte gehört es auch, dass wir Gott vergeben können, dass er uns diesen Weg zugemutet hat.

> Wenn ich die verpassten Chancen und zerbrochenen Lebensentwürfe betrauere, komme ich in Berührung mit meinen eigenen Möglichkeiten und Fähigkeiten.

Zerbrochene
Lebensträume
betrauern

Das Betrauern bezieht sich nicht nur auf den Schmerz, der durch den Tod eines lieben Menschen ausgelöst wurde. Margarete Mitscherlich spricht davon, dass wir auch den Verlust der Jugend, den Verlust von Idealen betrauern müssen. Es gilt, zerbrochene Beziehungen zu betrauern, das Scheitern meines Lebensentwurfs, das Scheitern im Beruf, die verpassten Chancen meines Lebens, das Ende meiner Karriere. Nur wenn ich die verpassten Chancen und zerbrochenen Lebensentwürfe betraue, komme ich in Berührung mit meinen eigenen Möglichkeiten und Fähigkeiten. Wer die Trauer verweigert, verarmt in seinem Gefühlsleben.

Ich möchte das an zwei Beispielen verdeutlichen. Viele erleben in ihrer Ehe, dass ihre ursprüngliche Liebe zerrinnt. Die Ideale, die sie am Anfang der Ehe miteinander teilten, sind zerbrochen. Routine hat sich breitgemacht im Miteinander. Man hat sich nicht mehr viel zu sagen. Viele klagen in dieser Situation den anderen an. Er sei schuld daran, dass die Liebe erkaltet ist. Oder aber sie jammern, dass sie trotz allen Bemühens diese Ehe nicht lebendiger gestalten können. Hier ist es wichtig, das Zerbrechen der idealen Liebesträume zu betrauern. Und es gilt darum, die Durchschnittlichkeit der Ehe zu betrauern, aber zugleich auch meine eigene Durchschnittlichkeit und die des Partners. Nur wenn ich durch den Schmerz über unsere erkaltete Liebe hindurchgehe, kann ich auch das entdecken, was noch in mir an Liebe ist. Diese Liebe drückt sich

Nur wenn ich durch den Schmerz über unsere erkaltete Liebe hindurchgehe, kann ich auch das entdecken, was noch in mir an Liebe ist. Diese Liebe drückt sich nicht in großen Gefühlen aus, aber doch in Treue und Fairness dem Partner gegenüber.

nicht in großen Gefühlen aus, aber doch in Treue und Fairness dem Partner gegenüber. Immerhin haben wir gemeinsam die Kinder erzogen. Wir meistern gemeinsam den Haushalt, die Organisation der Familie. Wir gehen fair miteinander um. Wir stehen zueinander. Und auf einmal entdecke ich, dass da in mir selbst und in unserem Miteinander viel Gutes steckt. Auf dem Grund meiner Seele komme ich in Berührung mit einer Liebe, die mehr ist als Gefühl, mit der Dankbarkeit, dass wir es so viele Jahre miteinander ausgehalten haben und uns einander treu gewesen sind. Und ich entdecke neue Möglichkeiten, wie wir unser Miteinander gestalten können.

Ein Mann hat mit 58 Jahren seine Stelle verloren, weil es Umstrukturierungen in der Firma gab. Sein Traum, in dieser Firma etwas bewirken zu können und als erfolgreicher Abteilungsleiter in den Ruhestand verabschiedet zu werden, ist zerbrochen. Er reagiert mit Selbstvorwürfen, was er falsch gemacht habe. Und zugleich tauchen starke

Zorngefühle über den Chef auf, der nicht zu ihm gestanden hat, obwohl er ihm das immer versprochen hatte. Er ist todunglücklich, traut sich nicht, seiner Umgebung davon zu erzählen, dass er seine Arbeit verloren hat. Mit 58 Jahren sieht er keine Chance mehr, irgendwo eine vergleichbare Stelle zu bekommen. Es ist nicht leicht, den Verlust seiner Arbeit und das Zerbrechen seiner Lebensträume zu betrauern. Es tut weh. Aber wenn er durch den Schmerz hindurchgeht, dann kann er in sich neue Möglichkeiten entdecken. Er muss ja nicht unbedingt wieder eine Arbeit finden. Er kann ehrenamtlich einiges tun. Und er kann das verwirklichen, wozu ihm sein arbeitsreicher Job keine Zeit gelassen hat. Er kann sich beispielsweise neu der Musik widmen oder der Gartenarbeit. Und er wird sich selbst neu kennen lernen in den Fähigkeiten, die noch in ihm schlummern und noch zu wenig gelebt werden konnten.

Wenn ich von Betrauern spreche, dann fragen mich manche, wie das konkret geht. So möchte ich eine kleine Übung anbieten: Setzen Sie sich bequem hin und schließen Sie die Augen. Wenn Sie es gewohnt sind, zu meditieren, setzen Sie sich im Meditationssitz hin. Achten Sie auf Ihren Atem, wie er kommt und geht. Dann stellen Sie sich vor: Im Einatmen atmen Sie den Geist Gottes ein. Und im Ausatmen lassen Sie den Geist Gottes durch den Trauerkloß, der in Ihrem Brustbereich liegt, hindurchdringen bis auf den Grund des Beckenraumes. Stellen Sie sich vor, wie Sie gemeinsam mit dem Geist Gottes auf den Grund Ihrer Seele gelangen und dort neue Möglichkeiten und Fähigkeiten entdecken. Trauen Sie

dem Geist Gottes zu, dass er all das, was auf dem Grund Ihrer Seele bereitliegt, befruchtet und zur Blüte bringt. Wenn Sie mit diesem Bild 20 Minuten sitzen, werden Sie vielleicht erahnen, dass unterhalb des Trauerkloßes ein Raum ist, in dem Sie sich frei, lebendig und frisch fühlen. Dort entdecken Sie eine Quelle von Kreativität und Liebe, die nie versiegt. Durch die Trauer hindurch gelangen Sie auf den Grund Ihrer Seele. Und dort sind Sie ganz Sie selbst, frei von den Erwartungen und Urteilen der Menschen, frei auch von Selbstbeschuldigungen. Dort kommen Sie in Berührung mit all den Gaben, die Gott Ihnen geschenkt hat. Dort kommen Sie in Berührung mit dem ursprünglichen Lebenstraum, mit der Essenz Ihres Lebenstraums, mit dem Bild, das Gott sich von Ihnen gemacht hat.

Durch die Trauer hindurch gelangen Sie auf den Grund Ihrer Seele. Und dort sind Sie ganz Sie selbst, frei von den Erwartungen und Urteilen der Menschen, frei auch von Selbstbeschuldigungen.

In den Lebensträumen unserer Kindheit hat sich die Seele selbst geträumt. Da hat die Seele von sich ein Bild entworfen, das ihrem wahren Wesen entspricht. Wenn wir mit diesen inneren Bildern in Berührung kommen, dann blühen wir auf, dann haben wir neue Lust am Leben und dann spüren wir, dass das Leben fließt.

Heilende
Bilder in Lebensträumen

Wir sollen uns nicht äußere Bilder überstülpen, weder die Bilder der Eltern, noch die Bilder unseres Ehrgeizes oder unseres Größenwahns, sondern die Bilder, die uns aus unserer Seele zukommen. Diese Bilder sind immer heilsam für uns. Sie entsprechen unserem wahren Wesen. Solche heilenden Bilder finden wir in unseren Lebensträumen. In den Lebensträumen unserer Kindheit hat sich die Seele selbst geträumt. Da hat die Seele von sich ein Bild entworfen, das ihrem wahren Wesen entspricht. Wenn wir mit diesen inneren Bildern in Berührung kommen, dann blühen wir auf, dann haben wir neue Lust am Leben und dann spüren wir, dass das Leben fließt. Wer gegen seine inneren Bilder lebt, der ist schnell erschöpft und müde. Er verbraucht zu viel Energie, um gegen seine innere Wahrheit zu leben. Wer dem inneren Bild folgt, entdeckt in sich Quellen, aus denen er schöpfen kann, ohne sich zu erschöpfen. Denn diese inneren Quellen haben teil an der göttlichen Quelle in uns, die unerschöpflich ist.

Um diese inneren Bilder zu finden, stelle ich den Kursteilnehmern die Aufgabe, sich an Situationen in ihrer Kindheit zu erinnern, in denen sie stundenlang spielen oder sich beschäftigen konnten, ohne zu ermüden, in denen sie die Zeit vergaßen, in denen sie sich leidenschaftlich mit einer Sache beschäftigten. Viele erinnern sich dann durchaus an solche Situationen. Doch sie tun sich schwer, diese Erinnerungen in ihr jetziges Leben zu übertragen und darin Bilder für ihr heutiges Tun zu entdecken. Ich ermutige sie dann, zu assoziieren, was sie mit diesen Erinnerungen verbinden. Oft hilft es ihnen, wenn ich ihnen einige Assoziationsimpulse gebe, die mir dazu einfallen. Wir sollen das, was wir damals taten, als Bild anschau-

en. Welche Sehnsucht steckte in diesem Spiel, in dieser Beschäftigung? Was drückt sich darin aus? Was verbinden wir heute damit?

Ein Schulleiter erzählte mir, dass er als Kind immer auf dem Dachboden spielte. Dabei konnte er sich völlig vergessen. Ich fragte ihn, was er konkret gespielt habe. Er meinte, er habe sich im Spiel immer eine eigene Welt aufgebaut. In seinem Spiel mit den verschiedenen Figuren, die er in seiner Spielkiste fand, galten eigene Gesetze und Spielregeln. Ich ermutigte ihn, darin seinen Lebenstraum zu erkennen: »Ich baue in meiner Schule eine eigene Welt auf. Statt mich über die bürokratischen Vorgaben des Kultusministeriums zu ärgern, halte ich mir morgens, wenn ich in die Schule gehe, dieses Bild vor Augen.«

Als er dieses Bild auf sich wirken ließ, bekam er neue Lust, die Schule zu leiten. Das Bild brachte ihn in Berührung mit der Energie, die in seiner Seele lag, aber auch mit der Phantasie und Kreativität, die ihm geschenkt worden waren. So machte er sich daran, in der Schule eine eigene Welt aufzubauen, eine Welt, in der die

Viele [...] tun sich schwer, diese Erinnerungen in ihr jetziges Leben zu übertragen und darin Bilder für ihr heutiges Tun zu entdecken. Ich ermutige sie dann, zu assoziieren, was sie mit diesen Erinnerungen verbinden.

Lehrer und Schüler anders miteinander umgehen, in der sie Lust an der Bildung haben, in der Werte das Leben wertvoll machen. Das Spiel, an das er sich erinnerte, ließ ihn das Bild erkennen, mit dem er jetzt seine Aufgabe auf neue Weise erfüllen konnte. Es ging nicht darum, die Aufgabe zu wechseln, sondern den jetzigen Auftrag mit dem ursprünglichen Lebenstraum in Verbindung zu bringen. Wenn das gelingt, dann kommt das Leben wieder in Fluss.

Eine Schulleiterin meinte, sie würde sich an keine Kindheitsszenen erinnern. Als ich sie aufforderte, nachzusehen, was sie mit acht oder zehn oder zwölf Jahren leidenschaftlich gern getan oder gespielt hätte, fiel ihr ein, dass sie als Kind leidenschaftlich gerne Völkerball gespielt hatte. Doch sofort wehrte sie ab, das hätte doch keine Beziehung zu ihrer jetzigen Aufgabe. Doch ich ermutigte sie, das Bild zu entdecken, das im Völkerballspiel verborgen lag. Man wirft sich beim Völkerball ja gegenseitig den Ball zu. Das ist ein wunderbares Bild für ihre Führungsaufgabe. Anstatt ihre männlichen Kollegen zu kopieren, sollte sie die Schule so führen, dass alle ins Spiel kommen, dass sich Kollegen und Schüler gegenseitig die Bälle zuwerfen und dass alle mitspielen.

Sie erkannte, dass es auch jetzt ihre Stärke war, Menschen zusammenzuführen und gemeinsam etwas zu gestalten und auf den Weg zu bringen. Die Erinnerung an die ursprünglichen Lebensträume brachte sie in Berührung mit dem Potenzial, das in ihrer Seele schlummerte.

Segelflieger,
Gärtner, Maurer ...

Ein Personalleiter erzählte mir, dass er als Kind gerne Leichtflugzeuge baute und als junger Mann mit dem Segelflieger flog. Er erinnerte sich, dass sein Fluglehrer ihn immer wieder darauf aufmerksam machte, dass das Flugzeug von seiner Konstruktion darauf angelegt sei, zu fliegen. Er sollte es nicht durch unnötige Eingriffe daran hindern, zu fliegen. Als er das erzählte, erkannte er selbst darin ein Bild für seine Aufgabe. Er braucht gar nicht so viel Energie einzusetzen, um die Firma in die richtige Richtung zu bringen. Vielmehr kann er sich immer das Bild des Segelfliegers vor Augen halten, den man mit nur wenig Kraft dem Wind anzupassen braucht. Dann fliegt er allein in die richtige Richtung. Nach einem halben Jahr schrieb mir dieser Personalleiter einen

Brief. Er durfte die Erfahrung machen, dass ihm die Besprechungen leichter fielen. Er setzte sich nicht mehr unter Druck, etwas durchboxen zu müssen. Er brauchte nur ein Gespür für den Augenblick, in dem er das Flugzeug mit einer kleinen Bewegung in die richtige Richtung lenken konnte. Er schrieb, dass sein Loslassen bei seinem Leitungsteam »einen deutlichen Zuwachs an Eigenverantwortung und Kreativität hervorgebracht (habe)«. So durfte er die Erfahrung machen, dass ihm seine Arbeit, die vom Bild seines Lebenstraums geprägt war, leichter fiel und dass sie für die Firma zum Segen wurde. In der Firma kam etwas in Fluss, weil seine Energie durch seinen Lebenstraum in ihm zum Strömen kam.

Ein Bankmanager erzählte mir, dass er als Kind in der Landwirtschaft aufgewachsen war. Er hat als Kind den Garten gepflegt, mit Sorgfalt die Pflanzen gehegt und kleine Tiere beobachtet, wie sie langsam wachsen. In der Bank machte man ihm den Vorwurf, dass er seine Mitarbeiter zu wenig fordere, ihnen zu wenig Druck mache. Doch die Vorgesetzten forderten etwas von ihm, was seinem Wesen widersprach. Als er von seinem Lebenstraum erzählte und die anderen Kursteilnehmer seinen Traum mit ihren Einfällen anreicherten, bekam er auf einmal neues Selbstvertrauen. Er wollte die Erwartungen seiner Vorgesetzten nicht länger erfüllen. Vielmehr war es seine Aufgabe, dem Leben zu dienen, es behutsam und achtsam zu begleiten. Wenn er seinem Traum treu bleibt, dann werden die Mitarbeiter wirklich wachsen. Sie werden nicht auf Hauruck-Aktionen reagieren, sondern sich von ihm so führen lassen, dass sie immer stärker und besser werden. Er erkannte, dass er nachhaltiger arbeitete als andere Kollegen. Denn er förderte die Fähigkeiten und Kräfte der Mitarbeiter, anstatt sie auszupressen und zu überfordern.

Ich selber wäre als Kind gerne Maurer geworden. Heute ist dieses Bild für mich nach wie vor wichtig. Ich möchte mit Worten – mit Vorträgen, mit Büchern – ein Haus bauen, in dem Menschen sich zu Hause fühlen, in dem sie sich ausruhen

Mit kalten Worten bauen wir ein kaltes Haus, in dem sich die Menschen nicht wohl fühlen, aus dem sie sofort wieder zu fliehen suchen.

können, in dem sie sie selbst sein dürfen und aus dem sie wieder gestärkt in ihren Alltag zurückkehren. – Der römische Kirchenvater Ambrosius nennt das Wort das Haus des Geistes. Mit Worten bauen wir ein Haus. Die Frage ist, ob es wärmende oder aber kalte Worte sind. Mit kalten Worten bauen wir ein kaltes Haus, in dem sich die Menschen nicht wohl fühlen, aus dem sie sofort wieder zu fliehen suchen. Nur wenn es ein wärmendes Haus ist, das wir mit unseren Worten bauen, werden sich Menschen darin niederlassen und mit sich selbst in Berührung kommen. Das Haus des Wortes aber entlässt sie wieder in die Welt, gestärkt und ermutigt, aufgerichtet und mit neuen Bildern in ihrem Herzen, mit Bildern, die ihnen Leben ermöglichen.

Eine Frau hatte das Gefühl, ihr eigentlicher Lebenstraum sei zerplatzt, weil das Leben sie mit anderen Aufgaben konfrontiert hatte. Auf die Frage, wo sie sich als Kind selbst vergessen konnte, was sie am liebsten gespielt hatte, erzählte sie, dass sie immer gerne mit anderen Kindern zusammen war und gerne Gruppen geführt hätte. Als sie diese Erinnerung mit ihrem jetzigen Leben verglich, spürte sie, dass sie gar nicht so weit von ihrem Lebenstraum entfernt war. Die Erinnerung bestärkte sie darin, nicht aus dem Beruf auszusteigen, sondern das, was sie bisher tat, mit einem anderen Bild und mit anderen Assoziationen zu tun. Sie erkannte, dass es auch jetzt ihre Stärke war, Menschen zusammenzuführen und gemeinsam etwas zu gestalten und auf den Weg zu bringen. Die Erinnerung an die ursprünglichen Lebensträume brachte sie in Berührung mit dem Potenzial, das in ihrer Seele schlummerte. Es war nicht völlig verschüttet. Es sollte nur wieder bewusster wahrgenommen und gelebt werden.

Der Mann, der als Kind vom Räuber Hotzenplotz begeistert war, wurde nicht Revolutionär.

Vielmehr arbeitete er als Krankenpfleger in einem Krankenhaus. Sein Lebenstraum hat ihn dazu geführt, sensibel für die Menschen zu sein, die am Rand der Gesellschaft leben. Er konnte sich gerade den schwierigen Patienten, die von anderen abgelehnt wurden, zuwenden und ihnen gerecht werden. Und er hatte ein Gespür für die Mitarbeiter, die von anderen unterdrückt wurden, und versuchte ihnen das Recht zu verschaffen, das ihnen zustand.

Eine Frau erzählte, sie sei als Kind immer gerne über Bäche gehüpft. Aber sie entwertete sofort diese Erinnerung. Sie könne heute damit nichts anfangen. Das sei doch kein Lebenstraum. Doch die anderen in der Gruppe vermittelten ihr, dass sie doch heute etwas widerspiegle von der Leichtigkeit, die in dem Hüpfen liegt. Sie würde nicht über Schwierigkeiten jammern, sondern über Widerstände hinweghüpfen. Sie gehe mit einer Leichtigkeit mit schwierigen Situationen um. Das sei doch ein schönes Bild. Manchmal brauchen wir andere Menschen, die uns die eigenen Lebensträume deuten.

Der Mann, der als Kind vom Räuber Hotzenplotz begeistert war, wurde nicht Revolutionär. Vielmehr arbeitete er als Krankenpfleger in einem Krankenhaus. Sein Lebenstraum hat ihn dazu geführt, sensibel für die Menschen zu sein, die am Rand der Gesellschaft leben.

Nochmals
genauer hinschauen

So war der zerbrochene Lebenstraum für die Frau eine Chance, ihren Glauben zu vertiefen und zu erneuern. Auf diese Weise kam sie gerade durch das Zerbrechen des Lebenstraums an die Essenz, die in ihrem ursprünglichen Traum steckte, an die Sehnsucht, wirklich glauben zu können.

Wenn unsere Lebensträume zerbrochen sind, wäre es unsere Aufgabe, nach dem Betrauern über das Zerbrochene und dem Sichverabschieden von illusionären Vorstellungen an den ursprünglichen Lebenstraum anzuschließen. Vielleicht haben wir den Lebenstraum zu eng gesehen. Vielleicht dachten wir, er sei nur in diesem Beruf, in dieser Partnerschaft, in dieser Aufgabe zu erfüllen. Doch das Leben hat uns gezeigt, dass es auf diesem Weg nicht weitergeht. Dann ist nicht unser wirklicher Lebenstraum zerbrochen, sondern nur das Bild, das wir uns von ihm gemacht haben. Es wäre an der Zeit, den ursprünglichen Lebenstraum nochmals genauer anzuschauen, ihn zu meditieren und sich zu fragen, wie er eigentlich gemeint war und wie er jetzt, nach dem vermeintlichen Zerbrechen, auf neue Weise verwirklicht werden könnte. Vielleicht entdecke ich dann die Essenz meines Lebenstraums. Und diese Essenz lässt sich auch heute verwirklichen, wenngleich in anderer Weise, als ich mir das als Kind oder junger Mensch vorgestellt habe.

Die Frau, deren Lebenstraum darin bestand, einen Partner zu finden, mit dem sie den Glauben teilen und an ihre Kinder weitergeben konnte, entdeckte nach dem Scheitern ihrer Ehe, dass sie den Glauben mit einem Festhalten an der gläubigen Atmosphäre ihres Elternhauses verwechselt hatte.

Sie wollte eigentlich das Elternhaus kopieren. Doch Lebensträume sind keine Kopien. Sie entsprechen vielmehr unserer tiefsten Sehnsucht. So machte sie sich auf den Weg, ihren Glauben neu zu überdenken. Was war denn die tiefste Sehnsucht, die in ihrem Lebenstraum steckte? Es war nicht einfach nur, den Glauben der Eltern nachzuahmen, sondern selbst aus dem Glauben heraus zu leben. Aber Glaube ist mehr als Sicherheit. Glaube ist auch ein Weg. Abraham, das Urbild des Glaubens, drückte seinen Glauben aus, indem er auszog aus dem Vaterland, aus der Vaterstadt und aus der Heimat. Er musste das Vergangene, die vergangenen Gefühle, das Vertraute der Kindheit loslassen, um sich auf den Weg ins Unbekannte zu machen. Der Glaube ist ein Pilgerweg auf Gott hin. Doch Gott ist nicht der schon immer Vertraute, sondern der ganz Andere. Oft klingt im Wort Gottes all das mit, was uns als Kind wertvoll war. Das ist auch gut so. Das Wort bringt uns in Berührung mit wertvollen religiösen Erfahrungen. Aber zugleich klingt in dem Wort »Gott« das Wagnis mit, uns auf den Weg ins Unbekannte zu machen. Gott ist bekannt und unbekannt. Wir haben eine Ahnung von ihm. Aber er ist immer der Unbegreifliche, den wir nie zu fassen bekommen. So war der zerbrochene Lebenstraum für die Frau eine Chance, ihren Glauben zu vertiefen und zu erneuern. Auf diese Weise kam sie gerade durch das Zerbrechen des Lebenstraums an die Essenz, die in ihrem ursprünglichen Traum steckte, an die Sehnsucht, wirklich glauben zu können, das Geheimnis des Glaubens zu erahnen und sich im Glauben auf den Weg zu Gott zu machen.

Und sie bekam auf einmal neue Lust, ihr Gespür für die Sprache dort einzubringen, wo sie arbeitete. Sie konnte zwar keine Karriere mehr als Schriftstellerin machen, aber sie traute sich auf einmal wieder zu, das, was sie dachte, aufzuschreiben.

Eine Frau erzählte von ihrem Lebenstraum, den sie in der Jugend hatte. Er bestand darin, kreativ zu sein und ihre Fähigkeit, die sie beim Schreiben hatte, zu entfalten. Sie wollte Schriftstellerin werden. Doch die äußeren Umstände hinderten sie daran. Sie musste ihre Kraft anderen Dingen zuwenden. Der ursprüngliche Lebenstraum zerbrach. Doch nach dem Betrauern entdeckte sie, dass ihre Fähigkeit ja nicht einfach verschwunden war. Sie konnte keine Schriftstellerin mehr werden. Dazu war sie zu alt. Aber ihre Kreativität war weiterhin in ihr. Und sie bekam auf einmal neue Lust, ihr Gespür für die Sprache dort einzubringen, wo sie arbeitete. Sie konnte zwar keine Karriere mehr als Schriftstellerin machen, aber sie traute sich auf einmal wieder zu, das, was sie dachte, aufzuschreiben. Und vielleicht wird daraus einmal etwas entstehen, was zwar anders sein würde, als das in der Jugend Ausgedachte, aber doch auf neue Weise fruchtbar und segensreich.

Es ist nie zu spät, an die frühen Lebensträume anzuschließen. Wir können diese Lebensträume nicht eins zu eins umsetzen. Aber es gibt dennoch Wege, die Essenz dieser Lebensträume in jeder Lebensphase zu verwirklichen. Dabei ist es wichtig, nach der wirklichen Essenz zu fragen. Manchmal haben wir uns die Lebensträume ja allzu konkret ausgedacht. Durch das Scheitern der Lebensträume oder aber durch ihr Vernachlässigen macht sich in uns oft das Gefühl breit, dass wir an uns vorbeigelebt haben. Wir haben vielleicht manchmal nicht authentisch gelebt.

Die Essenz
unserer Lebensträume

Aber wir haben trotzdem gelebt. Und irgendetwas ist in diesem Leben immer in uns gewachsen. Sobald es uns bewusst wird, dass wir an uns vorbeigelebt haben, können wir es ja korrigieren. Und dann wäre es unsere Aufgabe, unser Leben im Licht unserer ursprünglichen Lebensträume anzuschauen. Dann werden wir erkennen, wie wir jetzt in diesem Augenblick mehr mit unserem wahren Wesen in Berührung kommen und unseren Lebenstraum auf eine heute angemessene Weise verwirklichen können.

Statt uns Vorwürfe zu machen, dass wir unseren Lebenstraum nicht gelebt haben, sollten wir uns vor Augen führen, dass all die Erfahrungen, die wir seit unserer Kindheit gemacht haben, auch die Erfahrungen von Entfremdung, von Scheitern, von Abgeschnittensein von unserem wahren Selbst, wichtig waren, um jetzt von neuem die Spur unseres Lebenstraums aufzugreifen und ihn jetzt auf die Weise zu leben, die Gott uns heute zutraut. Wenn wir uns nur immer Vorwürfe machen, dass wir das oder jenes versäumt oder an uns und unseren Träumen vorbeigelebt haben, bleiben wir in der Lebensverweigerung stecken. Und das, was wir uns vorwerfen, hindert uns daran, das, was in uns angelegt ist, zu leben.

Wenn der ursprüngliche Lebenstraum sich wieder in uns regt – durch eine Krankheit oder Krise, durch einen Traum oder durch eine Depression, durch die Begegnung mit einem Buch oder einem Denker –, dann erzeugt er in uns oft einen starken Energieschub. Dieser Energieschub ist ein gutes Kriterium dafür, dass wir uns keine Illusionen machen, sondern dass wir mit unserem eigentlichen Lebenstraum in Berührung gekommen sind. Manchmal fühlen wir uns zu ganz bestimmten Büchern hingezogen. Oft ist es eine innere Ahnung, dass uns dieses Buch jetzt weiterhelfen oder uns in Berührung mit dem ursprünglichen Lebenstraum bringen könnte. Es ist gut, wenn wir auf solche inneren Impulse hören. Oder aber wir begegnen einem Menschen, der uns von seiner Lebensaufgabe oder einem interessanten Projekt erzählt. Auf einmal spüren wir in uns eine starke Energie, uns genauer mit diesem Projekt zu befassen. Oder aber wir bekommen auf einmal die Idee, selbst ein Projekt zu starten, das schon lange in unserer Seele schlummerte, das wir aber immer mit rationalen

Argumenten von uns weggeschoben haben. Immer wenn wir in einer Begegnung, bei einem Film, bei einem Erlebnis einen starken Energieschub in uns wahrnehmen, ist es ein Zeichen, dass wir mit unserem ursprünglichen Lebenstraum in Berührung kommen.

Wir sollten diesen Energieschub nicht überhören. Manchmal kann sich diese Energie auch unter negativem Vorzeichen melden, zum Beispiel als Depression. Sie zwingt uns dann, genauer hinzuschauen, warum unsere Seele mit Traurigkeit reagiert. Vielleicht werden wir traurig, weil wir daran erinnert werden, dass wir unseren ursprünglichen Lebenstraum übergangen haben. Die Depression hindert uns daran, ihn weiterhin zu überspringen. Jetzt ist es Zeit, dass wir uns dem ursprünglichen Lebenstraum wieder zuwenden und ihn so verwirklichen, wie es für uns heute stimmt.

Wenn der ursprüngliche Lebenstraum sich wieder in uns regt – durch eine Krankheit oder Krise, durch einen Traum oder eine Depression, durch die Begegnung mit einem Buch oder einem Denker –, dann erzeugt er in uns oft einen starken Energieschub. Wir sollten diesen Energieschub nicht überhören.

Ursprüngliche
Lebensträume
wieder aufnehmen

Jeder von uns hat sich von seinem Leben etwas erträumt. Er hat seine eigene Person in ihrer Einmaligkeit geträumt. Die Bilder des Lebenstraums haben sich eingebildet in die Seele, so dass sie auf ihrem Weg immer mehr diesem Bild ähnlich wurde. Jeder Mensch hat aber auch einen Traum, wie das Leben um ihn herum aussieht, wie die Familie, die Gemeinschaft, die Firma, seine Gemeinde, sein Land sich entwickeln wird, ja wie die Welt als Ganzes sein soll. Diese Träume halten uns am Leben. Sie treiben uns an, an uns zu arbeiten, bis wir immer authentischer und klarer werden. Und sie treiben uns an, dieser Welt unseren Lebenstraum einzuprägen, damit sie mehr und mehr dem Traum Gottes von der menschlichen Gemeinschaft entspricht.

Oft genug haben wir den Eindruck, dass unsere Lebensträume zwar schön waren, dass wir sie aber in unserem Leben nicht verwirklicht haben. Für manche ist es daher schmerzlich, mit ihren ursprünglichen Lebensträumen in Berührung zu kommen. Doch auch wenn wir das Gefühl haben, dass unser Leben an diesen Träumen vorbeigegangen ist, sollten wir uns mit unseren ursprünglichen Lebensträumen beschäftigen. Sie werden unser Leben hier und jetzt erneuern. Sie bringen uns in Berührung mit unserem wahren Selbst, mit dem göttlichen Kind in uns, das genau weiß, was für uns richtig ist und was uns zum Leben führt. Bei allem Schmerz über zerbrochene Lebensträume sollten wir sie dennoch meditieren und uns vorstellen, dass das, was wir als Kind erträumten, ja auch jetzt noch in uns ist. Es ist nie zu spät, wieder an seine Lebensträume anzuknüpfen. Wir können sie zwar nicht mehr so verwirklichen, wie wir uns das als Kind gewünscht hatten. Doch wenn wir sie zulassen, dann erkennen wir, welche Möglichkeiten uns heute bereitstehen, unser wahres Selbst zu leben, unserem göttlichen Kind die Führung zu überlassen. Dann wird unser Leben hier und heute fruchtbar. Wir werden erfahren, dass wir neue Energie bekommen, dass die Müdigkeit schwindet, die in uns entstand, weil wir gegen unser wahres Selbst, weil wir gegen das göttliche Kind in uns, weil wir gegen unseren Lebenstraum gelebt haben.

Wenn wir mit unserem Lebenstraum wieder in Berührung kommen, wird unser Leben sinnvoll. Wir werden eins mit unserem wahren Wesen. Wir entsprechen dem, was in uns angelegt ist. Und wir werden spüren, dass wir hier und jetzt eine Sendung haben für diese Welt. Und wir werden erfahren, dass von uns Segen ausgeht für diese Welt. Wenn wir dieser Welt unseren Lebenstraum und darin den Traum Gottes von der Welt einprägen, dann gestalten wir diese Welt mit, dann spüren wir, dass unser Leben wertvoll ist, dass wir diese Welt mit unseren Träumen mitgestalten und sie ein wenig menschlicher und heller werden lassen. So wünsche ich Ihnen, liebe Leserin, lieber Leser, dass Sie sich auf die Suche machen nach Ihren Lebensträumen und dass Sie erkennen, wie Sie Ihren ursprünglichen Lebenstraum heute in Ihrer Situation, in Ihrem Alter, nach all den Brüchen, die Sie erlebt haben, auf neue Weise verwirklichen können. Wenn Sie das Eigentliche erkennen, das sich hinter den Bildern Ihres Lebenstraums verbirgt, dann werden Sie authentisch werden. Und als Sie selbst werden Sie sich frei fühlen. Der Druck, den Sie sich gemacht haben, irgendwelchen fremden Bildern gerecht zu werden, wird von Ihnen abfallen. Und Sie werden in sich neue Energie spüren und neue Lust, Ihr einmaliges und einzigartiges Leben zu leben. Und Sie werden auf einmal erkennen, dass Sie so, wie Sie sind, ein Segen sind für die Menschen um Sie herum und für die ganze Welt.

Es ist nie zu spät, wieder an seine Lebensträume anzuknüpfen. Wir können sie zwar nicht mehr so verwirklichen, wie wir uns das als Kind gewünscht hatten. Doch wenn wir sie zulassen, dann erkennen wir, welche Möglichkeiten uns heute bereitstehen, unser wahres Selbst zu leben.

Die Psychologie spricht davon, dass jede Krise – sowohl die normalen Krisen als auch die Einbruchskrisen – zu einer Werde- und Reifungskrise werden kann. Der Psychologe Josef Schwermer meint: In der Krise kommt der Mensch »unter zunehmenden seelischen Druck und sucht nach Auswegen aus der unangenehmen Lage, ohne zu einer Lösung zu kommen. Am Ende steht im

Die Krise
als Chance ergreifen

glücklichen Falle eine Erweiterung des Repertoires der Bewältigungsstrategien (der Lebens- und Überlebenstechniken), also ein echter Reifungsschritt. Im unglücklichen Falle rettet sich die Person mit unangemessenen Kompensierungen über die Runden, wenn nicht gar das ganze seelische System zusammenbricht.« Es ist nicht selbstverständlich, dass die Krise zu einer Reifungskrise wird. Es kann auch sein, dass der Mensch in der Krise zusammenbricht. Dies geschieht vor allem dann, wenn er die Krise als etwas bewertet, was gar nicht sein darf, wenn er sie als persönliche Schuld ansieht oder aber wenn er sie verdrängt und kompensiert. Kompensation löst die Krise nicht, sondern verschärft sie nur. Formen der Kompensation können der Ausweg in eine Spiritualität sein, die die Augen vor den Realitäten der Welt verschließt, oder ein leerer Aktivismus oder aber die Flucht in das Vergnügen. Die Süßwarenindustrie stellt beispielsweise fest, dass die Menschen in Zeiten der Krise mehr Schokolade oder andere süße Sachen essen.

Die Krise ist immer dadurch gekennzeichnet, dass das bisherige seelische Gleichgewicht gestört wird. So muss der Mensch versuchen, ein neues Gleichgewicht herzustellen. Die Krise ist daher eine Chance, sich gleichsam neu auszubalancieren. Das Fremdwort »Chance« kommt ursprünglich aus dem Lateinischen und dann aus dem Französischen und meint ursprünglich den glücklichen Fall der Würfel beim Würfelspiel. Die Krise als Chance meint, dass die Herausforderung glücklich ausgeht, dass die Würfel unseres Lebens gut fallen und wir einen Zugewinn an Kraft und Erfahrung bekommen.

Krise als Chance meint, dass die Herausforderung glücklich ausgeht, dass die Würfel unseres Lebens gut fallen und wir einen Zugewinn an Kraft und Erfahrung bekommen.

Aber die Krise geht nicht automatisch gut aus. Sie verlangt von uns eine Antwort und einen Schritt hin zu mehr Reifung. Es liegt in unserer Verantwortung, wie wir auf die Krise reagieren. Wir können resignieren oder einfach so weitermachen, als ob es keine Krise gäbe. Oder aber wir können die Herausforderung als Chance sehen, unser Leben auf eine neue Basis zu stellen, und in uns neue Möglichkeiten entdecken.

Das menschliche Leben vollzieht sich in ständigen Krisen. Die Krisen werden gut bewältigt, wenn wir in ihr neue Möglichkeiten entdecken, eine neue Sichtweise unseres Lebens finden und neue Verhaltensweisen einüben, mit denen wir auf die aktuellen Herausforderungen reagieren. Wenn diese Reifungsschritte nicht getan werden, dann führt die Krise in die Krankheit, dann macht sie uns körperlich oder seelisch krank.

Wenn wir die Krise als Chance entdecken, dann werden wir in uns neue Möglichkeiten des Lebens entwickeln. Wir werden neue Erkenntnisse haben. Unsere Maßstäbe werden sich ändern. Wir werden durch die Krise klüger. Für den Mystiker Johannes Tauler ist die Krise eine Chance, dass Gott uns in den Seelengrund führt. Tauler spricht von der Krise der Lebensmitte, in der sich viele Menschen eingerichtet haben: Sie kennen sich im Beruf aus. Sie haben eine Familie gegründet, ein Haus gebaut. Aber sie gehen im Äußeren auf. In dieser Situation aber bringt Gott die Menschen selbst in ein »Gedränge«. Gott macht es wie die Frau im Gleichnis (vgl. Lukas 15,8-10). Sie stellt die Stühle auf den Tisch, verrückt die Schränke, um die verlorene Drachme – gemeint ist: das Bild des wahren Selbst – zu finden. Damit der Mensch sich selbst findet, führt ihn Gott in die Krise. Tauler sieht die Krise demnach als Chance, Gott an sich handeln zu lassen und sich von Gott in den Grund seiner Seele führen zu lassen.

Immer wieder ertappe ich mich dabei, dass sich in mir bittere Gefühle, Aggressivität und Unzufriedenheit festsetzen. Wenn ich das spüre, ist das für mich ein Alarmzeichen, dass ich zu lange solche Emotionen in mich habe einfließen lassen.

Wie alte Emotionen heilen

Je mehr wir gegen die Depression, gegen die Empfindlichkeit, gegen die Angst kämpfen, desto stärker wird die Gegenkraft, die sich in uns regt. Die Aggression kann durchaus eine klare Kraft sein, die mir hilft, mich abzugrenzen. Doch wenn ich aggressiv auf meinen Ärger reagiere, dann vermischt sich mein Ärger über mich selbst mit dem Ärger, den die anderen in mir auslösen. Und ich sehe gar nicht mehr klar. Reinigung heißt, diese Vermischung aufzuheben. Das gelingt aber nur, wenn ich all das, was sich in mir regt, wahrnehme, ohne es gleich zu bewerten. Sobald ich es bewerte, trübt es sich ein. Und in meinen Ärger schleichen sich all die Beurteilungen und Maßstäbe ein, die ich als Kind mitbekommen habe: »Als Christ ist man immer freundlich. Als Christ schimpft man nicht. Da reißt man sich zusammen. Ein Sportler ist diszipliniert.« Solche Werturteile trüben meinen Blick auf das, was mir mein Ärger eigentlich sagen möchte. Ich schwimme in meinem Ärger. Aber ich kann nicht mehr klar mit ihm umgehen. Ich habe keinen Abstand zu ihm. Reinigung bedeutet, dass ich eine gesunde Distanz zu meinen Emotionen habe. Nur dann kann ich sie klar sehen und ihre Bedeutung für meinen Weg erkennen. Nicht die Emotionen sind schlecht. Sie haben alle ihren Sinn. Ich werde nur dann von meinen Emotionen und Affekten verunreinigt, wenn sie vermischt sind mit den Emotionen anderer und mit meinen eigenen traumatischen Kindheitserfahrungen. Daher muss ich immer wieder zurücktreten, um meine Affekte aus einer gesunden Distanz heraus zu betrachten. Für mich ist dafür das Gebet sehr hilfreich, es ist für mich ein Ort, an dem ich die Emotionen wahrnehmen kann, ohne mich von ihnen infizieren und bestimmen zu lassen.

Das ist dann für mich immer ein Ansporn, all den inneren Dreck aus mir herauszuschleudern, damit er sich nicht noch weiter in mir ausbreitet.

Die Psychoanalyse hat uns gelehrt, dass unsere Emotionen an traumatische Erfahrungen in der Kindheit gebunden sind. Dadurch sind sie verunreinigt. Wenn uns nun ein Wort trifft, das uns an die traumatische Erfahrung erinnert, dann hängt es sich an diese verunreinigte Emotion und trübt noch mehr unser Denken und Fühlen. Die Psychoanalyse will die Bindung der Emotionen an die traumatischen Kindheitserlebnisse aufheben. So wäre es auch auf dem spirituellen Weg wichtig, dass wir ein gutes Gespür entwickeln, wo wir durch bestimmte Worte und Reaktionen unserer Mitmenschen wieder mit früheren traumatischen Erfahrungen verbunden werden und wie sie unsere Emotionen trüben. Ein wichtiger Weg der Katharsis würde darin bestehen wahrzunehmen, was sich da abspielt. Wenn ich es wahrnehme, dann kann ich mich auch davon distanzieren. Aber es braucht viel Geduld und Klarheit, um immer wieder zu erkennen, wo sich meine trüben Emotionen noch mehr aufladen mit dem Schmutz, der von außen her auf mich zukommt und in mich einströmt.

Da gehen zwei Dinge hintereinander schief. Ein Mitarbeiter berichtet von einem Konflikt mit einem anderen. Und kurz darauf bekomme ich einen unangenehmen Telefonanruf, in dem sich jemand von außen beschwert über etwas, was von unserer Verwaltung nicht rechtzeitig beantwortet worden ist. Ich spüre, wie der Ärger in mir hochsteigt. Und schon klammert sich an diesen Ärger das Gefühl, dass ich eigentlich ja auch eine andere Arbeit machen könnte, als mich ständig um den Kleinkram zu kümmern und Konflikte auszubaden. Der Ärger vermischt sich mit meinem Widerstand gegen die Arbeit überhaupt und mit dem Gefühl des Ausgenutztwerdens. Und schon entsteht ein heilloser Emotionsbrei. Ich fühle mich nicht wahrgenommen mit dem, was ich tue. Ich möchte am liebsten alles hinwerfen. Ich merke, wie diese düsteren Gedanken sich in meiner Seele ausbreiten. Da spüre ich, dass es höchste Zeit ist, sich davon zu distanzieren und mich innerlich zu reinigen. Sonst lähmen mich diese Gedanken und verdüstern meine Seele. Und schon geht von mir eine negative Ausstrahlung aus. Ich merke, dass ich dafür verantwortlich bin, was von mir ausstrahlt. Immer wieder ertappe ich mich dabei, dass sich in mir bittere Gefühle, Aggressivität und Unzufriedenheit festsetzen. Wenn ich das spüre, ist das für mich ein Alarmzeichen, dass ich zu lange solche Emotionen in mich habe einfließen lassen. Ich habe mein Inneres zu lange von dem Schmutz, der von außen auf mich einströmt, trüben lassen. Das ist dann für mich immer ein Ansporn, all den inneren Dreck aus mir herauszuschleudern, damit er sich nicht noch weiter in mir ausbreitet. Oder aber ich halte den ganzen Emotionsbrei in die reinigende Liebe Gottes, damit sich meine innere Stimmung wieder aufklärt und ich klar und angemessen reagieren kann.

Mein Haus
auf Sand gebaut?

Bekannt ist, dass die Chinesen ein Zeichen haben, das zugleich Krise wie Chance bedeutet. Damit die Krise aber zur Chance wird, braucht es unsere Mitarbeit.

Wichtig ist zunächst die richtige Reaktion. Wer die Krise verdrängt oder betäubt, den wird sie innerlich zerbrechen. Nur wer die Krise an sich heranlässt und sich fragt, was sie ihm zu sagen hat, kann daraus lernen.

Der entscheidende Lernschritt ist dann die Frage nach der eigenen Identität. Die Finanzkrise beispielsweise zeigt

Viele Menschen haben mir erzählt, dass sie durch eine Krise auf einen neuen Weg gebracht wurden und einen großen Reifungsschritt gemacht haben.

mir, dass ich mich nicht vom Geld oder vom Wohlstand oder von einem sicheren Arbeitsplatz her definieren kann. Ich brauche ein anderes Selbstbild. Letztlich werde ich die Krise nur bewältigen, wenn ich den haltenden Grund meines Lebens in meiner Seele oder in Gott finde. Jesus spricht vom

Haus auf dem Felsen (vgl. Lukas 6,48). Wir sollen unser Lebenshaus auf Gott bauen. Er ist ein Fels, der unserem Haus Bestand verleiht. Dann können die Stürme der Krise heranbrausen oder die Wasser und Wogen der Katastrophe über uns hereinbrechen. Sie werden das Haus nicht zum Einsturz bringen. Wer aber sein Haus auf dem Sand von Illusionen aufbaut, wird es zusammenbrechen sehen, sobald eine Krise die Grundfesten des Hauses erschüttert. Solche Illusionen zeigen sich etwa in folgenden Formulierungen: »Ich kann mein Leben absichern.« »Ich kann mir das Glück durch äußeren Wohlstand garantieren.« »Ich habe immer Erfolg.« »Mein Leben liegt in meiner Hand.«

Viele Menschen haben mir erzählt, dass sie durch eine Krise auf einen neuen Weg gebracht wurden und einen großen Reifungsschritt gemacht haben. Ein krebskranker Mann etwa ist inzwischen dankbar, dass der Krebs ihn heimgesucht hat. Denn die Krankheit hat ihm die Augen geöffnet für das, was wirklich im Leben zählt. Er hat seine Lebensweise umgestellt. Er ernährt sich bewusst und achtet auf seinen Lebensstil. Und er hat sich auf einen neuen spirituellen Weg eingelassen. Eine Frau kam durch eine Angsterkrankung in eine Krise. Auch sie ist im Nachhinein froh, weil sie so die Angst machende Frömmigkeit ihrer Kindheit hinter sich lassen und sich zu einer neuen spirituellen Weite öffnen konnte.

Wir sollen unser Lebenshaus auf Gott bauen. Er ist ein Fels, der unserem Haus Bestand verleiht. Dann können die Stürme der Krise heranbrausen oder die Wasser und Wogen der Katastrophe über uns hereinbrechen.

Krise
durch Krankheit

Statt nach den Ursachen zu suchen, ist es sinnvoller, die Krankheit zu befragen, was sie einem sagen möchte. Die Krankheit zwingt mich, mich mit der Brüchigkeit meines Lebens auszusöhnen. Sie zeigt mir, was mein eigentlicher Wert ist.

Jede Krankheit stellt eine Krise dar. Auch kleine Erkältungskrankheiten bringen uns durcheinander. Sie lähmen uns in unserer Arbeit. Wir fühlen uns lustlos. Die Stimme geht nicht so, wie wir das gerne hätten.

Aber das sind nur die kleinen Krisen, die von alleine wieder vergehen. Eine stärkere Krise ist, wenn uns eine Krankheit aus heiterem Himmel trifft. Ein Mann war nie krank. Er hat nie in der Arbeit gefehlt. Jetzt ist er von einem Tag auf den anderen krank geworden. Der Krebs hat ihn gepackt. Er weiß nicht, ob er den Krebs überleben wird. All seine Pläne, die er mit dem Leben hatte, werden durchkreuzt. Er hatte gedacht, dass er immer gesund gelebt hätte. Jetzt sucht er in seinem Leben nach Gründen für

seine Krankheit. Doch die Suche nach den Ursachen hilft ihm nicht weiter. Sie vermittelt ihm nur Schuldgefühle, die ihn noch weiter nach unten ziehen. Die Krankheit widerfährt ihm. Er muss sich ihr stellen.

Statt nach den Ursachen zu suchen, ist es sinnvoller, die Krankheit zu befragen, was sie einem sagen möchte. Die Krankheit zwingt mich, mich mit der Brüchigkeit meines Lebens auszusöhnen. Sie zeigt mir, was mein eigentlicher Wert ist. Aber um dorthin zu gelangen, gehe ich erst durch Selbstzweifel und Schuldgefühle, durch Verzweiflung und Angst hindurch.

Die Bibel berichtet uns von der Krise der Krankheit in der Geschichte von König Hiskija. Auf einmal wurde er schwer krank und war dem Tode nahe. Gott sendet ihm den Propheten Jesaja und lässt ihn sagen: »Bestell dein Haus; denn du wirst sterben, du wirst nicht am Leben bleiben« (Jesaja 38,1). Hiskija dreht sich zur Wand und betet zu Gott, er habe doch sein Leben lang Gott mit aufrichtigem Herzen gedient. So möge Gott ihm sein Leben verlängern. Gott gewährt ihm diese Bitte. Welche Krise die Krankheit im König ausgelöst hat, zeigt sein Gebet, das er nach der Gesundung betet: »In der Mitte meiner Tage muss ich hinab zu den Pforten der Unterwelt, man raubt mir den Rest meiner Jahre. ... Meine Hütte bricht man über mir ab, man schafft sie weg wie das Zelt eines Hirten. Wie ein Weber hast du mein Leben zu Ende gewoben, du schneidest mich ab wie ein fertig gewobenes Tuch.

Vom Anbruch des Tages bis in die Nacht gibst du mich völlig preis; bis zum Morgen schreie ich um Hilfe. Wie ein Löwe zermalmt er all meine Knochen« (Jesaja 38,10.12 f.). Hiskija findet keinen Schlaf mehr. Seine Seele ist verbittert. Die Krankheit raubt ihm sein Vertrauen auf Gott.

Die Krankheit stürzt auch mich in eine Krise. Meine bisherigen Lebenspläne werden durchkreuzt. Meine Vorstellungen vom Leben werden zerbrochen. Die Krise der Krankheit wird nur dann zu einer Chance für mich, wenn ich mir von ihr meine Vorstellungen von mir selbst, von meinem Leben und von Gott zerbrechen lasse. Dann werde ich nicht daran zerbrechen, sondern vielmehr aufgebrochen für mein wahres Selbst, aufgebrochen für neue Aspekte des Lebens und aufgebrochen für den ganz anderen Gott.

Wenn ich aber an meinen Vorstellungen vom Leben festhalte, dann werde ich durch die Krankheit bitter werden. Ich werde daran zerbrechen. Eine Frau, die immer gesund gelebt hat, bekommt die Diagnose einer Autoimmunerkrankung. Sofort fragt sie sich, was sie verkehrt gemacht und wo sie gegen sich selbst gekämpft habe. Doch diese Selbstbeschuldigungen bringen sie nicht weiter. Sie sind letztlich nur Ausdruck dafür, dass sie an ihren Vorstellungen vom Leben festhält: Wenn ich mich gesund ernähre, dann werde ich auch gesund bleiben. Die Krankheit zerbricht diese Vorstellung. Wenn sie bereit ist, sich ihre bisherige Vorstellung zerbrechen zu lassen, dann wird sie aufgebrochen für neue Möglichkeiten. Sie wird ihr wahres Selbst erkennen. Sie wird spüren, dass sie im Leben neue

Akzente setzen soll. Sie muss sich dann nicht mehr beweisen, dass sie diesen oder jenen Berg besteigen kann. Sie will behutsamer leben. Und sie wird aufgebrochen für die Menschen. Sie bekommt ein neues Verständnis für die vielen Kranken in ihrer Umgebung. Sie urteilt nicht mehr unbewusst, dass sie sich ihre Krankheit selbst gemacht hätten. Und sie wird aufgebrochen für Gott, der nicht immer der Garant für gesundes Leben ist, sondern das Ziel unserer Sehnsucht. Der Weg zu so einer neuen Haltung dem Leben, sich selbst und Gott gegenüber geht – wie bei Hiskija – über die Rebellion, über das Klagen und Anklagen, bis er in ein neues Vertrauen auf Gott mündet.

Die Krise der Krankheit wird nur dann zu einer Chance für mich, wenn ich mir von ihr meine Vorstellungen von mir selbst, von meinem Leben und von Gott zerbrechen lasse. Dann werde ich nicht daran zerbrechen, sondern vielmehr aufgebrochen für mein wahres Selbst ... Wenn ich aber an meinen Vorstellungen vom Leben festhalte, dann werde ich durch die Krankheit bitter werden. Ich werde daran zerbrechen.

93

Jede Krise zerbricht Illusionen, die ich mir von mir und meinem Leben gemacht habe. Das Zerbrechen dieser Illusionen ist die Chance, dass ich für mein wahres Selbst und für eine andere Sicht meines Lebens aufgebrochen werde.

Die kreative
Kraft der Krise entdecken

Jede Krise birgt eine Chance in sich. Doch wenn wir in der Krise stecken, sehen wir die Chancen oft nicht. Wir sind blind für die neuen Möglichkeiten, die sich aus der Krise ergeben. In der Finanzkrise steckt die Chance, dass die Finanzwelt neu geordnet wird, dass eine gerechtere Güterverteilung möglich wird, dass das Geld wieder den Menschen und nicht nur der Gier dient. In jeder persönlichen Krise steckt die Chance, dass ich mein Leben neu ordne, dass ich neue Maßstäbe für mein Leben entwickle und dass ich authentischer werde. Jede Krise zerbricht Illusionen, die ich mir von mir und meinem Leben gemacht habe. Das Zerbrechen dieser Illusionen ist die Chance, dass ich für mein wahres Selbst und für eine andere Sicht meines Lebens aufgebrochen werde.

Eine Frau geriet in eine existenzielle Krise, als sich ihr Mann von ihr trennte. Doch ein Jahr nach dieser Krise kann sie von sich sagen, dass sie wirklich neu aufgebrochen ist und dass sie jetzt ihre eigene Kraft spürt. Sie fühlt sich frei, nun das zu verwirklichen, was sie von Kindheit an geträumt hat.

Sie hat ein Studium angefangen und möchte den Menschen helfen, ihren Weg zu finden. Sie blüht auf. Zunächst hatte das Verlassen des Mannes ihr jedes Selbstwertgefühl geraubt. Sie hatte den Eindruck, sie sei eine Versagerin. Sie sei es nicht wert, dass der Mann bei ihr bleibe. Mit ihr könne es keiner aushalten. Sie zerfleischte sich selbst mit Vorwürfen und Selbstentwertungen. Doch dann kam sie in Berührung mit ihrem ursprünglichen Lebenstraum und mit der Kraft, die unterhalb ihrer Verletzung in ihr ruhte.

In der Krise unmittelbar nach dem Verlassenwerden konnte diese Frau die Chance nicht entdecken, die in der Veränderung steckt. Da war sie so in ihrer Trauer und im Schmerz gefangen, dass sie blind war für die neuen Möglichkeiten, die in ihr ruhten.

Wenn jemand einen Menschen in dieser ersten Phase des Schmerzes begleitet, kann er zwar auch von der Chance sprechen, die in der jeweiligen Krise liegt. Aber er wird damit kaum das Herz des anderen erreichen. In dieser Phase ist es wichtiger, den Schmerz anzuschauen und die Bewertungen, die mit dem Schmerz verbunden sind. Wenn Selbstentwertungen einmal formuliert werden, können sie auch aufgelöst werden. Und dann kann man behutsam auf die Chance hinweisen, die in der jetzigen Situation liegt. Auch wenn jemand die Chance noch nicht sieht, kann der Hinweis auf sie doch Hoffnung schenken. Und die Hoffnung gibt Kraft, aufrecht durch die Krise zu gehen.

Das Ausschauhalten nach der Chance, die in der Krise liegt, löst die Krise noch nicht auf. Aber sie weitet unseren Blick. Wir sind nicht mehr nur auf die Krise, auf den Schmerz, auf die Orientierungslosigkeit, auf die Erschütterung durch die Krise fixiert. Wir fliehen nicht vor der Krise. Die Hoffnung, dass in dieser Krise eine Chance liegt, auch wenn wir sie noch nicht erkennen können, ermutigt uns, durch die Krise hindurchzugehen. Sie gibt uns Kraft, uns den Problemen zu stellen.

Und irgendwann werden wir dann die Chance entdecken, die sich uns auftut. Die Chance liegt nicht unbedingt darin, dass alles besser wird, sondern eher darin, dass wir authentischer werden, dass wir der Wahrheit unseres Lebens ins Auge sehen und dass wir unserem Wesen gerecht werden. Vielleicht wird das Leben nach der Krise bescheidener werden. Aber wenn wir mit unserem wahren Selbst in Einklang kommen, wird es auf jeden Fall ehrlicher und wahrhaftiger, klarer und echter.

Das Ausschauhalten nach der Chance, die in der Krise liegt, löst die Krise noch nicht auf. Aber sie weitet unseren Blick.

Gerade wenn es Dir nicht gut geht, wenn Du Dich selbst verurteilst oder wenn andere Dich kritisieren oder verletzen, dann tauche nach innen ab. Zieh Dich zurück in die Kammer Deines Herzens. Dort wirst Du den Goldgrund Deiner Seele entdecken.

In Berührung
mit unserem innersten Kern

Wer Schätze des Himmels sammelt, der kann voller Vertrauen leben. Er muss diese Schätze nicht bewachen. Denn sie sind in ihm, in seinem inneren Himmel. Dort sind sie gut aufbewahrt und geschützt. Und dort ist auch sein Herz. Und sein Herz kann sich über diese Schätze des Himmels freuen und sie genießen.

Auch die kostbare Perle, um deretwillen im Matthäusevangelium der Kaufmann alles verkauft, was er besitzt, ist ein Bild für das Gold der Seele und des wahren Selbst (Matthäus 13,45 f.). Eine Perle wächst in den Wunden der Auster. Gerade in unseren Wunden finden wir die Perle unseres wahren Selbst. Denn die Verletzungen zerbrechen die Masken, die wir aufgesetzt haben, und die Panzer, die wir um unsere Seele gelegt haben, um uns vor andern zu schützen.

Dort, wo alles Äußere zerbrochen wird, werden wir aufgebrochen für unser wahres Selbst. Dort kommen wir in Berührung mit unserem innersten Kern, der nicht mehr verletzt werden kann. Dieser innere Kern, das wahre Selbst, ist eine kostbare Perle, ein wertvolles Gold. Wenn wir das gefunden haben, können wir alles andere loslassen. Dann brauchen wir uns nicht ständig um Anerkennung und Bestätigung zu bemühen. Wir sind ganz bei uns, in unserer Mitte. Wir haben allen Reichtum in uns, den Reichtum der Seele, den uns niemand zu rauben vermag.

Diese Vorstellungen und Gedanken mögen anfangs etwas ungewohnt sein, vielleicht auch ein wenig befremdlich wirken. Aber versuche dennoch, diesen Bildern zu trauen!

Horche in Dich hinein und stelle Dir vor, dass Du nicht nur auf Deine Fehler und Schwächen stößt, nicht nur auf die Sorgen und Ängste, die Dich plagen, sondern dass unterhalb all der Gedanken und Gefühle, die Du in Dir entdeckst, ein helles Licht leuchtet, ein goldener Glanz. Es ist der Glanz Deiner Seele. Es ist der Glanz des ursprünglichen Bildes, das Gott sich von Dir gemacht hat.

Du kannst dieses Bild nicht sehen und nicht beschreiben. Aber wenn Du mit diesem Bild in Berührung bist, dann spürst Du eine innere Freiheit und einen inneren Einklang mit Dir selbst. Dort, in der Tiefe Deiner Seele ist alles rein. Da ist reines Gold, das Gold des göttlichen Glanzes. Dieser Glanz ist nicht verstellt durch die Bilder, die andere Dir übergestülpt haben oder die Du Dir von Dir selbst gemacht hast, etwa Bilder Deines Ehrgeizes und Deiner Selbstüberschätzung oder aber Bilder Deiner Selbstentwertung.

Wenn dieser goldene Glanz Deiner Seele aufleuchtet, dann kannst Du damit nicht angeben. Du kannst ihn nur dankbar annehmen. Du kannst in aller Stille Dein wahres Wesen erahnen. Du bist nicht nur dieser konkrete Mensch, der sich mit seinen Fehlern und Schwächen herumschlägt. Du hast auch auf dem Grund Deiner Seele einen goldenen und göttlichen Glanz, der rein und unverstellt aufleuchtet. Dort, wo das Gold Deiner Seele ist, hat auch die Schuld keinen Zutritt. Dieser innere Kern ist von Schuld nicht infiziert. Gerade wenn es Dir nicht gut geht, wenn Du Dich selbst verurteilst oder wenn andere Dich kritisieren oder verletzen, dann tauche nach innen ab. Zieh Dich zurück in die Kammer Deines Herzens. Dort wirst Du den Goldgrund Deiner Seele entdecken und Dich im Glanz dieser göttlichen Herrlichkeit sonnen.

Der Glanz erhellt Dich und wärmt Dich. Er lässt Dich dankbar ausruhen. Du kannst nicht immer im Grund Deiner Seele bleiben. Du musst Dich dann auch wieder den Auseinandersetzungen stellen. Aber von Zeit zu Zeit in den Goldgrund Deiner Seele hinabzusteigen, tut Dir gut.

> Horche in Dich hinein und stelle Dir vor, dass Du nicht nur auf Deine Fehler und Schwächen stößt, nicht nur auf die Sorgen und Ängste, die Dich plagen, sondern dass unterhalb all der Gedanken und Gefühle, die Du in Dir entdeckst, ein helles Licht leuchtet, ein goldener Glanz.

Wenn ich heute zurückschaue, dann bin ich sehr froh, dass ich alle diese Erfahrungen machen konnte. Und manchmal, wenn ich etwas müde geworden bin und manche Ideale sich relativiert haben, blättere ich doch im Lexikon meiner Erinnerungen und erhalte auch auf heutige Fragen eine Antwort.

Lebens-
erfahrung

Unsere Lebenserfahrung ist ein wahrer Reichtum für uns. Wir können im Buch unseres Lebens blättern und darin lesen. Darin werden wir manches Gold entdecken. Wir haben in unserer Lebensgeschichte eine Schatzkammer, die sich mit jedem Jahr mehr füllt. Oft nehmen wir diese Schatzkammer gar nicht wahr. So sehr sind wir auf die Probleme unseres Lebens fixiert.

Aber in der Schatzkammer sind nicht nur Erinnerungen an schöne Stunden aufbewahrt, sondern auch an schwere. Im Rückblick haben sich selbst leidvolle Erfahrungen unseres Lebens vergoldet. Wir haben Dunkles geschaut, Schmerzhaftes erlebt, Verletzungen zu spüren bekommen. Doch wir haben diese Erfahrungen auch durchgestanden. Wir sind dadurch weiser geworden, reifer, abgeklärter. Wir haben etwas gesehen, was nur wir gesehen haben, was kein anderer so erlebt hat. So ist auch das Leid, das wir erfahren haben, zum Schatz geworden.

Das Leben hat uns zahlreiche Lektionen erteilt. Diese Lektionen sind gleichsam im Lexikon unserer Lebensgeschichte aufbewahrt. Wir können darin immer wieder nachschlagen. Wir haben das Lexikon immer bei uns. Wenn wir es befragen, gibt es uns auf die wichtigsten Fragen unseres Lebens

Antwort. So möchte ich Dich einladen, im Lexikon Deines Lebens nachzuschlagen.

Der Begriff »Lexikon« meint nicht nur unser Wörterbuch, es kommt auch vom griechischen Wort »legein«, das verschiedene Bedeutungen hat: auflesen, sammeln, reden, sprechen. Im Lexikon Deines Lebens sind alle Erfahrungen gesammelt, die Du gemacht hast, alle Worte, die Du gesprochen hast, aber auch all die Worte, die andere zu Dir gesagt haben, und die Worte, die das Leben selbst an Dich gerichtet hat ...

Ich bin dankbar, wenn ich auf meine ersten Erfahrungen als Cellerar (Verwalter unserer Abtei) schaue. Sie waren nicht einfach. Denn ich war der Jüngste in der Verwaltungsrunde und vor allem im Kreis der Meister, denen ich Anweisungen geben sollte. Ich habe versucht, vieles gemeinsam zu besprechen. Das waren die älteren Mitbrüder nicht gewohnt. So gab es am Anfang viele Spannungen. Aber ich bin dankbar für die Ideale, die mich angetrieben haben, die mir auch die nötige Kraft und Geduld geschenkt haben, das Klima unserer Zusammenarbeit langsam zu verändern. Der Idealismus hat mir die Energie geschenkt, die nötig war, um etwas zu verwandeln.

Wenn ich heute zurückschaue, dann bin ich sehr froh, dass ich alle diese Erfahrungen machen konnte. Und manchmal, wenn ich etwas müde geworden bin und manche Ideale sich relativiert haben, blättere ich doch im Lexikon meiner Erinnerungen und erhalte auch auf heutige Fragen eine Antwort. Ich spüre, dass diese innere Kraft auch jetzt noch in mir ist. Und das Nachlesen im Lebens-Lexikon bringt mich wieder in Berührung mit dem Idealismus und der Kraft, die ich damals hatte. Und es fordert mich heraus, auch heute die Dinge aktiv anzugehen, anstatt sie schleifen zu lassen.

Im Rückblick haben sich selbst leidvolle Erfahrungen unseres Lebens vergoldet. Wir haben Dunkles geschaut, Schmerzhaftes erlebt, Verletzungen zu spüren bekommen. Doch wir haben diese Erfahrungen auch durchgestanden. Wir sind dadurch weiser geworden, reifer, abgeklärter.

Weisheit
unserer Seele

Die Seele ist weise. Sie hat alles Wissen in sich, das wir brauchen für unser Leben.

Geh Deinen Lebensweg von den ersten Jahren der Arbeit und von den ersten Jahren in Deiner Familie langsam weiter. Schau Dir an, welche Erfahrungen Du in Deinem Arbeitsleben seither gemacht hast. Und sieh Dir auch Deine Familie an, die Kinder, die Du bekommen hast, wie sie sich entwickelt haben. Auch sie sind ein Gold für Dich, ein Schatz, für den Du dankbar sein darfst.

All diese Erfahrungen, die Du bis zum heutigen Zeitpunkt gemacht hast, sind in Deiner Schatztruhe. Du brauchst nur ab und zu Zeit, um in Deiner Schatztruhe nach den Schätzen zu suchen und sie in die Hand zu nehmen und zu betrachten.

Durch all das, was wir bislang in unserem Leben erlebt haben, ist unsere Seele weise geworden. Sie kann uns Antwort geben auf die Fragen, die in uns immer wieder auftauchen. Die Seele in uns weiß, was für uns gut ist. Die Kirchenväter sprechen vom »inneren Lehrer«, den wir in unserer Seele immer bei uns haben. Für sie ist Christus der Weg zu diesem inneren Lehrer. Indem wir auf Christus schauen, kommen wir in Berührung mit diesem inneren Lehrer.

Manchmal sagen mir Menschen, die meine Bücher lesen, sie hätten das Gefühl, dass sie das selbst geschrieben haben. Meine Gedanken stimmen mit ihren eigenen Gedanken überein. Darin sehe ich auch meine Aufgabe. Ich will den Menschen nichts Neues sagen, sondern sie nur in Berührung bringen mit dem inneren Lehrer. Ihre Seele weiß schon, was gut ist für sie. Die Seele ist weise. Sie hat alles Wissen in sich, das wir brauchen für unser Leben. Die Seele braucht nur manchmal einen Anstoß von außen, um wieder dem eigenen Wissen zu trauen.

Tugenden des Älterwerdens

Gelassenheit, Geduld, Sanftmut, Freiheit,
Dankbarkeit, Gottvertrauen

»Taugende«
Tugenden im Herbst des Lebens

Damit das Älterwerden gelingt, bedarf es einiger Tugenden. Das Wort »Tugend« kommt von »taugen«. Das Alter »taugt« nicht von alleine. Es müssen deshalb Haltungen eingeübt werden, die uns auch im Alter Halt geben. Im biblischen Buch Jesus Sirach, in dem jüdische und griechische Weisheit gesammelt ist, werden verschiedene Tugenden aufgezählt, die den älteren Menschen zieren sollen: »Klares Urteil und hilfreicher Rat passen gut zu weißem Haar. Weisheit, Besonnenheit und Einsicht, das ist es, was man von älteren, angesehenen Männern erwartet. Die Krone älterer Menschen ist die Erfahrung, aber ihr größter Stolz kann nur die Gottesfurcht sein« (Sirach 25,3-6).

Hier werden wichtige Tugenden aufgezählt, die den älteren Menschen auszeichnen sollen. Zugleich sind dies Tugenden, die man braucht, damit das Altern gelingt. Das »klare Urteil« und der »hilfreiche Rat« kommen nicht von allein. Doch wer im Alter von seinem Ego frei geworden ist, der sieht die Dinge so, wie sie wirklich sind. Er vermag klar zu urteilen und einen guten Rat zu geben. Ältere Menschen sehen klarer, wo in einer Situation das eigentliche Problem liegt. Und von ihrer reichen Lebenserfahrung her können sie Geschehnisse besser deuten. Wie wir unser Leben meistern, hängt ja weniger von den konkreten Tatsachen ab, als von deren Deutung. Und da ist die Deutung älterer Menschen auch oft hilfreich für die Jungen.

Entscheidend sind für die Bibel die Tugenden der Weisheit, der Besonnenheit und der Einsicht. Beim Propheten Jesaja werden diese drei Tugenden als Gaben des Geistes Gottes aufgezählt (vgl. Jesaja 11,2). Es braucht letztlich den Heiligen Geist, damit wir wahrhaft weise werden, besonnen sind und Einsicht in die tieferen Zusammenhänge der Welt und des menschlichen Lebens bekommen. Solche Tugenden sind nicht nur für den älteren Menschen gut, sie sind auch ein Segen für die ganze Gesellschaft.

Man könnte viele Tugenden aufzählen, die die Philosophen für das Gelingen menschlichen Lebens beschrieben haben. Sie sind alle auch eine Hilfe, damit das Altern gelingt. Doch ich möchte mich auf einige Tugenden beschränken, die mir für das Alter charakteristisch erscheinen. Diese fallen uns nicht einfach in den Schoß, sondern wir müssen uns um sie bemühen. Sie sind Gabe und Aufgabe zugleich: Bei allem eigenen Mühen ist es dann immer auch ein Geschenk der Gnade, wenn uns die Tugend beisteht, damit unser Alter gelingt.

Das Alter »taugt« nicht von alleine. Es müssen deshalb Haltungen eingeübt werden, die uns auch im Alter Halt geben. Im biblischen Buch Jesus Sirach, in dem jüdische und griechische Weisheit gesammelt ist, werden verschiedene Tugenden aufgezählt, die einem älteren Menschen guttun.

Der Schriftsteller Manfred Hausmann hat die Gelassenheit die Tugend der Reife genannt. Gelassenheit hat mit Loslassen zu tun. Gelassenheit meint aber auch, dass ich die Dinge so lasse, wie sie sind. Ich muss die Wirklichkeit nicht ändern. Ich kann Menschen lassen, wie sie sind. Gelassen kann ich sie betrachten, ohne den Druck, sie ändern zu müssen. Gelassenheit hat mit Toleranz zu tun. Ich lasse die anderen gelten, wie sie sind. Ich muss sie nicht ändern.

Gold wert:
Gelassenheit

Eva Jaeggi erzählt von einem weisen älteren Herrn, der ihr immer dann, wenn sie sich über schwierige Menschen beklagte, sagte: »Bedenke die menschliche Unzulänglichkeit.« Der älter werdende Mensch, der gelassen auf sein Leben schaut und der sich nicht resignierend, sondern voll Vertrauen dem Alter überlässt, der lässt auch die anderen Menschen sein, wie sie sind. Von ihm geht etwas aus, was andere anzieht. Denn in seiner Nähe dürfen sie mit ihrer Unzulänglichkeit und Brüchigkeit sein, ohne be- oder gar verurteilt zu werden.

Gelassenheit braucht Zeit. Sie verträgt keine Hektik. Ich muss mir Zeit lassen, um gelassen bei den Dingen zu sein. Ich brauche Zeit, um mich auf ein Gespräch oder auf eine Begegnung einzulassen. Sich Zeit zu lassen ist das Gegenteil von Zeit auszunutzen und sich vom Termindruck bestimmen zu lassen. Indem ich mir Zeit lasse, breche ich aus der Herrschaft der Zeit aus. Ich nehme die Zeit wahr.

Ich genieße sie, weil sie mir geschenkt ist. Ich lasse den Druck los, alles in möglichst kurzer Zeit erledigen zu müssen. Ich lasse die Zeit fließen und nehme sie wahr. Zeit ist immer geschenkte Zeit, Zeit, die Gott und die mir selbst gehört, in der ich mir und meinem wahren Selbst gehöre.

Gelassen ist nur der Mensch, der in seiner Mitte ruht. Oft aber lassen wir uns aus unserer Mitte herausreißen. Wir regen uns über Kleinigkeiten auf. Wir sind immer bei den anderen und lassen uns von ihnen bestimmen. Wer gelassen in seiner eigenen Mitte ruht, der kann auch gelassen auf die Andersartigkeit der Menschen schauen. Er nimmt sie wahr, ohne sie zu beurteilen. Er lässt sie so sein, wie sie sind, und freut sich an ihrem Anderssein.

Wer keine Mitte hat, der lässt sich von jedem Menschen in eine andere Richtung drängen. So fühlt er sich bald zerrissen, hin und her gezerrt von den Meinungen, Erwartungen und Urteilen anderer. Gelassenheit verlangt, mich immer wieder zu spüren, in meine Mitte zu kommen und die anderen dort zu lassen, wo sie sind, und sie so zu lassen, wie sie sind.

Der älter werdende Mensch, der gelassen auf sein Leben schaut und der sich nicht resignierend, sondern voll Vertrauen dem Alter überlässt, der lässt auch die anderen Menschen sein, wie sie sind. Von ihm geht etwas aus, was andere anzieht.

Gelassenheit verlangt, sich von den Erwartungen und Ansprüchen zu befreien, die wir an uns selbst stellen. Viele Menschen stehen immer unter Druck: Bei allem, was sie tun, setzen sie sich unter Leistungsdruck. Oder aber sie vergleichen sich mit anderen. Sie können sich nicht auf den Augenblick einlassen, weil sie immer darüber grübeln, was die anderen jetzt über sie denken könnten. Sie sind unfähig, sich auf das einzulassen, was sie gerade tun. Sie haben bei ihrer Arbeit immer Nebenabsichten. Sie arbeiten nicht nur, sondern sie wollen sich in ihrer Arbeit beweisen und andere damit übertreffen. Diese störenden Nebengedanken hindern sie daran, gelassen das zu tun, was sie gerade in die Hand nehmen. Gelassen ist nur der, der bei sich ist, der frei von Gedanken ist, mit denen er ständig sich selbst und sein Tun beurteilt.

Das lateinische Wort für Geduld, »patientia«, hat mit »pati« zu tun, das »leiden« bedeutet. In Griechenland war der »viel duldende« Odysseus Vorbild der Geduld. Die stoische Philosophie preist die Geduld als die Tugend, die uns über jene Dinge Herr werden lässt, die uns schwer erträglich erscheinen. Geduld gilt als die Tugend der Weisen. Gregor der Große (um 540 – 604 n. Chr.) nennt die Geduld die Wurzel und Wächterin aller Tugenden. Paulus sieht im Römerbrief die Geduld mit der

Gold wert:
Geduld

Hoffnung zusammen: »Wir wissen: Bedrängnis bewirkt Geduld, Geduld aber Bewährung, Bewährung Hoffnung« (Römer 5,3 f.). Wer das Leben mit allen Trübsalen in Geduld aushält, der erlangt Standfestigkeit und in dem wächst die Hoffnung auf das, was ihn erwartet. Weil wir auf etwas hoffen, das wir noch nicht sehen, können wir geduldig das durchstehen, was uns im Alter erwartet: »Hoffen wir aber auf das, was wir nicht sehen, dann harren wir aus in Geduld« (Römer 8,25).

Geduld bedeutet, dass ich einen anderen mit seinen Fehlern und Schwächen ertrage. Das fällt mir oft schwer. Und es bedeutet ein Leiden: Ich leide am anderen. Aber trotzdem stehe ich zu ihm. Ich lasse ihn gelten. Ich nehme ihn an, wie er ist.

Die Geduld ist vor allem die Tugend des Miteinanders. Damit eine Gemeinschaft gelingt, braucht es Geduld. Der heilige Benedikt fordert in seiner Regel seine Mönche auf: »Sie sollen einander in ge-

D ie Tugend der Geduld ähnelt in manchem der Gelassenheit. Der gelassene Mensch ist immer auch geduldig. Und doch meint Geduld noch etwas anderes. »Geduld« heißt im Griechischen »hypomoné«. Das bedeutet eigentlich: drunterbleiben, etwas tragen, etwas ertragen, etwas aushalten, standhalten. Die Geduld ist wie eine Säule, die das Leben trägt.

genseitiger Achtung zuvorkommen; ihre körperlichen und charakterlichen Schwächen sollen sie mit unerschöpflicher Geduld ertragen.«

Damit Menschen miteinander in Frieden leben können, bedarf es der Geduld. Ältere Menschen können sich nicht mehr groß ändern. Sie müssen einander annehmen, wie sie sind. Und auch für die Jüngeren in der Familie braucht es Geduld. Vielleicht war etwa der Vater immer ein Vorbild an Disziplin. Doch nun lässt er sich gehen. Seine Tischmanieren lassen zu wünschen übrig. Doch ständige Kritik verletzt ihn nur. Wir wissen ja nicht, wie er selbst darunter leidet, dass er seine Hand nicht mehr ruhig halten kann. Geduld trägt den anderen. Er fühlt sich dann getragen und gehalten. Er darf auch mit seinen Schwächen da sein. Das schenkt ihm mitten in seiner Gebrochenheit Geborgenheit und Halt.

Aber Geduld muss der ältere Mensch vor allem auch mit sich selbst haben. Wenn ihm manches nicht mehr auf Anhieb gelingt, braucht er Geduld. Der ältere Mensch ist nicht von alleine geduldig – es gibt genügend ältere Menschen, die sich durch besondere Ungeduld auszeichnen. Sie meinen, sie müssten beim Arzt oder im Supermarkt sofort an die Reihe kommen. Sie können nicht mehr warten.

Mir hat ein älterer Mitbruder gesagt, den ich immer wegen seiner Liebenswürdigkeit und Lebendigkeit geschätzt habe, dass er im Alter empfindlicher und ungeduldiger werde. Da muss die Tugend der Geduld bewusst erarbeitet werden. Ein älterer Mensch muss sich von der Illusion verabschieden, dass er alles genauso schnell wie früher erledigen kann. Er muss von der alten Sicherheit und Festigkeit Abschied nehmen. Manches dauert länger. Manches ist schwächer geworden. Der ältere Mensch muss lernen, sich selbst zu ertragen.

Die Geduld braucht zugleich den Humor. Ältere Menschen, die ihre Schwächen wahrnehmen und darüber lachen können, erleichtern es auch ihrer Umgebung, besser mit ihnen umzugehen. Hermann Hesse schreibt von der Alterstugend der Geduld: »Hier, in diesem Garten der Greise, blühen manche Blumen, an deren Pflege wir früher kaum gedacht haben. Da blüht die Blume der Geduld, ein edles Kraut, wir werden gelassener, nachsichtiger, und je geringer unser Verlangen nach Eingriff und Tat wird, desto größer wird unsre Fähigkeit, dem Leben der Natur und dem Leben der Mitmenschen zuzuschauen und zuzuhören, es ohne Kritik und mit immer neuem Erstaunen über seine Mannigfaltigkeit an uns vorüberziehen zu lassen, manchmal mit Teilnahme und stillem Bedauern, manchmal mit Lachen, mit heller Freude, mit Humor« (Hesse, Mit der Reife wird man immer jünger. Betrachtungen und Gedichte über das Alter. Frankfurt a. M. 1990).

Ein wesentlicher Aspekt der Geduld ist, die Dinge so sein zu lassen, wie sie sind, ohne sie zu bewerten. Wenn ich etwas dulde, dann gebe ich ihm die Erlaubnis, dass es so sein darf, wie es ist. Der Geduldige duldet, dass er so ist, wie er ist. Er erlaubt sich seine eigene Verfassung und Schwäche. Er hört auf, zu bewerten und zu verbieten.

> **»Hier, in diesem Garten der Greise, blühen manche Blumen, an deren Pflege wir früher kaum gedacht haben. Da blüht die Blume der Geduld, ein edles Kraut, wir werden gelassener, nachsichtiger«** (Hermann Hesse).

Für den Wüstenmönch Evagrius Ponticus (346 – 399/400 n. Chr.) ist die Sanftmut ein Kennzeichen des wahrhaft spirituellen Menschen. Sanftmut krönt auch ältere Menschen. Wer im Alter sanft gegenüber den Menschen und den Dingen in seiner Umgebung ist, der zieht andere

Gold wert:
Sanftmut

an. Sanftmut ist von der Wortbedeutung her der Mut, alles, was in mir ist, zu sammeln. Ich schließe so nichts aus, was mein Leben ausmacht. Ich nehme die verschiedenen Bereiche meiner Seele, die verschiedenen Teilpersönlichkeiten in mir an und sammle sie. Und ich schließe nichts aus meiner Lebensgeschichte aus. Alles gehört zu mir und formt mich zu dem Menschen, der ich jetzt bin.

Für mich wird das Geheimnis der Sanftmut im Gleichnis Jesu vom Festmahl sichtbar, wie es uns Lukas überliefert. Die Eingeladenen kommen nicht. Die Diener sollen nun stattdessen die Armen und die Krüppel, die Blinden und Lahmen herbeirufen. Und als immer noch Platz ist, befiehlt der Herr dem Diener: »Geh auf die Landstraßen und vor die Stadt hinaus und nötige die Leute zu kommen, damit mein Haus voll wird« (Lukas 14,23).

Jeder ist zum Festmahl Jesu geladen, zur Feier der Selbstwerdung. Zu diesem Fest sollen wir alles mitbringen, was in uns ist: auch das Arme und Schwache, auch das, was nicht so gewachsen ist, wie wir es gerne gehabt hätten, was uns verkrüppelt erscheint. Wir sollen das Blinde einladen, am Tisch Platz zu nehmen: unsere blinden Flecken, die wir nicht gerne anschauen; und das Lahme: unsere Hemmungen und Blockaden, unsere Ängste und unsere Schüchternheit. Alles will eingeladen werden, damit es mit Christus das Fest der Ganzwerdung feiert. Und dann sollen wir aus der Stadt hinaus auf die staubigen Landstraßen unseres Lebens gehen und alle Leute einladen, die wir treffen. Das, was wir aus unserem Leben ausgeschlossen haben, was wir an den Straßen liegen gelassen haben, was uns nicht wert schien, mitgenommen zu werden, das gehört auch zu uns.

Der ältere Mensch sammelt in seiner Erinnerung sein ganzes Leben und bringt es an den Tisch Jesu, damit alles, was ihn ausmacht, sich nicht mehr gegenseitig bekämpft, sondern eins mit Gott und in Christus werde. Wer so sanftmütig geworden ist, der hat den ganzen Reichtum seines Lebens in sich gesammelt, dessen Leben ist reich und weit geworden. Er ist dann auch sanftmütig anderen gegenüber. Er wird sie nicht verurteilen. Er wird bei allem, was ihm am anderen begegnet, sagen: »Das gehört auch zu ihm.«

Jesus erzählt das Gleichnis vom Festmahl als Bild für gelingende Menschwerdung. Wir können es aber auch als Bild für das Mahl der Eucharistie verstehen. Die Eucharistiefeier ist die tägliche Einübung, alles Zerstreute in uns zu sammeln und von Christi Leib durchdringen zu lassen. Alles in uns will angenommen und durch Christi Geist erfüllt und verwandelt werden. Gerade auch das Schwache und Kranke und Bedürftige des Alters will gesammelt werden, denn es gehört zum Reichtum unseres Lebens. – Wer den Mut hat, alles in sich zu sammeln und Gott hinzuhalten, der wird wahrhaft sanftmütig und von dem geht etwas Mildes und Sanftes aus. Er vermittelt auch anderen den Mut, alles in sich zuzulassen und zu sammeln. In seiner Nähe entdecken auch andere ihren inneren Reichtum.

Sanftmütige ältere Menschen ziehen andere an, die sich gerne mit ihnen unterhalten. Harte und unbarmherzige Alte dagegen, die über alle Menschen schimpfen und streng über sie urteilen, stoßen ab. Evagrius Ponticus verweist uns auf Mose, von dem die Schrift sagt, er sei sanftmütiger als alle Menschen. Und er verweist uns auf Jesus, der von sich sagt: »Lernt von mir, denn ich bin sanftmütig und demütig von Herzen« (Matthäus 11,29). Der Sanftmütige richtet nicht. Er nimmt den anderen an, wie er ist – weil er selbst alles, was er in sich erfahren hat, angenommen und in sich gesammelt hat.

Sanftmütige ältere Menschen ziehen andere an, die sich gerne mit ihnen unterhalten. Harte und unbarmherzige Alte dagegen, die über alle Menschen schimpfen und streng über sie urteilen, stoßen ab.

Eine weitere Tugend, die der ältere Mensch einzuüben hat, die aber vielen auch leichter gelingt als während ihrer Berufstätigkeit, ist die Freiheit. Der ältere Mensch hat es nicht mehr nötig, sich nach den Erwartungen der anderen zu richten. Er darf frei seine Meinung sagen. Er braucht sich nicht mehr zu beweisen. Er darf sagen, was er denkt und fühlt. Er muss nicht so viel Rücksicht darauf nehmen, was andere denken oder erwarten.

Gold wert:
Freiheit

Diese Unabhängigkeit führt zu einer größeren Freiheit. Und diese Freiheit macht oft die Vorträge und Bücher alter Menschen »so wertvoll, dass sie das Leben abgelöster betrachten können, weniger affektiv und wollend damit verflochten sind und dadurch Aspekte sehen können, die man erst unter diesen Bedingungen sieht« (Fritz Riemann).

Die Freiheit der Alten ist aber nicht selbstverständlich. Wir kennen auch das Gegenteil: Ältere Menschen erstarren und werden stur. Wir sprechen vom »Altersstarrsinn«, der als einziger »Sinn« immer stärker wird. Um nicht diesem Starrsinn zu verfallen, braucht es die Einübung in die Freiheit. Wer sich als älterer Mensch von den Erwartungen der Menschen löst, der erfährt die Freiheit als Weg zu innerer Unabhängigkeit, Zufriedenheit und Glück.

Er hat sich befreit vom Druck, irgendjemandem etwas beweisen zu müssen. Er hat es auch nicht mehr nötig, seine eigene Kraft unter Beweis zu stellen. Er erlaubt es sich selbst, so zu sein, wie er ist.

Diese Freiheit habe ich in der Seniorenrunde erlebt, die meine Mutter geleitet hat. Weil die Frauen von allem Druck frei waren, sich gut darstellen zu müssen, konnten sie sich in aller Ehrlichkeit ihr Leben erzählen.

Mit älteren Menschen, die innerlich frei geworden sind, unterhalten wir uns gerne. Bei ihnen haben wir den Eindruck, dass sie nicht moralisieren und bewerten. Sie sind frei von aller Gesetzmäßigkeit. Sie denken freier als viele Junge. Und sie sind von dem Druck frei, sich uns gegenüber beweisen zu müssen. Sie sind einfach da und leben. Sie haben es nicht mehr nötig, sich in Szene zu setzen. Sie sind frei, den anderen zuzuhören. Sie nehmen in sich auf, was ihr Gegenüber ihnen erzählt, ohne es zu beurteilen. Sie erwägen es in ihrem Herzen und versuchen, es zu verstehen. Umso peinlicher wirken dagegen Alte, die diese innere Freiheit nicht erlangt haben, die ständig um sich kreisen und nur von sich erzählen, die ständig andere brauchen, die ihnen zuhören.

Wer sich als älterer Mensch von den Erwartungen der Menschen löst, der erfährt die Freiheit als Weg zu innerer Unabhängigkeit, Zufriedenheit und Glück. Er hat sich befreit vom Druck, irgendjemandem etwas beweisen zu müssen. Er erlaubt es sich selbst, so zu sein, wie er ist.

Wirklich freie Alten nehmen sich auch die Freiheit, in der Gesellschaft auf falsche Entwicklungen hinzuweisen. Sie brauchen keine Rücksicht mehr zu nehmen – etwa auf Parteifreunde oder auf irgendwelche Chefs. Sie sagen, was sie denken. Diese Freiheit älterer Menschen ist ein Segen für die Gesellschaft. Sie legen ein Saatkorn von Freiheit auch in die Herzen derer, die sich gezwungen sehen, die Erwartungen ihrer Umgebung zu erfüllen.

Auch in der Kirche braucht es ältere Männer, die ohne Rücksicht auf irgendwelche Urteile oder Nachteile das sagen, was sie denken. Für mich sind solche freien Alten die Altbischöfe Franz Kamphaus und Reinhold Stecher. Sie haben in der Kirche immer das verkündet, was ihrem Herzen entsprach. Franz Kamphaus hat dafür den Widerstand Roms und vieler seiner Mitbischöfe in Kauf genommen. Aber er konnte nicht anders, als seinem Gewissen zu folgen. Damit wurde er zu einem Hoffnungszeichen für viele. Er schuf einen Freiraum des Denkens, der auch andere einlud, das zu denken und zu sagen, was in ihnen ist.

Wir werden das Altwerden nur dann gut meistern, wenn wir auch die Tugend der Dankbarkeit lernen. Wer immer unzufrieden bleibt und das Gefühl hat, in seinem Leben zu kurz gekommen zu sein, der wird nie genießen können, was er geworden ist. Er kann seine Erinnerung nicht dankbar genießen. Und er kann sich auch über den Augenblick nicht wirklich freu-

Gold wert:
Dankbarkeit

en. Fritz Riemann fordert die Älteren heraus: »Wir müssen neu lernen, dankbar zu sein für das Empfangene, und es wieder erleben, dass Dankbarkeit ein Glücksgefühl vermittelt, weil sie uns in über uns hinausreichende Zusammenhänge sinnvoll eingliedert; Dankbarkeit wärmt das Herz und öffnet es für ›gute‹ Gefühle.«

Das deutsche Wort »danken« kommt von »denken«. Nur wer denkt, kann dankbar sein. Raymond Saint-Jean nennt die Dankbarkeit »das Gedächtnis des Herzens«. Der Dankbare denkt mit seinem Herzen.

Er nimmt wahr, was ihm täglich geschenkt wird. Der Undankbare ist kein wirklicher Mensch. Er denkt nicht, sondern er vergisst, was ihm täglich geschenkt wird. Und viele Denker bezeichnen sie als eine der elementarsten Sünden. Der Talmud sagt, Undank sei schlimmer als Diebstahl. Und Johann Wolfgang von Goethe meint: »Der Undank ist immer eine Art Schwäche. Ich habe nie gesehen, dass tüchtige Menschen wären undankbar gewesen.«

Dankbarkeit macht den Menschen aus. Der Undankbare ist nicht wirklich Mensch. Schon die Römer haben sich viele Gedanken über die Dankbarkeit gemacht. Für den römischen Philosophen Cicero (106 – 43 v. Chr.) ist sie die wichtigste Eigenschaft des Menschen. Sie ist Voraussetzung für die »concordia«, für die Gemeinschaft, für die Eintracht, für das Zusammenklingen der Herzen. Und das Fehlen der Dankbarkeit bedroht für ihn die Menschlichkeit, die »humanitas«.

Nur dankbare Menschen können Freundschaft eingehen und miteinander Gemeinschaft leben. Undankbare Menschen sind unangenehme Menschen. Mit ihnen möchte man am liebsten nichts zu tun haben. In der Nähe undankbarer Menschen fühlt man sich unwohl. Man hat das Gefühl, dass man es ihnen nie recht machen kann. So hält man sich von ihnen fern. Von ihnen geht eine negative und destruktive Stimmung aus. Man kann einem undankbaren Menschen schenken, was man will. Er nimmt es gar nicht wahr. Er ist unfähig, für das zu danken, was wir ihm geben. Der Undankbare zerstört das Zusammenklingen der Herzen. Er vermag nicht zu feiern und ist letztlich unfähig zur Freude.

Für Cicero ist die Dankbarkeit die Mutter aller Tugenden. Und für den römischen Philosophen Seneca (1 v. Chr. – 65 n. Chr.) ist die Undankbarkeit die Wurzel aller Verfehlungen und Vergehen. Die Römer haben die Dankbarkeit allerdings hauptsächlich als Gegenleistung verstanden. Wer mir etwas gegeben hat, dem schulde ich Dank und dem muss ich auch etwas schenken. Dankbarkeit war also nicht nur eine Gesinnung, sondern auch ein Tun.

Doch das führte zu einer fast geschäftlichen Haltung. Gegen diese Verkommerzialisierung der Dankbarkeit setzt Cicero auf das dankbare Gedenken, die »grata memoria«. Diese meint nicht nur die dankbare Erinnerung an das, was war. Vielmehr ist sie eine Gesinnung. Dankbarkeit hat einen Blick für das Wertvolle im Leben. Und sie wacht darüber, dass nichts Wertvolles verloren geht.

Bei älteren Menschen ist die Dankbarkeit mit der Erinnerung verbunden. Wer sich dankbar an das erinnern kann, was er erlebt hat, der ist im Alter zufrieden. In der dankbaren Erinnerung bleibt ihm das Schöne und Gute, das er erlebt hat, als innerer Schatz, den ihm niemand rauben kann – selbst seine Schmerzen und seine Einsamkeit nicht.

Bei älteren Menschen ist die Dankbarkeit mit der Erinnerung verbunden. Wer sich dankbar an das erinnern kann, was er erlebt hat, der ist im Alter zufrieden. In der dankbaren Erinnerung bleibt ihm das Schöne und Gute, das er erlebt hat, als innerer Schatz, den ihm niemand rauben kann – selbst seine Schmerzen und seine Einsamkeit nicht. Wer sich dankbar erinnert, kann sein Alleinsein genießen und hat immer etwas, wofür er danken kann, auch wenn es ihm gerade nicht gut geht und Krankheiten ihn bedrücken. Er kann für so vieles danken, was er erlebt hat. Aber er ist auch dankbar für das, was ihm heute geschenkt wird: dass er heute aufstehen kann, dass er heute mit anderen sprechen kann, dass die Sonne scheint und dass seine Kinder und Enkelkinder einen guten Weg gehen.

Diese älteren Menschen sind zur Liebe geworden. An ihnen ist nichts Verurteilendes und Bewertendes. Sie schauen einen mit Liebe an. Dies ist eine ungeheuchelte Liebe, keine Liebe, zu der man sich zwingen oder sich anstrengen muss.

Gold wert:
Liebe

Fritz Riemann nennt als Tugend, die wir im Alter kennen sollten, die Fähigkeit zu lieben: »Eine weitere Tugend des Alters ist eine neue Liebesfähigkeit, die wir entwickeln können. Ist auf der einen Seite die Gefahr groß, dass wir im Alter egoistischer werden, nur noch auf uns und unser Wohlergehen bedacht, ... so besteht doch andererseits die Chance einer neuen Liebesfähigkeit dadurch, dass wir uns selbst nicht mehr so wichtig sind, uns nicht mehr so wichtig zu nehmen brauchen, und damit, um es psychoanalytisch auszudrücken, ein Stück unseres Narzissmus aufgeben können, unserer Eigenliebe, unserer Ichhaftigkeit.«

Dass diese Liebesfähigkeit eingeübt werden muss, erleben wir, wenn wir manche ältere Leute anschauen, die auf ihre frühere Position fixiert sind und nicht abgeben können. Ein älterer Psychologe meinte mir gegenüber, er wundere sich, wie erfolgreiche Menschen im Alter oft nicht loslassen könnten, sondern immer narzisstischer würden. Sie kreisten immer nur um ihren Ruhm. Bei solchen Menschen spüren wir, dass sie im Alter verderben, was sie in ihrem Leben aufgebaut haben.

Dagegen sind wir dankbar für ältere Menschen, die sich selbst nicht mehr so wichtig nehmen, sondern einfach nur noch lieben. Von ihnen geht Liebe aus: zu allem, was sie in die Hand nehmen, zu allen, denen sie begegnen. Von manchen Männern und Frauen kann man sagen, dass ihr Gesicht Liebe ausstrahlt. Ihr Gesicht ist alt und zerfurcht. Und doch ist es voller Liebe. Diese älteren Menschen sind zur Liebe geworden. An ihnen ist nichts Verurteilendes und Bewertendes. Sie schauen einen mit Liebe an.

Dies ist eine ungeheuchelte Liebe, keine Liebe, zu der man sich zwingen oder sich anstrengen muss. Weil sie in ihrem Leben viel geliebt haben und weil sie gelernt haben, ihr eigenes Leben zu lieben, sind sie nun zur Liebe geworden. Und von ihnen gilt, was Paulus von der Liebe als einer Macht gesagt hat, die uns ganz und gar durchdringt: »Die Liebe erträgt alles, glaubt alles, hofft alles, hält allem stand« (1 Korinther 13,7).

In der Nähe solcher liebenden Menschen fühlt man sich wohl. Sie haben keine Liebe, die vereinnahmt, sondern die freilässt. Ihre Liebe vermittelt Geborgenheit, Verständnis und die Freiheit, der zu sein, der ich bin.

Unser
Selbstbild

Unser Selbstbild ist oft genug getrübt durch Illusionen, die wir uns über uns gemacht haben. Da ist die Illusion, dass wir unser Leben im Griff haben, dass wir alles können, was wir wollen, dass uns das Leben gelingt. Oder es ist die Illusion, dass wir es nur gut meinen, dass wir freundliche, selbstbeherrschte, disziplinierte, ethisch hochstehende Menschen sind, dass wir psychisch gesund und spirituell ehrlich und suchend sind. Die Reinigung in der Beziehung zu mir selbst besteht in erster Linie darin, dass ich mich von den Illusionen verabschiede, die ich mir von mir selbst gemacht habe. Das ist nicht einfach. Das tut oft genug weh. Und es ist genau das, was der heilige Benedikt mit Demut meint, mit »humilitas«, dem Mut, hinabzusteigen in den eigenen Leib, in die eigene Erdhaftigkeit und Menschlichkeit, um sich damit auszusöhnen.

Auf diesem Weg der Reinigung begegnen wir aber genügend Fallen. Da ist einmal die Tendenz, dass wir uns in unserer Durchschnittlichkeit nicht akzeptieren können. Wir müssen immer etwas Besonderes sein. Entweder sind wir besonders spirituell. Oder wenn das nicht gelingt, dann halten wir uns für die schlimmsten Sünder. Aber damit weigern wir uns, unsere Durchschnittlichkeit anzunehmen. Wir sind weder die größten Heiligen noch die schlimmsten Sünder, sondern eben dazwischen. Doch das kränkt unser Selbstbild.

Manche müssen immer in Superlativen von sich sprechen, weil sie es nicht aushalten können, dass sie genauso wie die anderen sind, hin- und hergerissen zwischen dem Guten und Bösen, zwischen Heilig und Profan, zwischen Disziplin und Disziplinlosigkeit. Manche missbrauchen ihren spirituellen Weg dazu, sich als etwas Besonderes fühlen zu können. Wenn ich anderen erzähle, dass ich Meister Eckehart und Johannes vom Kreuz lese und dass ich mich darin wiederfinde, dann kann ich mich

> **Wir sind weder die größten Heiligen noch die schlimmsten Sünder, sondern eben dazwischen. Doch das kränkt unser Selbstbild.**

über die anderen stellen. Ich mache mich interessant mit meinen mystischen Interessen, weil ich es nicht aushalten kann, dass ich in vielem banal bin, von alltäglichen Wünschen und Bedürfnissen bestimmt. Anstatt mich auszusöhnen mit meiner Alltäglichkeit und mich den täglichen Problemen zu stellen, weiche ich aus in etwas Besonderes. Ich hebe ab. Doch wenn ich abhebe, kann ich die Wirklichkeit nicht mehr gestalten und verwandeln.

Eine Weise, an seinen Illusionen über sich selbst festzuhalten, besteht darin, dass ich gegen mich wüte, sobald ich mich anders erlebe, als es meinem Selbstbild entspricht. Ich reagiere empfindlich auf andere und werde aggressiv. Das ärgert mich. Ich möchte doch gelassen und friedlich sein. Weil ich es nicht bin, wüte ich gegen mich selbst. Ich mache mir Vorwürfe, dass ich immer noch so empfindlich bin. Ich nehme mir vor, das nächste Mal besser aufzupassen und mich mehr zusammenzunehmen. Und schon beginnt ein Teufelskreis. Die Aggressivität mir selbst gegen-

Eine Weise, an seinen Illusionen über sich selbst festzuhalten, besteht darin, dass ich gegen mich wüte, sobald ich mich anders erlebe, als es meinem Selbstbild entspricht.

über macht mich noch unzufriedener, und manchmal führt sie mich in die Depressivität. Der Grund ist, dass ich es nicht aushalten kann, dass ich immer noch empfindlich bin. Ich halte an meinem hohen Selbstbild fest, anstatt mich auszusöhnen mit meiner Empfindlichkeit.

Eine Frau erzählte mir, dass sie immer wieder depressive Phasen habe. Sie macht eine Therapie. Es ist schon besser geworden. Aber sie braucht noch Medikamente. Schon das kränkt ihr Selbstbild. Wenn sich dann trotz der Medikamente wieder eine stärkere Depression anmeldet, versucht sie, gewaltsam dagegen anzukämpfen. Sie zwingt sich weiterzuarbeiten, bis sie nicht mehr kann. Reinigung heißt nicht, dass sie von der Depression frei wird, sondern dass sie sich von ihrem Selbstbild verabschiedet. Wenn sie sich aussöhnt mit ihrer Depression, dann erkennt sie ihren Sinn. Die Depression will ihr etwas sagen. Sie will ihr sagen, dass sie ihr Maß überzogen hat. Sie hat sich zu sehr unter Druck gesetzt, für ihre

Kinder eine perfekte Mutter zu sein und immer für sie zu sorgen. Das hat sie überfordert und in die Depression geführt. Die Depression zeigt ihr, dass dieser Weg so nicht mehr weitergeht. Sie muss sich in aller Demut eingestehen, dass sie selbst auch Bedürfnisse hat. Sie muss sich also von ihrem perfektionistischen Mutterbild verabschieden, das ihr Selbstbild trübt. Sie dachte, der Glaube wäre ihr wichtig und durch den Glauben könne sie ihre Probleme bewältigen. Doch trotz ihres Glaubens wird sie depressiv. So muss sie sich von der Illusion befreien, dass sie durch ihren Glauben alles lösen könne. Die Depression – so sagt C. G. Jung – ist wie eine schwarze Dame. Wenn sie an die Türe klopft, soll man sie einladen einzutreten, damit man sich mit ihr unterhalten kann. – Wenn die Frau die Depression freundlich empfängt und mit ihr spricht, wird sie sie in die eigene Wahrheit führen. Sie wird sich auf einmal klarer sehen, wie sie ist. Und sie wird durch die Depression in den eigenen Seelengrund geführt, in dem sie Gott findet als den tiefsten Grund ihres Lebens.

Die Depression – so sagt C. G. Jung – ist wie eine schwarze Dame. Wenn sie an die Türe klopft, soll man sie einladen einzutreten, damit man sich mit ihr unterhalten kann.

Gotteserfahrung
und Selbsterfahrung

Viele Menschen klagen darüber, dass sie Gott nicht erfahren, dass sie trotz aller Versuche, regelmäßig zu meditieren und zu beten, nichts von Gott spüren. Ich frage sie dann immer, ob sie sich denn selbst spüren, ob sie mit sich selbst in Berührung sind.

Nicht nur das Gottesbild und das Selbstbild hängen eng miteinander zusammen, sondern auch die Gotteserfahrung und die Selbsterfahrung. Wer sich selbst nicht spürt, kann auch Gott nicht spüren. Wer von sich selbst keine Erfahrung hat, wird auch Gott nicht erfahren.

Eine Frau möchte einen geistlichen Weg gehen. Aber ihr Gebet ist leer. Sie hat früher einmal Gott intensiv gespürt, aber jetzt fühlt sie nichts mehr. Im Gespräch wird deutlich, dass sie viele Bereiche ihrer eigenen Seele ausklammert. Sie möchte nicht über ihre gottlosen Seiten, über ihre Aggression und Sexualität, über ihre Jugendträume nach Familie und Kindern nachdenken. Sie meint, sie habe diese Träume längst verarbeitet und sei mit ihnen fertig. Sie möchte sich selbst in ein ganz bestimmtes Bild einer spirituellen Frau zwängen. Alles andere hat sie vor dem Auge ihrer Seele verschlossen. Im Gespräch wird ihr klar, warum sie Gott nicht spürt. Sie ist nicht in Berührung mit der eigenen Seele. Sie hat sich selbst abgeschnitten von den weniger frommen, dafür aber umso lebendigeren Seiten ihrer Seele, von ihrer Lust zu reisen, zu malen, zu dichten. All diese Seiten hat sie ihrem spirituellen Selbstbild geopfert. Aber nun fehlen sie ihrer eigenen Lebendigkeit. Was in ihr nicht in Beziehung zu Gott kommen kann, das verdunkelt ihr die Gotteserfahrung. Sie kann Gott nicht spüren, weil sie

> **Im Gespräch wird ihr klar, warum sie Gott nicht spürt. Sie ist nicht in Berührung mit der eigenen Seele. Sie hat sich selbst abgeschnitten von den weniger frommen, dafür aber umso lebendigeren Seiten ihrer Seele.**

nicht den Mut hat, sich selbst zu spüren. Wir sind nicht deckungsgleich mit unserem spirituellen Selbstbild. Nur wenn wir wagen, Gott alles hinzuhalten und mit allem, was in uns ist, in Berührung zu kommen, werden wir auch Gott spüren können. Viele sind abgeschnitten von ihrer eigenen Seele. Sie nehmen nur einen kleinen Teil ihrer selbst wahr. Das hindert sie daran, Gott wahrzunehmen. Daher lasse ich mich nie auf eine theoretische Diskussion ein, ob wir Gott erfahren können oder nicht, warum sich Gott dem einen mehr zeigt als dem anderen. Ich frage die Menschen, wie sie sich selbst erfahren. Und da erschrecke ich oft, wie wenig die Menschen sich selbst spüren, wie wenig sie in Berührung sind mit sich selbst. Das ganze Arsenal von spirituellen Methoden hilft ihnen nicht, wenn sie nicht den Mut aufbringen, die eigene Wahrheit anzuschauen. Dabei geht es nicht um ein rationales Verstehen der eigenen Psyche, sondern um ein In-Berührung-Kommen mit allem, was in uns hochsteigt, mit unseren Gefühlen, mit unseren Träumen, mit unbewussten Bildern. Es geht um ein Sichspüren im Leib. Stimme ich mit meinem Leib überein? Bin ich ganz in mir, in meinem Leib oder klammere ich vieles aus? Nur wenn ich auf die Stimme meines Leibes und meiner Seele höre, kann ich auch die Stimme Gottes vernehmen. Nur wenn ich stimmig bin, kann Gott mit mir übereinstimmen, kann er eindringen in die Stimme meines Inneren.

Was ich vor mir verberge, das verbirgt mir das Antlitz Gottes. Jesus zeigt uns, wie wir richtig beten sollen. Wir sollen nicht viele Worte plappern. Wir sollen uns nicht auf äußere Methoden der Medita-tion oder der Askese verlassen. Diese können leicht zur bloßen Jagd nach Leistung und zur Flucht vor der eigenen Wahrheit werden. Jesus fordert uns auf, in die Kammer unseres Herzens zu gehen, wenn wir beten wollen. Dort sollen wir die Türe zuschließen, damit wir allein mit unserem Gott sind: »Dann bete zu deinem Vater, der im Verborgenen ist. Dein Vater, der auch das Verborgene sieht, wird es dir vergelten« (Matthäus 6,6). Das griechische Wort »kryptos« = »verdeckt, verborgen, geheim« hat in der hellenistischen Mystik und auch im Alten Testament eine große Bedeutung. Gott ist dem Menschen verborgen. Und das ganze geistliche Streben des Menschen geht dahin, dass Gott sich dem Menschen offen zeigt. Der alttestamentliche Fromme weiß, dass er vor Gott nichts verbergen und verstecken kann. Wenn er die Flucht vor seiner eigenen Wahrheit und vor Gott aufgibt und Gott sein Verborgenes offenbart, dann wird Gott ihn teilhaben lassen an seinem verborgenen Leben. Weil in uns nichts verborgen ist, was nicht bekannt wird (vgl. Matthäus 10,26), sollen wir Gott die versteckten Bereiche unserer Seele hinhalten. Nur dann wird unser Beten belohnt werden, nur dann werden wir im Beten Gott erfahren dürfen. Was ich vor mir selbst und vor Gott verheimliche, das beeinträchtigt meine Beziehung zu Gott. Gott ist gerade im Verborgenen. Wenn ich hinabsteige in die Bereiche meiner Seele, die ich zugedeckt und verhüllt habe, werde ich dort Gott entdecken, der sich in der Tiefe meines Herzens verbirgt. Dann wird mein Beten belohnt. Weil ich mit dem Verborgenen in mir in Berührung komme, wird sich auch Gott nicht mehr vor mir verbergen.

Wenn ich hinabsteige in die Bereiche meiner Seele, die ich zugedeckt und verhüllt habe, werde ich dort Gott entdecken, der sich in der Tiefe meines Herzens verbirgt.

Je älter ich werde, desto klarer wird mir, dass das konkrete Leben so, wie es ist, der Ort ist, an dem ich Gott erfahren kann.

Gotteserfahrung
in den alltäglichen Erlebnissen

Viele erfahren Gott in den täglichen Ereignissen ihres Alltags. Was andere für Zufall halten, das erleben sie als Fügung Gottes. Gott selbst spricht zu ihnen, wenn ihnen gerade jetzt dieser Mensch begegnet, wenn sie in der Buchhandlung ausgerechnet auf diesen Buchtitel stoßen oder wenn sie in der Zeitung von einer Situation lesen, in der sie ihre eigene ausgedrückt finden. Sie erfahren Gottes konkrete Zuwendung, wenn an einem grauen Novembertag die Sonne durch die Wolken bricht und gerade auf sie scheint. Wir hatten vor ein paar Jahren in der Abteikirche ein Konzert mit Bruckners 5. Symphonie. Während des langsamen Satzes fiel die Sonne durch die bunten Fenster auf das Kreuz. Leuchtende Flügel schwebten um das Kreuz. Das war nicht nur für mich, sondern auch für viele Besucher einfach stimmig, ein

Zeichen, dass in dieser Musik Gott selbst hörbar und erfahrbar wurde. Solche Erfahrungen sind kein Gottesbeweis. Aber dennoch können sie für mich zu konkreten Gotteserfahrungen mitten in meiner Lebensgeschichte werden. Gott begegnet mir nie direkt. Aber in Erfahrungen von Sonnenaufgang oder Sonnenuntergang, von Windstille mitten in einem Sturm, von einem Regenbogen während eines Gesprächs, von unvermittelten Begegnungen mit Menschen, die mir etwas Wichtiges sagten, von gelingender Autofahrt auf spiegelglatter Bahn kann mir Gott selbst erfahrbar werden. Ich kann darüber nicht lauthals berichten, sondern nur achtsam und behutsam, in einem bescheidenen Glauben, dass Gott selbst mich da berührt hat.

Gotteserfahrung in der Lebensgeschichte bedeutet für mich aber noch etwas anderes. Unser Leben mit seinen konkreten Erfahrungen ist der Weg zu Gott. Die Krankheit, die mich befällt, kann zur Gotteskrise werden. Sie kann mich aber auch, wenn ich sie annehme, zu Gott hinführen. Meine Angst, meine Eifersucht, mein Ärger, meine Enttäuschung, meine Empfindlichkeit, meine Depression,

Unser Leben mit seinen konkreten Erfahrungen ist der Weg zu Gott. Die Krankheit, die mich befällt, kann zur Gotteskrise werden. Sie kann mich aber auch, wenn ich sie annehme, zu Gott hinführen.

mein mangelndes Selbstwertgefühl, meine Sexualität, mein Scheitern, das alles kann der Ausgangspunkt auf meinem Weg zu Gott werden. In der geistlichen Begleitung erlebe ich immer wieder, dass Menschen meinen, sie würden nur dann Gott erfahren, wenn sie ihre Angst oder Eifersucht oder Depression in Griff bekämen. Und sie bitten Gott, dass er sie von diesen Gefühlen und Konflikten befreien möge. Wenn sie sich frei fühlen, dann ist das für sie eine Gotteserfahrung. Aber oft genug sind sie dann enttäuscht, dass Gott ihnen die Angst und die Depression nicht nimmt. Ich habe in meiner Lebensgeschichte jahrelang gedacht, Gott dafür einspannen zu können, damit er mich von den lästigen Ängsten, Traurigkeiten und Hemmungen befreien möge.

Heute weiß ich, dass ich Gott für mich benutzt habe. Es ging mir nicht um Gott, sondern um mich selbst. Je älter ich werde, desto klarer wird mir, dass das konkrete Leben, so wie es ist, der Ort ist, an dem ich Gott erfahren kann. Das verlangt allerdings einen anderen Umgang mit meinen Emotionen und Ängsten.

Gerade dort, wo der Mensch auf sich selbst zurückgeworfen ist und sich selbst in seiner letzten Einsamkeit aushält, dort erfährt er Gott.

Gotteserfahrung
als Tiefe jeder menschlichen Erfahrung

Für Karl Rahner geschieht Gotteserfahrung immer dort, wo der Mensch radikal sich selbst erfährt, wo er seiner Erfahrung von Liebe, Treue und Hoffnung auf den Grund geht. In jeder tiefen menschlichen Erfahrung ist der Mensch immer schon auf Gott verwiesen und greift über sich hinaus in das absolute Geheimnis Gottes, das ihn umgibt.

Gerade dort, wo der Mensch auf sich selbst zurückgeworfen ist und sich selbst in seiner letzten Einsamkeit aushält, dort erfährt er Gott. Rahner beschreibt solche radikalen Selbsterfahrungen als Gotteserfahrungen: »Wenn man plötzlich unerbittlich sich seiner Freiheit und Verantwortung überantwortet erfährt, ihr als einer und ganzer, die das ganze Leben umgreift, keine Ausflucht mehr zulässt, keine Entschuldigung, dort, wo kein Beifall mehr unterstützt, keine Anerkennung und kein Dank mehr erhofft werden kann, wo man eben vor der schweigenden, unendlichen, von uns nicht manipulierten Verantwortung steht, die ist und uns nicht untertan ist, das Innerste und das Unterschiedenste von uns zugleich ... Wenn man plötzlich die Erfahrung personaler Liebe und Begegnung macht, plötzlich selig erschreckt merkt, wie man in Liebe absolut, bedingungslos angenommen wird, obwohl man für sich allein in seiner Endlichkeit und Brüchigkeit dieser Bedingungslosigkeit der Liebe von der anderen Seite her gar keinen Grund und keine zureichende Begründung geben kann, wie man selbst ebenso liebt, in unbegreiflicher Kühnheit die gewusste Fragwürdigkeit des anderen überspringend, wie diese Liebe in ihrer Absolutheit einem Grund vertraut, der ihr selbst nicht mehr untertan ist, ihr in seiner Unbegreiflichkeit zuinnerst und von ihr unterschieden zugleich ist« (Rahner, Gotteserfahrung heute, in: Schriften zur Theologie 9. Einsiedeln 1970).

Und Rahner meint, in jeder tiefen Erfahrung von Freude und Schönheit, von Angst und Schuld, von Sehnsucht und Hoffnung, von Frieden und Gelassenheit würde der Mensch letztlich auf Gott stoßen als den letzten Grund aller dieser Erfahrungen.

Genauso wenig, wie man die Erfahrung von Liebe und Treue letztlich erklären kann, kann man die Gotteserfahrung erklären. Und doch ist sie da und will reflektiert werden.

Genauso wenig, wie man die Erfahrung von Liebe und Treue letztlich erklären kann, kann man die Gotteserfahrung erklären. Und doch ist sie da und will reflektiert werden.

Mit der Vergebung hängt die Versöhnung eng zusammen. Viele sehnen sich danach, dass sie ausgesöhnt mit sich selbst und mit den Menschen ihrer Umgebung leben können.

Vergebung
und Versöhnung

Vergebung und Versöhnung sind zwei Themen, die viele Menschen heute beschäftigen. In der geistlichen Begleitung erlebe ich, dass viele immer wieder das Thema der Vergebung anschneiden. Die einen leiden unter ihrer strengen Erziehung, in der ihnen gesagt wurde, sie müssten jedem Menschen vergeben. Und dann erfahren sie, dass ihnen die Vergebung nicht gelingt, dass die schon lange zurückliegende Verletzung immer noch schmerzt. Für manche klingt die Forderung nach Vergebung so, dass sie ihre Gefühle von Ärger und Zorn gegen die Menschen, die sie verletzt haben, unterdrücken müssten und dass ihnen nichts anderes übrig bleibt, als ihnen möglichst schnell zu vergeben. Damit aber fühlen sie sich überfordert. Denn sie spüren in sich immer noch Groll und Gekränktsein. Sie fühlen sich gelähmt durch diese Gefühle. Wenn sie dem anderen vergeben, wäre das nur vom Kopf her gesteuert. Aber tief im Herzen und in ihrem Unbewussten sind ganz andere Gefühle, die die wirkliche Vergebung verhindern. Andere spüren, dass sie eigentlich vergangene Kränkungen vergeben sollten, weil die Vergangenheit immer noch wie eine Last auf sie drückt. Sie würden diese Last gerne loswerden, aber sie wissen nicht, wie ihnen das gelingen könnte. Manche können sich auch selbst nicht vergeben, wenn sie schuldig geworden sind. Sie wühlen immer wieder in der eigenen Schuld herum und werfen sich ständig vor, dass sie damals falsch gehandelt haben. Weil sie sich selbst nicht vergeben können, können sie auch nicht an die Vergebung Gottes glauben. Weil sie sich selbst für unannehmbar halten, meinen sie, auch Gott könne sie so nicht annehmen, wie sie sind.

Mit der Vergebung hängt die Versöhnung eng zusammen. Viele sehnen sich danach, dass sie ausgesöhnt mit sich selbst und mit den Menschen ihrer Umgebung leben können. Aber sie fühlen sich unfähig, sich mit der eigenen Lebensgeschichte auszusöhnen und erfahren um sich herum im fa-

Sie fühlen sich unfähig, sich mit der eigenen Lebensgeschichte auszusöhnen und erfahren um sich herum im familiären Umfeld nur Streit und Zwietracht.

miliären Umfeld nur Streit und Zwietracht. Wenn sie in die Welt hinaussehen, erleben sie gerade in den vielen Kriegs- und Krisengebieten unversöhnte Volksgruppen, die auch durch einen offiziellen Friedensschluss nicht zusammenfinden. Wir erleben heute, dass Versöhnung eine Frage des politischen Überlebens ist. Ohne Versöhnung wird es auf dieser Erde keine Zukunft geben. Ob eine Gesellschaft miteinander gedeihlich zusammenleben kann, hängt davon ab, ob die sich widerstreitenden Gruppen bereit sind, sich zu versöhnen. Und ob es für die Völker Afrikas oder für die Volksgruppen im arabischen Raum einmal dauerhaften Frieden geben wird, ob die vom Islam geprägten Völker und der christliche Westen in gegenseitiger Achtung zusammenleben können, das hängt von der Bereitschaft zur Versöhnung ab. Versöhnung ist daher nicht nur ein religiöses, sondern genauso auch ein politisches Postulat.

Mit Versöhnung wird in der Bibel das Handeln Gottes in Jesus Christus beschrieben. Die frühe Kirche sah es als ihre entscheidende Aufgabe an, Künderin und Vermittlerin der Versöhnung zu sein. Auch die heutige Kirche hat von Jesus Christus den Auftrag, in unserer Welt ein Ort der Versöhnung zu sein, ein Ort, wo exemplarisch Menschen verschiedener Rassen und Sprachen miteinander versöhnt leben können. Und es ist ihre Aufgabe, in dieser Welt zu einer Quelle der Versöhnung zu werden, immer wieder aufzurufen zur Aussöhnung der Völker und Rassen, immer wieder mahnend ihre Stimme zu erheben, wenn sie Feindschaft und Streit, Unversöhntsein und Ressentiments in dieser Welt wahrnimmt.

Vergebung und Versöhnung gehören zusammen. Und doch haben sie je verschiedene Bedeutungen. Mit dem deutschen Wort »Vergebung« wird das griechische Wort »aphesis« übersetzt, das aus dem Verb »aphiemi« abgeleitet wird und »wegschicken, wegwerfen, entlassen, loslassen, freilassen, freisprechen« bedeutet. Das lateinische Wort »dimittere« heißt ähnlich: wegschicken, entlassen, nachlassen, loslassen. Vergebung bezieht sich auf die Schuld und meint ein aktives Erlassen und Loslassen der Schuld, ein Sichfreimachen von der Schuld, ein Wegnehmen der Schuld. Vergeben heißt also letztlich: weggeben. Das deutsche Wort »versöhnen« kommt von »versüenen« und bedeutet: Frieden stiften, schlichten, still machen, beschwichtigen, küssen. Es meint also eine ganze Palette von Versuchen, einander näherzukommen. Durch das Gespräch wächst Nähe zwischen zwei Partnern. Sie können ihren Streit schlichten und Frieden stiften. Die intensivste Nähe ist dann der Kuss, der das Einverstandensein mit dem anderen besiegelt. In der Versöhnung kommen sich aber nicht nur Menschen nahe, sondern auch Gott und Mensch. Und der Mensch kann sich mit sich selbst aussöhnen und sich selbst küssen. Das lateinische Wort für versöhnen »reconciliare« bedeutet: wiederherstellen, wieder vereinigen, eine Zusammenkunft wieder ermöglichen. Es zielt also vor allem auf die wiederhergestellte Gemeinschaft zwischen den Menschen und zwischen Gott und den Menschen. Es gibt keine Versöhnung ohne Vergebung. Und die Vergebung zielt letztlich auf ein neues versöhntes Miteinander.

Es gibt keine Versöhnung ohne Vergebung. Und die Vergebung zielt letztlich auf ein neues versöhntes Miteinander.

Das nächtliche Schweigen gibt dem Schlaf und dem Traum den heilenden und heiligen Raum, den Raum, den die Antike im Tempelschlaf geschaffen hatte. Die Stille der Nacht täte uns allen gut.

Heilsame Stille
der Nacht

Der Schlaf ist nicht nur die nötige Erholung für den Leib, sondern auch für die Seele. Im Schlaf regt sich die Seele in einer anderen Weise. Das Unbewusste wird aktiv, es meldet sich in den Träumen. Und die Traumrealität ist genauso wirklich wie die Realität des wachen Bewusstseins. Wenn wir gesund leben wollen, müssen wir daher auch die Traumrealität beachten. Wir sollen auf unsere Träume hören. In den Träumen deutet und kommentiert unser Unbewusstes die Tagesereignisse und unseren momentanen Zustand auf unserem Weg der Selbstwerdung.

Diese Deutung sollten wir beachten. Denn unsere bewusste Sicht der Dinge ist oft sehr einseitig. Im Traum können wir erkennen, was während des Tages wirklich abgelaufen ist und welche Bedeutung es für uns hat. Aber im Traum spüren wir auch, wie es eigentlich um uns steht. In Bildern sagt uns das Unbewusste, was unsere momentane Situation ist, wo wir uns auf Irrwegen befinden und wo auf einem guten Weg, wie wir zu Gott stehen, ob wir uns ihm verschlossen oder geöffnet haben und was für Schritte jetzt dran wären. Das Hören auf unsere Träume auch auf unserem geistlichen Weg bewahrt uns davor, an unserer Wahrheit und an Gott vorbeizuleben.

Im Schlaf tauchen wir nach dem jüdischen Denker Weinreb in die eigentliche Wirklichkeit ein. Wir werden angeschlossen an das göttliche Leben. Im Traum spricht Gott zu unserem Herzen. Wir schwingen ein in den göttlichen Intimbereich. Daher halten die Mönche das »silentium nocturnum« so hoch. Das nächtliche Schweigen gibt dem Schlaf und dem Traum den heilenden und heiligen Raum, den Raum, den die Antike im Tempelschlaf geschaffen hatte. Die Stille der Nacht täte uns allen gut. Mitten im Schweigen der Nacht steigt das göttliche Wort hernieder, um an unser inneres Ohr zu dringen.

Der Weg
des Schweigens und der Stille im Älterwerden

Hermann Hesse schreibt von der kontemplativen Stille, in der er den Schatz an Bildern, an Menschengestalten und Menschengesichtern in seinem Gedächtnis immer wieder bedenkt und anschaut: »Das Schauen, das Betrachten, die Kontemplation wird immer mehr zu einer Gewohnheit und Übung, und unmerklich durchdringt die Stimmung und Haltung des Betrachtenden unser ganzes Verhalten. Von Wünschen, Träumen, Begierden, Leidenschaften gejagt sind wir, wie die Mehrzahl der Menschen, durch die Jahre und Jahrzehnte unsres Lebens ge-

Zum Älterwerden gehört die Fähigkeit zur Stille. Die Stille ist ein Bedenken dessen, was war und was ist. Sie ist auch das Stillwerden vor dem Geheimnis des Lebens und Sterbens.

stürmt, ungeduldig, gespannt, erwartungsvoll, von Erfüllungen oder Enttäuschungen heftig erregt – und heute, im großen Bilderbuch unsres eigenen Lebens behutsam blätternd, wundern wir uns darüber, wie schön und gut es sein kann, jener Jagd und Hetze entronnen und in die vita contemplativa gelangt zu sein« (Hesse, Mit der Reife wird man immer jünger. Betrachtungen und Gedichte über das Alter. Frankfurt a. M. 1990).

Auf den Dörfern gibt es manchmal noch die – schon erwähnten – Alten, die auf der Bank vor dem Haus sitzen und einfach nur die Dinge betrachten, die sie wahrnehmen. Oft ist ihr Blick nach innen gerichtet. Sie meditieren die vielen Bilder, die in ihrer Seele aufsteigen. Das ist kein Kreisen um die Vergangenheit. Für Hermann Hesse besteht vielmehr darin die »vita contemplativa«: Im Vergangenen das Geheimnis des Lebens schauen. Solche älteren Menschen können stundenlang am Fenster sitzen und die Natur betrachten. Sie nehmen die Schönheit der Bäume und Blumen wahr, wie sie im Frühling aufblühen und im Herbst ihre milden Farben ausstrahlen. Diese Menschen müssen nicht ständig über Vergangenes reden. Sie schauen jetzt die Gegenwart und im Schauen kommen die alten Erinnerungen, die sie wie einen kostbaren Schatz in sich hüten. In ihnen lebt die Vergangenheit weiter. Sie ist jetzt Gegenwart.

Wer im Alter nicht zu schweigen vermag, von dem geht kein Friede aus. Doch die stillen Alten, aus deren verbrauchten Gesichtern etwas Gütiges strahlt, werfen ein mildes »Abendlicht« auf alles, was geschieht. So wie wir im Herbst das milde Licht bewundern, das auch die absterbenden Blätter noch in ihrer Schönheit aufstrahlen lässt, so geht es im Alter vor allem darum, milde gegenüber sich selbst und den Menschen zu werden.

Das deutsche Wort »milde« kommt von »mahlen«. Wir werden milde, wenn wir in der Mühle des Lebens gemahlen wurden, wenn im Mahlen die Schalen und alles Harte weich geworden sind. Solche milden älteren Menschen sind ein Segen für ihre Umgebung. In der Nähe solcher älterer Menschen fühlen sich vor allem Kinder wohl. Da werden andere Menschen nicht beurteilt. Da dürfen sie sein, wie sie sind. Da kommen sie selbst zur Ruhe.

»Sich erinnern ist der Anfang der Freiheit von der heimlichen Macht der erinnerten Sache oder des erinnerten Ereignisses« (Max Scheler).

Da wird vieles unwichtig, was sie sonst bewegt. Das gütige Schweigen der Alten rückt alles ins rechte Licht.

Wer als alter Mensch zu schweigen gelernt hat, der beklagt sich nicht über die Einsamkeit. Er fühlt sich in der Stille eins mit allem, was er erlebt hat, mit den Menschen, denen er begegnet ist und die er jetzt bei Gott in der Ewigkeit weiß. So ist sein Schweigen schon ein Hinüberschwingen in die Welt Gottes. Der stille Alte blättert im »Bilderbuch« seines Lebens und schaut dankbar zurück auf das, was geschehen ist. Er ist im Einklang mit sich selbst. Und so geht von ihm Friede und eine Ruhe aus, in der sich auch andere bergen möchten.

Um die Stille in guter Weise leben zu können, braucht es die Kraft der Erinnerung. Erinnerung meint hier nicht, dass ich nur in der Vergangenheit lebe, sondern dass ich das, was ich gelebt habe, jetzt in diesem Augenblick präsent habe. Jean Paul meint von der Erinnerung: »Die Erinnerung ist das einzige Paradies, aus welchem wir nicht vertrieben werden können.« Wer im Buch seiner Erinnerung liest, der kann die Stille gut aushalten. Für den ist sie eine erfüllte Stille. Mit seiner Erinnerung lebt er jetzt in diesem Augenblick, aber erfüllt mit der reichen Frucht seines Lebens. Henri Nouwen schreibt von der Erinnerung als dem inneren Schatz, den wir in uns tragen: »Je älter wir werden, an desto mehr erinnern wir uns, und irgendwann bemerken wir, dass das meiste, wenn nicht alles von dem, was wir haben, Erinnerung ist.«

Aber für Nouwen ist es entscheidend, wie wir uns erinnern. Manche erinnern sich, indem sie sich mit Schuldgefühlen zerfleischen. Andere erinnern sich nur an ihre Verletzungen und an ihre ungenutzten Chancen. Solche Erinnerungen können uns niederdrücken. Es gibt aber auch heilsame Erinnerungen, die die Verletzungen zu heilen vermögen. So schreibt der Philosoph Max Scheler von der heilenden und befreienden Macht der Erinnerung: »Sich erinnern ist der Anfang der Freiheit von der heimlichen Macht der erinnerten Sache oder des erinnerten Ereignisses.«

So wäre es eine wichtige Aufgabe für ältere Menschen, nicht in den Wunden der Vergangenheit zu wühlen, sondern sich so zu erinnern, dass die Wunden geheilt werden. Wenn ältere Leute von ihrer Vergangenheit ohne Bitterkeit und ohne Vorwurf an andere erzählen, dann hat das schon eine reinigende und heilende Wirkung. Dann kommen die

Jean Paul meint von der Erinnerung: »Die Erinnerung ist das einzige Paradies, aus welchem wir nicht vertrieben werden können.« Wer im Buch seiner Erinnerung liest, der kann die Stille gut aushalten. Für den ist sie eine erfüllte Stille.

Verletzungen aus der eigenen Lebensgeschichte zur Ruhe. Wenn ältere Menschen oft einfach nur dasitzen und nachdenken, wenn sie die Erinnerungen ihres Lebens Gott hinhalten, dann geschieht Heilung, dann wird es in ihnen still.

Die Erinnerung bringt uns nicht nur in Berührung mit der Vergangenheit. Sie kann uns auch helfen, jetzt und heute unsere Situation anzunehmen. Die Erinnerung schenkt Halt mitten in der Haltlosigkeit des Alters. Und die gute Erinnerung schenkt Hoffnung und Zuversicht für die Zukunft.

Freundschaft
ist Gold wert

Freu Dich an Deinen Freunden! Wenn Du darüber nachdenkst, wer Deine Freunde und Freundinnen sind, mit wem Du Dich gerne treffen, wen Du gerne anrufen würdest, fallen Dir sicher genügend Menschen ein. Freundschaft will aber auch gepflegt werden.

Ich kenne viele Menschen, die jammern, dass sie einsam seien und dass sie niemand anrufe. Oft ist es aber so, dass diese Menschen von sich aus niemanden anrufen würden. Natürlich freue ich mich sehr, wenn ein Freund von sich aus anruft und mir zum Namenstag oder Geburtstag gratuliert. Aber ich darf nicht immer nur erwarten, dass die anderen von sich aus bei mir anrufen. Wenn ich mich nie melde, dann haben sie den Eindruck, dass mir an ihrer Freundschaft nicht viel liegt.

Freu Dich an dem Freund, mit dem Du Dich so gut unterhalten kannst und dem Du auch von Deinen Schwächen und von Deinem Ärger erzählen kannst. Du weißt, dass er Dich nicht verurteilt. Aber er bedauert Dich auch nicht, so dass Ihr nach dem Erzählen Deines Ärgers beide im Selbstmitleid schwimmt. So ein Freund würde Dir nicht weiterhelfen.

Du brauchst den Freund, der Dir die Augen öffnet, damit Du Deine Situation einmal anders siehst. Freu Dich an der Freundin, die mit Dir fühlt, die Dir ihre Gefühle der Sympathie und Liebe zeigt, die Dir vermittelt, dass Du wertvoll bist. Freu Dich an dem prickelnden Leben, das zwischen Euch strömt, an der Liebe, die Dir von ihr her entgegenströmt. Freu Dich daran, dass sie an Dir interessiert ist, dass sie Dich mit ihrem Lachen aufhellt und mit ihrer Heiterkeit alles leichter werden lässt in Deinem Leben. Freu Dich aber auch an dem Freund, der Dich ermutigt, besser für Dich zu sorgen, Dich besser abzugrenzen und Dir selbst mehr Zeit zu reservieren.

Genieße, was Dir die Freunde und Freundinnen an Lebendigkeit und Freude ermöglichen.

Was ist es, das Dich am Zusammensein mit den Freunden freut? Oft ist es einfach das Vertrautsein. Du brauchst Dich bei ihnen nicht zu erklären. Sie kennen Dich. Sie verstehen Dich.

Du freust Dich auf den gemeinsamen Ausflug mit Deinen Freunden, auf den gemütlichen Abend, den Ihr miteinander verbringt. Gönn Dir Zeit für Deine Freunde. Die Freundschaft tut Euch allen gut.

Im Kreis der Freunde darfst Du sein, wie Du bist. Du musst Dich nicht beweisen, Du kannst Dich von ihnen tragen lassen, anregen lassen. Ihr habt Spaß miteinander, nehmt das Leben leichter, als es im Alltag oft genug ist. Ihr könnt das gemeinsam unternehmen, was daheim im Kreis der Familie oft nicht möglich ist. Ihr spielt miteinander Karten. Ihr fahrt miteinander Fahrrad oder Ihr geht miteinander in den Skiurlaub. Ihr spornt Euch gegenseitig beim Sport an, und es macht Euch Spaß, miteinander Eure sportlichen Fähigkeiten auszuprobieren.

Oft ist es so, dass ein Mann mit seinen Freunden Dinge erleben kann, die er mit seiner Frau nicht tun kann. Und die Frau kann mit ihren Freundinnen Gespräche führen und mit ihnen herzhaft und ungezwungen lachen, was im Beisein der Männer so nicht möglich wäre. Genieße, was Dir die Freunde und Freundinnen an Lebendigkeit und Freude ermöglichen.

Was ist es, das Dich am Zusammensein mit den Freunden freut? Oft ist es einfach das Vertrautsein. Du brauchst Dich bei ihnen nicht zu erklären. Sie kennen Dich. Sie verstehen Dich. Du kannst das sagen, was Dich bewegt. Sie bewerten Dich nicht. Sie tragen Dich, wenn Du ihnen von Deinen Sorgen erzählst. Sie begleiten Dich in Deiner Krise. Sie bleiben bei Dir, auch wenn Du den Tod eines lieben Menschen betrauerst.

Du weißt, dass Du Dich auf Deine Freunde verlassen kannst. So kannst Du ausgelassen mit ihnen Spiele spielen, die Dir daheim als Vater oder als Mutter vielleicht zu kindisch vorkommen. Im Kreis Deiner Freunde oder Freundinnen kannst Du wieder zum Kind werden, das Lust am Spielen hat. Du kannst mit dem in Berührung kommen, was Du im Alltag oft hinter Deiner angepassten Fassade versteckst. Es tut Dir gut, ungezwungen sein zu dürfen, nicht bewertet zu werden, sondern einfach das zu tun, wonach Dein Herz sich sehnt.

Vom Glück
der kleinen Dinge

Jeden Tag gibt es genügend Gelegenheiten, Dich am Glück der kleinen Dinge des Alltags zu freuen. Dir gelingt etwas, wenn Du im Keller bastelst. Oder Du hast im Haus etwas repariert und bist ganz stolz darauf, dass es Dir geglückt ist. Du räumst Dein Zimmer auf, weil Du das Gefühl hast, es steht alles zu voll, Du fühlst Dich nicht mehr wohl. Wenn Du einiges entsorgt und die Möbel umgestellt hast, so dass es sich jetzt in Deinem Zimmer viel weiter und freier anfühlt, dann freust Du Dich. Du schaust nicht auf die Mühe, die Dich die Arbeit gekostet hat. Du bist voller Freude, dass Du es angepackt hast und dass es Dir so gut gelungen ist. Du kennst auch das gegenteilige Gefühl: Du fühlst Dich nicht wohl. Du jammerst lieber. Du sagst Dir vor: Eigentlich müsste ich hier mal Ordnung schaffen. Aber Du hast ja so viel zu tun. So verschiebst Du es immer wieder. Dann lähmt Dich die Unlust. Wenn Du Dich aber

Jeden Tag gibt es genügend Gelegenheiten, Dich am Glück der kleinen Dinge des Alltags zu freuen.

entschließt, das Aufräumen anzupacken, dann freust Du Dich schon bei der Arbeit. Und nachher bist Du stolz auf Dich, auch wenn Du Dich müde fühlst. Aber es ist eine schöne Müdigkeit, eine, die mit Freude verbunden ist.

Du empfängst einen Brief von einer Freundin, die schon lange nicht mehr geschrieben hat. Du freust Dich über das Zeichen ihrer Zuwendung, ihres Interesses an Dir. Du öffnest voller Freude den Brief und liest ihn andächtig. Du fühlst Dich verbunden mit der Freundin. Und alle guten Erinnerungen an die gemeinsamen Erlebnisse steigen in Dir auf und Du setzt Dich voll Freude hin, um selbst einen Brief zu schreiben. Du freust Dich, wenn Du daran denkst, wie Dein Freund, Deine Freundin den Brief aufnehmen wird. Du hast Freude an Deinen eigenen Formulierungen, an den Worten, die Dir in die Feder fließen.

Du freust Dich, weil Dein Nachbar Dir gut gelaunt und freundlich begegnet. Du freust Dich beim Einkaufen. Du triffst auf eine Verkäuferin, die freundlich ist. Sie hat Charme. Und sie ist »gut drauf«. Sie bedient Dich nicht einfach wie jeden Kunden. Sie hat immer einen Spaß parat. Sie lässt sich auf Deine Wünsche ein. Sie bewertet Dich nicht. Sie lässt Dich sein, und sie freut sich an Dir, so wie Du bist. Wenn du aus dem Geschäft herausgehst, fühlst Du Dich besser. Du hast das Gefühl, mitten in der Arbeitswelt einem Menschen begegnet zu sein, einem Mann, der sich für Dich interessiert, einer Frau, die einfach durch ihre innere Fröhlichkeit Dich mit Freude erfüllt.

Du gehst – wenn Du noch berufstätig bist – zur Arbeit und freust Dich über das schöne Wetter. Du fährst mit dem Auto zur Arbeit und ärgerst Dich nicht über den Verkehr, der Dich aufhält. Du hast vielmehr eine CD mit schöner Musik eingelegt und freust Dich an der Musik. Dann schaust Du auch vergnügt auf die Menschen, die neben Dir an der Ampel warten. Du merkst, dass es an Dir selbst liegt, wie Du auf die Menschen reagierst. Du kannst genervt auf den Fahrer vor Dir schauen, der so langsam anfährt. Oder Du kannst mit der Musik Deiner CD mitpfeifen oder mitsingen oder summen. Dann macht Dir das Geschehen um Dich herum nichts aus. Du lässt Dich nicht aus Deiner Freude vertreiben. Du hast Dich entschlossen, heute alles mit den Augen der Freude anzuschauen. Und dann wird Dir alles in einem helleren und freundlicheren Licht erscheinen: die Autofahrer um Dich herum, die Ampel, die gerade vor Dir auf Rot geht, und der Stau, in den Du geraten bist. All das kann Deine gute Laune nicht vertreiben, weil Du Dich entschlossen hast, bei Dir zu bleiben, mit der Freude in Berührung zu sein, die auf dem Grund deiner Seele strömt.

Wenn Du in die Firma kommst, dann freust Du Dich, die Mitarbeiter zu begrüßen. Weil Du ihnen freundlich begegnest, werden sie Dich auch fröhlich anschauen und Deinen Gruß erwidern. Vielleicht ergibt sich ein schönes Gespräch oder zumindest ein kleiner Austausch, der Dich erheitert. Du gehst mit guter Laune an Deinen Schreibtisch. Selbst der Anruf eines schwierigen Kunden kann Dich nicht aus Deiner guten Laune vertreiben. Du reagierst fröhlich, und auf einmal wird der Kunde auch ganz freundlich. Manches Missverständnis zwischen Euch löst sich auf Und Ihr könnt beide darüber lachen.

Wenn Du mit dieser fröhlichen Stimmung in die Arbeit gehst, wird es während des Tages viele Gelegenheiten geben, über die Du Dich freuen kannst: gelungene Anrufe, die Arbeit, die von der Hand geht, Probleme, die sich gelöst haben oder sich lösen lassen, Sitzungen, die etwas voranbringen, das Lob des Chefs oder auch das Lob, das Du Deinem Mitarbeiter gibst und über das er sich freut. Seine Freude verstärkt Deine eigene Fröhlichkeit.

Wenn Du mit dieser fröhlichen Stimmung in die Arbeit gehst, wird es während des Tages viele Gelegenheiten geben, über die Du Dich freuen kannst: gelungene Anrufe, die Arbeit, die von der Hand geht, Probleme, die sich gelöst haben oder sich lösen lassen, Sitzungen, die etwas voranbringen, das Lob des Chefs oder auch das Lob, das Du Deinem Mitarbeiter gibst und über das er sich freut.

Irgendwann am Tagesende freust Du Dich nach dem langen Tag auf das Bett, auf dem Du Dich ausstreckst. Du lässt Dich von Gottes guten Händen tragen. Du kuschelst Dich in Dein Bett und fühlst Dich geborgen. Und Du blickst dankbar und fröhlich zurück auf den Tag. Du nimmst die Freude mit in die Nacht.

Wenn Du mit dieser Freude und Dankbarkeit einschläfst, dann wirst Du auch mit guten Gefühlen aufwachen.

Blätter fallen –
Abschiede
beginnen leise

Loslassen kann sehr schwer
und sehr schön sein

Lass es
still geschehen

Hermann Hesse hat verstanden, dass es zur Natur des Menschen gehört, im Alter loszulassen. Er sieht den älteren Menschen wie ein welkes Blatt, das nach Hause weht.

Jede Blüte will zur Frucht,
Jeder Morgen Abend werden,
Ewiges ist nicht auf Erden
Als der Wandel, als die Flucht.

Auch der schönste Sommer will
Einmal Herbst und Welke spüren.
Halte, Blatt, geduldig still,
Wenn der Wind dich will entführen.

Spiel dein Spiel und wehr dich nicht,
Lass es still geschehen.
Lass vom Winde, der dich bricht,
Dich nach Hause wehen.

Wer in das Loslassen einwilligt, erfährt eine neue Leichtigkeit. Er fühlt sich wie ein Blatt, das vom Wind nach Hause getragen wird. An anderer Stelle bezeichnet Hermann Hesse das Loslassen als Sichweggeben oder auch als Sichopfern: »Das Bedürfnis der Jugend ist: sich selbst ernst nehmen zu können. Das Bedürfnis des Alters ist: sich selber opfern zu können, weil über ihm etwas steht, was es ernst nimmt ... Aufgabe, Sehnsucht und Pflicht der Jugend ist das Werden, Aufgabe des reifen Menschen ist das Sichweggeben oder, wie die deutschen Mystiker es einst nannten, das ›Entwerden‹.«

Die deutsche Mystik hat das »Entwerden« als spirituelle Aufgabe erkannt. Das Loslassen geschieht für sie nicht aus Resignation, sondern aus der Sehnsucht heraus, mit Gott eins zu werden. Das eigene Ego loszulassen ist die Voraussetzung, mit dem Grund des Seins und letztlich mit Gott eins zu werden.

Wer in das Loslassen einwilligt, erfährt eine neue Leichtigkeit. Er fühlt sich wie ein Blatt, das vom Wind nach Hause getragen wird.

Resignation?
– schade

In der geistlichen Begleitung treffe ich auf Menschen, die mit 70 Jahren noch quicklebendig sind und voller Ideen, was sie aus ihrem Leben machen. Aber ich begegne auch Männern und Frauen, die mit 55 Jahren einen müden Eindruck machen. Sie vermitteln mir das Gefühl, dass ich einem alten Mann und einer alten Frau gegenübersitze, von denen nichts mehr zu erwarten ist. Sie wirken abgeschafft und verbraucht. Doch wenn ich nach ihrer Lebensgeschichte frage, dann sind sie nicht verbraucht, weil sie zu viel gearbeitet haben, sondern weil sie müde geworden sind, weil sie keine Leidenschaft mehr haben, weil sie resigniert sind. Alles, was sie gemacht haben, haben sie nicht mit Leidenschaft getan, sondern weil es halt so dran war. Sie haben es mitgemacht, aber sie waren nicht voll dabei. Im Grunde haben sie sich eher geschont und sind doch jetzt müde, so dass man von ihnen nichts mehr erwarten kann.

Wenn ich mich nach den Ursachen dieser Müdigkeit frage, dann stoße ich oft auf das Fehlen

Wenn ich mich nach den Ursachen dieser Müdigkeit frage, dann stoße ich oft auf das Fehlen von Leidenschaft und auf die Weigerung, sich für etwas begeistern zu können.

von Leidenschaft und auf die Weigerung, sich für etwas begeistern zu können. Ich muss dann immer an das Jesuswort denken: »Wer sein Leben retten will, wird es verlieren; wer aber sein Leben um meinetwillen und um des Evangeliums willen verliert, wird es retten« (Markus 8,35).

Wer sein Leben, seine Energie, seine Seele bewahren will, damit sie ja nicht überfordert werden, der verliert seine Lebendigkeit und seine Kraft. Ja, er verliert auch – so steht es im griechischen Text – seine »psyche«, seine Seele. Er kommt nicht in Berührung mit seiner Seele. Vor lauter Bewahren und Sich-selbst-retten-Wollen verliert er sich selbst und lebt an sich selbst vorbei. Nur wer sich hingibt, wer sich beispielsweise einlässt auf das Werk Jesu, auf die Verkündigung seines Evangeliums – oder allgemeiner ausgedrückt: auf ein Projekt, für das er sich begeistert –, der gewinnt sich selbst. Er kommt in Berührung mit seiner Seele und mit der Energie, die in ihr steckt.

Loslassen
einüben

Immer wenn ein Mensch stirbt, mit dem wir viele Erfahrungen geteilt haben, mit dem wir Freud und Leid gemeinsam erlebt haben, nimmt er einen Teil von uns mit zu Gott. Je mehr Menschen aus unserem Umfeld sterben, desto mehr von uns selbst haben sie schon über die Schwelle mitgenommen.

Das Älterwerden fordert uns heraus, das Loslassen einzuüben. Unser ganzes Leben ist ein ständiges Loslassen. Wir können schon nicht an unserer Kindheit oder an unserer Jugend festhalten. Um zu wachsen und neu zu werden, müssen wir beständig Altes loslassen.

Später wird dieses Loslassen immer deutlicher und oft genug auch schmerzlicher. Wir müssen unseren Beruf loslassen und können uns nicht mehr nur von ihm her definieren. Es bleibt uns letztlich auch nichts anderes übrig, als unsere Kraft loszulassen: Wir können nicht mehr so viel und so schnell gehen, arbeiten, wirken. Menschen, mit denen wir gelebt haben und von denen wir uns angenommen fühlten, gehen von uns. Das Loslassen wird im Alter nur dann gelingen, wenn wir es schon in der Jugend und als Erwachsene eingeübt haben. […]

Der älter werdende Mensch muss immer mehr loslassen. Das ist ein schmerzlicher Prozess. Ich habe es bei meiner Mutter erlebt, die die letzten 20 Jahre ihres Lebens nur noch drei Prozent Sehkraft hatte. Sie ist immer gerne auf Menschen zugegangen und mit ihnen ins Gespräch gekommen. Jetzt konnte sie die anderen kaum mehr erkennen. Sie musste warten, bis sie angesprochen wurde. Dann aber kam schnell ein Gespräch zustande. Als sie sich ein Jahr vor ihrem Tod den Oberschenkelhals brach, musste sie ihren vertrauten Seniorenkreis loslassen. Sie konnte nicht mehr in den Gottesdienst gehen, den sie sonst täglich besucht hatte. Sie musste viele vertraute Menschen loslassen, die ihr im Tod vorangegangen waren. Sie registrierte sehr bewusst, wer nun wieder aus ihrem Bekanntenkreis gestorben war, und sprach darüber.

Immer wenn ein Mensch stirbt, mit dem wir viele Erfahrungen geteilt haben, mit dem wir Freud und Leid gemeinsam erlebt haben, nimmt er einen Teil von uns mit zu Gott. Je mehr Menschen aus unserem Umfeld sterben, desto mehr von uns selbst haben sie schon über die Schwelle mitgenommen. Ältere Menschen haben oft den Eindruck, dass ein großer Teil von ihnen selbst schon jenseits der Schwelle ist. Manches, worüber sich andere aufregen, wird ihnen unwichtig, weil sie mit ihrem Sein schon in die andere Welt hineinreichen. So geht ihr Blick immer mehr nach innen.

Meine Mutter erlebte das Loslassen als schmerzlichen Prozess. Doch am Ende des Loslassens hatte sie einen tiefen inneren Frieden und eine große Gelassenheit. Sie musste nicht nur Menschen loslassen. Auch ihren Rhythmus und ihre Rituale, die sie immer treu durchgehalten hatte, musste sie aufgeben. Einmal sagte sie zu mir: »Ich kann nicht mehr beten.« Früher betete sie jeden Tag zwei Rosenkränze für die Kinder und Enkelkinder. Das ging einfach nicht mehr. Sie konnte sich nicht mehr auf die Gebetsworte konzentrieren. So blieb ihr nichts anderes übrig, als auch das Beten loszulassen. Sie meinte: »Vielleicht genügt es Gott, einfach Ja zu sagen. Es ist gut so, wie es ist. Mehr kann ich nicht.« Ihr Beten wurde immer einfacher. Aber gerade in diesen einfachen Worten erkannte sie, was das Wesen jedes Gebetes letztlich ist – die Hingabe des eigenen Lebens an Gott: »Dein Wille geschehe!«

Meine Mutter erlebte das Loslassen als schmerzlichen Prozess. Doch am Ende des Loslassens hatte sie einen tiefen inneren Frieden und eine große Gelassenheit. Sie musste nicht nur Menschen loslassen. Auch ihren Rhythmus und ihre Rituale, die sie immer treu durchgehalten hatte, musste sie aufgeben.

Wer nur um seine Gesundheit kreist, vermag sich nicht mehr am Leben zu freuen. Er kann beispielsweise das Essen nicht genießen, weil er ständig Angst hat, es könne ihm schaden. Und er spürt doch in seiner Seele, dass er die Gesundheit nicht festzuhalten vermag.

Loslassen
der Gesundheit

Wer bin ich eigentlich? Definiere ich mich von meiner Gesundheit her? Oder was macht meinen Wert im Tiefsten aus?

Viele Menschen sehen ihre Gesundheit gleichsam als Besitz an. Sie möchten an ihrer Gesundheit festhalten, solange es geht. Natürlich ist es gut, gesund zu leben und für seine Gesundheit zu sorgen. Doch manche halten krampfhaft an ihrer Gesundheit fest. Das führt oft zur Hypochondrie, zur krankhaften Angst, krank zu werden.

Man kreist nur noch um die eigene Gesundheit: »Ängstlich werden alle Symptome des Alters registriert, überall vermeint man Anzeichen einer sich anbahnenden möglichen Erkrankung wahrzunehmen; die dauernde Selbstbeobachtung lässt einen das Gras wachsen hören; völlig normale Reaktionen werden verdächtig, der Puls, die Farbe des Stuhls, der Appetit werden dauernd kontrolliert, und man merkt die Paradoxie gar nicht, dass man sich durch die vermeintlich kluge Lebensweise das meiste von dem verscherzt, was einem noch Freude machen könnte« (Fritz Riemann, Die Kunst des Alterns. Stuttgart 1981).

Wer nur um seine Gesundheit kreist, vermag sich nicht mehr am Leben zu freuen. Er kann beispielsweise das Essen nicht genießen, weil er ständig Angst hat, es könne ihm schaden. Und er spürt doch in seiner Seele, dass er die Gesundheit nicht festzuhalten vermag. So wird sein Festhalten zu einem krampfhaften Bemühen, das ihn nur mit Angst statt mit Freude erfüllt.

Für manche ältere Menschen ist der Arztbesuch auch die einzige Möglichkeit, unter Leute zu kommen. Und manchmal ist der Arzt der Einzige, der ihnen noch zuhört. Viele ältere Menschen erfahren es als sehr wohltuend, wenn sie mit anderen zusammenkommen und mal nicht über ihre Krankheiten reden, sondern über interessante Themen diskutieren: über Politik, über Kunst, über philosophische und religiöse Fragen ... Für solche Fragen wird man jedoch nur offen, wenn man von sich und seiner Gesundheit lassen kann.

Wir sollen für unsere Gesundheit sorgen – aber mit Maß. Und auch wenn wir noch so viel für unsere Gesundheit getan haben, werden wir irgendwann älter und schwächer und krank. Dann ist es wichtig, die Gesundheit loszulassen. Die Gesundheit wird heute von vielen als das höchste Gut gesehen. Sie wird manchmal zur Ersatzreligion. Doch da diese Ersatzreligion etwas Begrenztes zum Gott erhebt, wird sie hart und unbarmherzig. Sie knechtet letztlich den, der sich auf sie einlässt.

Im Alter geht es darum, in tiefere Dimensionen unseres Menschseins vorzustoßen. Das gelingt nur, wenn ich die Gesundheit loslasse und mich frage: Wer bin ich eigentlich? Definiere ich mich von meiner Gesundheit her? Oder was macht meinen Wert im Tiefsten aus? Wenn meine Kräfte nachlassen, kann ich aufgebrochen werden für das wahre und ursprüngliche Bild, das Gott sich von mir gemacht hat. Nur wenn Gott der eigentliche Inhalt und das letzte Ziel meines Lebens ist, werde ich im Alter gelassen und froh leben. Wer seine Gesundheit anbetet, der wird ständig von Ängsten heimgesucht, dass die Gesundheit ihm doch entschwinden könnte.

Wir sollen für unsere Gesundheit sorgen – aber mit Maß. Und auch wenn wir noch so viel für unsere Gesundheit getan haben, werden wir irgendwann älter und schwächer und krank. Dann ist es wichtig, die Gesundheit loszulassen.

Mit zunehmendem Älterwerden wird von uns verlangt, dass wir uns nicht nur von den Beziehungen her definieren, sondern aus uns selbst heraus leben. Nur wer auch alleine zu leben vermag, kann den Partner als Geschenk erleben und genießen.

Loslassen
der Beziehungen

Mit zunehmendem Älterwerden werden die Beziehungen weniger. Menschen, mit denen wir vertraut waren, sterben vor uns und lassen uns einsam zurück. Unsere Kinder können sich nicht so um uns kümmern, wie wir das vielleicht erhofft haben. Im Alter haben viele Angst, ihr Ehepartner könnte vor ihnen sterben. Dann würde für sie eine Welt zusammenbrechen und das Leben wäre nicht mehr lebenswert.

Natürlich ist der Verlust eines lieben Menschen, mit dem wir jahrelang zusammengelebt und den wir geliebt haben, schmerzlich. Aber im Alter wird von uns verlangt, dass wir uns nicht nur von den Beziehungen her definieren, sondern aus uns selbst heraus leben. Nur wer auch alleine zu leben vermag, kann den Partner als Geschenk erleben und genießen. Wenn ich mich damit auseinandersetze,

dass der Partner vor mir sterben kann, dann werde ich vor die Frage gestellt, wer ich selbst bin und wie ich mein Leben verstehe. Vielleicht erkenne ich dann, dass ich noch nie selbst gelebt, sondern mich krampfhaft am Partner festgehalten und von ihm her definiert habe.

Fritz Riemann spricht von Menschen, die sich nur aus der Beziehung heraus verstehen: »Das hat immer mit einem in gewissen Grenzen Kindlich-geblieben-Sein zu tun; man lebt nur in Bezug und in Antwort auf den anderen, ohne Eigenleben, so dass mit seinem Wegfall sozusagen die Welt untergeht, man niemanden mehr hat, auf den man sich einstellen, nach dem man sich richten, dessen Forderungen man erfüllen kann, woraus das Leben bisher fast ausschließlich bestanden hatte« (Riemann, Die Kunst des Alterns. Stuttgart 1981).

Solche Menschen leben nicht selbst, sondern gehen im Leben der anderen auf. Für sie ist das kein Verzicht auf das Eigene. Denn sie haben das Eigene noch nie gespürt oder gar gelebt. Die Auseinandersetzung mit dem Tod des geliebten Partners fordert gerade solche Menschen heraus, ihr Eigenes zu entdecken und selbst zu leben.

Ehepaare müssen sich mit dem Gedanken auseinandersetzen, dass sie nicht gleichzeitig sterben werden, sondern dass einer den anderen überlebt. Und in dieser neuen Situation muss er dann auch leben können. Manche klammern sich so am anderen fest, dass sie auch nach dem Verlust noch nicht fähig sind, ihn loszulassen. Das Loslassen tut weh. Und es braucht eine lange Trauerphase, bis man den anderen wirklich loslassen kann und eine neue innere Beziehung zu ihm gefunden hat.

Manche durchschreiten die Trauer nicht, sondern treiben einen »Totenkult«. Sie lassen alles beim Alten – so als ob der Partner noch weiter am Leben sei. Andere, die ihren Partner verloren haben, suchen sich sofort wieder einen Ersatzpartner: »Sie brauchen ihn um ihrer selbst willen, meinen den anderen gar nicht wirklich, sondern nur die Funktion, die er in ihrem Leben hat. Der Partner ist fast austauschbar, wenn er nur die Möglichkeit gibt, wieder die alte Rolle zu leben, und die Notwendigkeit erspart, ein eigenständiges Individuum zu werden« (Riemann).

Doch diese Reaktionen – so verständlich sie auch sein mögen – führen nicht weiter. Im Alter müssen wir auch lernen, allein zu sein. Den Partner loszulassen stürzt mich zunächst in eine große Einsamkeit. Doch diese Einsamkeit muss ich aushalten, um mich selbst zu spüren und das eigene Leben zu entdecken.

Erst wenn ich diese Aufgabe bewältigt habe, kann ich mich nach einem neuen Partner umsehen. Wenn ich dies zu früh tue, verdecke ich nur meine Einsamkeit und werde den neuen Partner damit überfordern, der dann nur das Loch meiner Einsamkeit »zustopfen« soll. Damit das Trauern gelingt, muss ich verschiedene Phasen durchschreiten. Die erste Phase der Trauer besteht im Abschiednehmen. Ich muss den Partner innerlich verabschieden und loslassen. Ich werde ihn niemals mehr umarmen und küssen, ich kann ihn nicht mehr berühren und mit ihm sprechen. Der zweite Schritt des Trauerns ist häufig von Rebellion geprägt: Ich will den Verlust nicht wahrhaben. Aber durch diese Widerstände muss ich hindurch und den Schmerz zulassen, den der Verlust mit sich bringt. Erst durch den Schmerz hindurch, der mich manchmal auch ins Chaos stürzen kann, komme ich zum dritten Schritt: zum Frieden mit mir selbst und zum Entdecken neuer Möglichkeiten in meiner eigenen Seele.

Wenn ich den anderen losgelassen habe, wird auch eine neue Beziehung zu ihm möglich. Ich werde den Verstorbenen nicht mehr festhalten. Weil ich ihn losgelassen habe, kann er mir zum inneren Begleiter werden, der mich in Berührung bringt mit all dem, was an Fähigkeiten und Begabungen in mir verborgen ist und was leben möchte.

Den Partner loszulassen stürzt mich zunächst in eine große Einsamkeit. Doch diese Einsamkeit muss ich aushalten, um mich selbst zu spüren und das eigene Leben zu entdecken. Erst wenn ich diese Aufgabe bewältigt habe, kann ich mich nach einem neuen Partner umsehen.

Viele ältere Menschen wollen durchaus die Macht loslassen. Doch wenn es konkret wird, spüren sie, dass es nicht so leichtfällt.

Loslassen
der Macht

Älteren Menschen fällt es oft schwer, ihre Macht und ihren Einfluss loszulassen. Wir erleben das manchmal bei Politikern, die Angst haben abzutreten. Sie beziehen ihren Selbstwert allein aus ihrer Macht. In Familienunternehmen erleben wir häufig, dass der Vater seine Firma dem Sohn nicht überlassen kann. Er führt die Geschäfte so lange, bis er nicht mehr kann. Selbst wenn der Sohn schon als Nachfolger eingesetzt ist, lässt der Vater manchmal den Sohn immer noch nicht schalten und walten, wie dieser möchte. So entstehen zahllose Konflikte.

Wer seine Machtposition nicht loslassen kann, der versucht, das Nachlassen seiner Kräfte mit gesteigerten Anstrengungen wettzumachen. Er möchte »den Jungen« beweisen, dass er noch alles im Griff hat. Doch »das vergrößert sowohl die seelische Belastung als auch die Gefahr zu versagen, weil dann gar nicht mehr die Sache selbst im Vordergrund steht, sondern zunehmend die Verteidigung seiner Position, das Nicht-versagen-Dürfen, was wiederum zu einer neuen Fehlerquelle werden kann, weil man vieles nicht mehr richtig einschätzt. Diese zusätzliche seelische Belastung führt dann oft zu Erkrankungen des Herzens oder begünstigt sie zumindest« (Fritz Riemann).

Im Kopf kann man sich das Loslassen gut ausdenken und vorstellen. Aber sobald man nicht mehr gefragt und informiert wird, erlebt man, wie schwer es fällt, wirklich zurückzutreten.

Je mehr der ältere Mensch an seiner Macht festhält, desto mehr Feinde schafft er sich. Die Jüngeren rebellieren gegen ihn. Und so steuert er oft auf eine Katastrophe zu: Statt seine Macht aus freien Stücken und mit großem Vertrauen in jüngere Hände zu legen, wird sie ihm gewaltsam entrissen – entweder durch den Tod oder aber durch die Rebellion der Jungen. Wenn Alte aus dem Amt getrieben werden, ist oft kein ehrenvoller Abschied mehr möglich.

Macht abzugeben bedeutet nicht, abgeschrieben zu sein. Vielmehr ist oft gerade durch den Verzicht auf die Machtposition eine erfüllende Neuorientierung möglich. Mein Vater hatte mit 26 Jahren eine Elektro-Großhandlung gegründet. Zwei seiner Söhne und eine Tochter arbeiteten später in diesem Betrieb. Mein Vater leitete zwar den Betrieb bis zuletzt, doch überließ er später das eigentliche Geschäft den beiden Söhnen. Er war jeden Tag im Büro. Ein älterer Mann kam täglich, um irgendetwas zu kaufen: eine Glühbirne oder eine Batterie oder eine Schallplatte. Er kam, um einfach mit meinem Vater zu sprechen. Offensichtlich hat mein Vater so eine Ruhe ausgestrahlt, dass gerade ältere Menschen gerne ins Büro kamen – nicht nur um etwas zu kaufen, sondern um einfach Annahme zu erfahren. Mein Vater hing nicht an Macht und Geld. Das alles war ihm gar nicht so wichtig. Doch gerade mit seiner gutmütigen und verständnisvollen Art war er für viele ein Ansprechpartner. Und das zahlte sich letztlich sogar für die Firma aus. Er vermittelte jedem, der ins Geschäft kam, dass er wichtig ist und dass er, so wie er ist, kommen darf und ernst genommen wird.

Macht abzugeben bedeutet nicht, abgeschrieben zu sein. Vielmehr ist oft gerade durch den Verzicht auf die Machtposition eine erfüllende Neuorientierung möglich.

Viele ältere Menschen wollen durchaus die Macht loslassen. Doch wenn es konkret wird, spüren sie, dass es nicht so leichtfällt. Ein Mann hatte mit 60 Jahren seinem Sohn bewusst die Firma übertragen. Er wollte ins zweite Glied zurücktreten und hatte dem Sohn die volle Verantwortung anvertraut. Doch als die Leute an seinem Büro vorbeigingen und in das Büro des Sohnes traten, um mit diesem die wichtigen Dinge zu besprechen, da spürte er, wie weh ihm das tat. Obwohl er bewusst loslassen wollte, musste er schmerzlich erleben, dass dies nicht so einfach ist. Im Kopf kann man sich das Loslassen gut ausdenken und vorstellen. Aber sobald man nicht mehr gefragt und informiert wird, erlebt man, wie schwer es fällt, wirklich zurückzutreten. Der Mann stand zu seinem Entschluss. Er hat den Schmerz bewusst weiterhin auf sich genommen. Und schon nach kurzer Zeit hat er sich gewandelt. Er konnte aus tiefstem Herzen zurücktreten und die Freiheit genießen, die ihm das Loslassen geschenkt hat.

Es geht nicht darum, die Sexualität zu verdrängen, wohl aber darum, ihre Wandlung wahrzunehmen.

Loslassen
der Sexualität

Viele ältere Menschen erleben die Erotik und Sexualität auch noch im Alter als leidenschaftlich und beglückend. Wir müssen uns von der Idee verabschieden, dass die Sexualität im Alter abstirbt. Es ist schön zu beobachten, wie zärtlich manche alte Ehepaare miteinander umgehen.

Manchmal wundern sich ältere Menschen, dass sie sich von neuem verlieben. Sie trauen sich manchmal gar nicht, darüber zu sprechen. Aber Eros und Sexualität sind auch im Alter wichtige Quellen der Lebensfreude. Die Verdrängung und Verdächtigung der Sexualität in manchen kirchlichen Kreisen hat vielen die Freude am Eros genommmen. So wäre es wichtig, über Eros und Sexualität im Alter neu nachzudenken.

Es gibt sehr verschiedene Weisen, wie alte Menschen ihre Sexualität erleben. Da gibt es keine Norm. Aber im Alter zeigt es sich besonders deutlich, wie ich mit der Sexualität umgehe. Es gibt alte Menschen, die auf ihre Sexualität fixiert sind und zugleich spüren, dass sie nicht mehr die gleiche Lustquelle wie früher ist. Dann ziehen sie sich auf »prägevitale Formen der Triebbefriedigung« (F. Riemann) zurück. Sie richten das ganze Interesse auf die Nahrungsaufnahme: »Was und wie man ge-

gessen hat, was einem bekommt und was nicht, ist Hauptgesprächsthema, und nicht selten wird eine Altersgier und Gefräßigkeit entwickelt, als ob man Angst hätte, zu kurz zu kommen, oder als sei Essen das einzig noch Wichtige« (Riemann).

Eine andere Verlagerung der Sexualität ist das lüsterne »Beobachtenwollen von sexuellen Vorgängen, Schau- und Zeigelust«: »Der lüsterne alte Mann ist häufig in Darstellungen der Susanna im Bade zu finden. Der oder die bösen Alten, die ›giftig‹ quengelnd, nörgelnd und unzufrieden ihre Umwelt quälen, sind aus dem Alltag bekannt genug. Bei ihnen kommt es zur Betonung aggressiv-destruktiver Züge.

Meist besteht bei ihnen ein Ressentiment, ein Lebensneid allen Jüngeren gegenüber, und man hat oft den Eindruck, dass alle noch verfügbare Lebensenergie sich bei ihnen in Hass und Bosheit ausdrückt« (Riemann).

Gegenüber diesen Fehlformen im Umgang mit der Sexualität geht es im Alter darum, das Wesentliche der Sexualität neu zu entdecken. Die Liebe wird dann oft weniger rauschhaft, aber dafür umso zärtlicher. Bei vielen alten Menschen spürt man,

Die Liebe wird dann oft weniger rauschhaft, aber dafür umso zärtlicher. Bei vielen alten Menschen spürt man, dass die Sexualität in ihre Lebensphase integriert ist.

dass die Sexualität in ihre Lebensphase integriert ist. Dieses Ernstnehmen der eigenen Körperlichkeit drückt sich auch in einer gesunden Körperpflege aus. Manche Alte, die die Sexualität abgeschrieben haben, vernachlässigen sich auch in der Pflege. Sie verwahrlosen. Verwahrlosung ist immer ein Zeichen einer ungesunden Beziehung zur Sexualität.

Es geht nicht darum, die Sexualität zu verdrängen, wohl aber darum, ihre Wandlung wahrzunehmen. Männer, die darunter leiden, dass sie nicht mehr die Potenz ihrer Jugend haben, müssen sich mit Pillen stärken – oder aber sie flüchten sich in sexuelle Phantasien, um sich zu beweisen, dass sie noch potent sind.

Zum reifen Umgang mit der Sexualität im Alter gehört, ein Stück weit das Triebhafte loszulassen und zum Wesen der Sexualität vorzudringen: zu einer Liebe, die voller Lust und Freude, aber auch voller Zärtlichkeit, Vertrautheit und Intimität ist. Wenn diese Haltung gelingt, können sowohl das Einander-sexuelle-Erfüllung-Schenken im Akt wie auch andere Formen des zärtlichen Umgangs miteinander eine neue Tiefe erreichen.

Ältere
Menschen begleiten

Manche ältere Menschen fühlen sich in Altenheime abgeschoben. Aber heute versuchen Altenheime durchaus, neue Wege zu gehen. Sie bilden Wohngruppen für die Bewohner und vermitteln ihnen das Gefühl, eine Gemeinschaft, eine »Familie« zu sein. Sie regen die Bewohner an, womöglich wie in einer Familie alle Dienste selbst zu übernehmen, wie das Kochen, das Reinigen und das Schmücken der Räume. Die Pflegekräfte unterstützen die älteren Menschen, geben ihnen aber das Gefühl, dass sie selbst ihr Leben gestalten können.

Feste Rituale strukturieren das Leben auch im Heim. Das gibt den älteren Menschen Heimat. Hier wäre sicher eine wichtige Aufgabe, den älteren Menschen, die keine Familie haben, in der sie leben können, im Alter eine gute Lebensqualität zu vermitteln

Es geht nicht nur darum, zu älteren Menschen freundlich zu sein. Wir können für sie nur dann gut da sein, wenn wir uns mit dem eigenen Älterwerden auseinandersetzen und es annehmen.

und ihnen ein neues Miteinander und ein Familienbewusstsein zu ermöglichen.

Gemeinsam alt werden bezieht sich jedoch auch auf das Miteinander von Alt und Jung. In der Großfamilie hatten die älteren Leute ihren Platz. In der Landwirtschaft war das am klarsten. Der Großvater war nicht nur für die Enkelkinder da, sondern arbeitete noch am Hof mit, so gut er konnte. Später konnte er noch kleine Dienste verrichten. Die Großmutter versorgte noch den Haushalt, damit die Frau für die Arbeit am Feld oder im Stall frei war. Die Alten konnten so lange arbeiten, wie es ihnen ihre Kräfte erlaubten. Das hielt sie lebendig und gab ihnen das Gefühl, noch gebraucht zu werden. Natürlich gab es auch Probleme, wenn die Alten noch an der Macht festhielten und alles selbst bestimmen wollten. Es war immer auch eine spirituelle

Herausforderung für die Älteren, noch mitzuarbeiten, ohne mitbestimmen zu wollen. Sie waren mit ihrem Rat zur Hilfe, wenn sie gefragt wurden. Aber sie überließen es den Jungen, den Hof nun nach ihren eigenen Ideen zu führen. Das Leben in der Landwirtschaft war nicht nur eine Lebens-, sondern auch eine Arbeitsgemeinschaft. Das hielt die Familien zusammen und erleichterte es den älteren Menschen, in guter Weise alt zu werden.

Diese Struktur ist heute nur selten noch anzutreffen. Die Großeltern leben meist in einer eigenen Wohnung. Und erst wenn sie pflegebedürftig werden, steht die Familie vor der Frage, sie in ihre Wohngemeinschaft aufzunehmen oder sie in einem Altenheim unterzubringen. Viele Frauen leisten hier Großes, wenn sie nicht nur ihre eigenen Eltern, sondern auch die Schwiegereltern pflegen. Doch manchmal überfordern sie sich auch. Und es ist immer eine schwierige Frage, wie viel sie da an Pflege leisten können und wo sie sich Hilfe durch Pflegedienste holen sollen oder wann der Zeitpunkt gekommen ist, die Großeltern ins Pflegeheim zu geben, da eine häusliche Pflege alle Beteiligten überfordern würde.

Ganz gleich, ob die Familien die älteren Menschen bei sich aufnehmen, ob sie noch selbstständig leben oder aber im Altenheim wohnen, das Altwerden ist nie nur Aufgabe für die Älteren, sondern für uns alle. Wir beobachten, wie die Großeltern älter und schwächer werden. Das ist immer auch eine Herausforderung, uns dem eigenen Älterwerden zu stellen. Denn was wir an ihnen sehen, wird uns ja auch selbst treffen. Und so sehen wir in ihnen das eigene Älterwerden. Wir werden vor die Frage gestellt, ob wir unser Älterwerden verdrängen oder in einer guten Weise annehmen.

Der Maler Oskar Kokoschka berichtet uns, wie er Rembrandts letztes Selbstporträt betrachtete: »So abstoßend und gebrochen, so entsetzlich und hoffnungslos – und so wunderbar gemalt. Und ganz plötzlich ging mir auf: sein eigenes vergehendes Ich im Spiegel betrachten zu können – nichts zu sehen – und sich als das néant, das Nichts des Menschen zu malen! Welch ein Wunder, welch ein Bild! Darin fand ich Mut und neue Jugend« (zit. in: Nouwen, Zeit, die uns geschenkt ist. Freiburg i. Br. 1983). Das Bild des alten Rembrandt war für Oskar Kokoschka eine Quelle der Selbsterkenntnis, aber zugleich auch eine Quelle neuer Hoffnung und neuer Jugend. So können uns ältere Menschen, die uns offen und ehrlich ihr Selbstbild zeigen, neues Leben schenken. Henri Nouwen selbst war fasziniert von den Bildern Rembrandts.

Er schreibt von diesen Selbstbildnissen: »Rembrandt fühlte, dass er in sein eigenes Selbst einkehren musste, in dessen dunkle Gewölbe, aber auch in die hellen Räume, wenn er wirklich zum Geheimnis der menschlichen Innerlichkeit vordringen wollte. Rembrandt erkannte, dass das Persönlichste auch gleichzeitig das Universalste ist. Mit zunehmendem Alter gelang es ihm immer mehr, den Kern menschlicher Erfahrung zu treffen, in dem der Einzelne in seinem Elend sich erkennen und den ›Mut zu neuer Jugend‹ finden kann.«

In den Selbstbildern Rembrandts erkennen wir uns selbst und sehen darin eine Einladung, uns

Rembrandt fühlte, dass er in sein eigenes Selbst einkehren musste, in dessen dunkle Gewölbe, aber auch in die hellen Räume, wenn er wirklich zum Geheimnis der menschlichen Innerlichkeit vordringen wollte.

mit dem eigenen Älter- und Schwächerwerden auszusöhnen. Wenn wir gemeinsam mit älteren Menschen leben und sie bei ihrem Älterwerden begleiten wollen, müssen wir zunächst mit unserem eigenen alternden Ich in Berührung kommen. Es geht also nicht nur darum, zu älteren Menschen freundlich zu sein. Wir können für sie nur dann gut da sein, wenn wir uns mit dem eigenen Altern auseinandersetzen und es annehmen.

»Wie können wir ihre Schmerzensgeschichten anhören, wenn sie in uns Wunden aufreißen, die wir zu verbergen versuchen? Wie können wir Kameradschaft anbieten, wenn unser eigenes alterndes Selbst nicht im selben Zimmer zu verweilen vermag, und wie können wir sanft die leichtverletzlichen Stellen im Leben älterer Menschen anrühren, wenn wir unser eigenes verletzbares Selbst mit Furcht und Blindheit gepanzert haben?« (Nouwen).

Bei Vorträgen werde ich immer wieder gefragt, wie man älteren Menschen helfen könne, die keinen Lebenswillen mehr haben, die verbittert sind, die sich ständig beklagen, dass sie zu kurz gekommen sind, dass Gott sie alleingelassen hat. Es gibt da keine Patentrezepte. Die erste Aufgabe ist es, sich erst einmal anzuhören, was der ältere Mensch uns erzählt, ohne es zu bewerten. Statt dem anderen zu vermitteln, dass wir diese Geschichten schon so oft gehört haben, sollten wir ihm unser Interesse zeigen. Ich kann nachfragen: Wie haben Sie sich da gefühlt? Wie haben Sie diesen Schmerz ausgehalten? Wenn der andere spürt, dass er ernst genommen wird, verwandeln sich seine Schmerzen und er wird irgendwann nicht mehr klagen. Oder ich kann nachfragen, wie er das oder jenes versteht oder sich erklärt. Das lädt ihn ein, selbst nachzudenken und über sein Leben zu reflektieren.

Die erste Aufgabe ist es, sich erst einmal anzuhören, was der ältere Mensch uns erzählt, ohne es zu bewerten. Statt dem anderen zu vermitteln, dass wir diese Geschichten schon so oft gehört haben, sollten wir ihm unser Interesse zeigen.

Abschied
nehmen

Abschiednehmen gehört zu jedem Leben. In besonderer Weise jedoch müssen Menschen Abschied nehmen, die ihre Gemeinschaft oder Ehe verlassen, die ihren Beruf verlieren oder aufgrund von Krankheit, Sucht oder anderen Umständen das Bild von sich und ihrem Leben loslassen müssen, aus dem sie bisher gelebt hatten. Vor Jahren hat sich ein Therapeutenkongress mit dem Thema »Abschiedlich leben« befasst. Tobias Brocher beschrieb dort geglückte und missglückte Abschiedserfahrungen, und Verena Kast entwickelte vier Phasen, die jeden Abschied prägen. Bei jedem Abschied geht es um ein Abbrechen des Alten und ein Aufbrechen von etwas Neuem: »Das Aufbrechen von neuen Lebensmöglichkeiten erfüllt uns mit Hoffnung und Freude, mit Euphorie, das Abbrechen von Vertrautem erfüllt uns mit Angst und Trauer.« Jeder Aufbruch leitet eine schmerzhafte Wandlung ein. Es gibt keinen neuen Anfang ohne Verwandlung. Und oft genug wehren wir uns gegen die Verwandlung, die ansteht.

Die erste Phase des Abschiedsprozesses ist die des Nicht-wahrhaben-Wollens. Man tut so, als

Es gibt keinen neuen Anfang ohne Verwandlung. Und oft genug wehren wir uns gegen die Verwandlung, die ansteht.

habe sich nichts geändert, als mache es einem gar nichts aus, dass man Abschied nehmen muss. Man will nicht zurückschauen, sondern voller Schwung nach vorne schreiten. Doch das gelingt nicht. Abschied bedeutet immer auch Verlust. Und der tut weh. Es ist verständlich, dass der Ehemann, der seine Frau loslassen muss, weil sie einen anderen geheiratet hat, oder die Schwester, die ihre Ordensgemeinschaft verlassen hat, nicht gerne zurückschauen. Sie meinen, sie könnten einfach zur Tagesordnung übergehen. Der Blick zurück wäre zu schmerzlich und würde nichts bringen. Der würde sie nur abhalten, sich der Gegenwart zu stellen. Doch wer die Vergangenheit überspringt, der wird von ihr verfolgt.

Die zweite Phase des Abschiedsprozesses ist das Aufbrechen von chaotischen Emotionen. Sobald ich erkannt habe, was ich verloren habe, brechen in mir Gefühle auf wie diffuse Ängste, Wut, Aggressionen, Rachephantasien, aber auch Schuldgefühle. Diese Gefühle sind immer unangenehm. Daher besteht die Gefahr, dass wir sie abspalten. Die Wut schlägt in destruktiven Neid um. Man fühlt sich gekränkt, man fühlt sich als Opfer von ungerechten Strukturen und von neurotischen Komplexen des Ehepartners oder der Gemeinschaft. Die Angst spaltet man ab, indem man sich krampfhaft an Menschen festklammert, die einen auf dem Weg in den neuen Lebensabschnitt begleiten. Die Schuldgefühle werden verdrängt, indem man anderen die Schuld zuschiebt. In dieser zweiten Phase zerbricht für viele Betroffene ihr Gottesbild. Sie können nicht mehr beten. Wenn sie in die Kirche gehen, steigt eine heftige Wut in ihnen hoch. Sie können in keinen Gottesdienst mehr gehen. Sie rebellieren gegen Gott. Der Gott, dem sie so lange gedient haben, ist ihnen abhandengekommen. Ein neues Gottesbild ist noch nicht aufgetaucht. In dieser Phase fühlen sich viele körperlich völlig erschöpft. Sie sehen keinen Sinn mehr in ihrem Leben. Manche denken an Selbstmord. Nur wenn man in dieser zweiten Trauerphase die Gefühle nicht abspaltet, sondern ehrlich anschaut, kann die dritte Phase beginnen, die Phase des Suchens, Findens und Sichtrennens.

In dieser Phase nimmt man die Projektionen zurück. Jetzt wird man offen für den Wert, den das Alte darstellt. Man entdeckt die guten Seiten, die man in der Ehe oder in der Gemeinschaft gelebt hat, was sich in einem entwickelt hat, was man an Fähigkeiten ausleben konnte. Nur so kann man diese Werte voll Dankbarkeit in sein jetziges Leben integrieren. Ich muss sowohl das Wertvolle als auch das Lebensbehindernde der vergangenen Lebenszeit ehrlich anschauen. Dann wird der Blick frei für das Neue, das in Zukunft möglich sein wird. Und so kann die vierte Phase des Abschiedsprozesses beginnen: »Ein neuer Selbst- und Weltbezug wird möglich«

Wir nehmen nicht nur Abschied, um neue Aufgaben zu übernehmen, sondern letztlich, um uns mehr nach innen zu wenden.

(Kast). Anstatt zu jammern und anderen ihre Lebensmöglichkeiten zu neiden, geht man schöpferisch mit den Problemen um, die vor einem stehen. Eine neue Spiritualität entwickelt sich, neue Lust am Leben wächst.

Im frühen Mönchtum war das Abschiednehmen ein wesentlicher Bestandteil der Berufung zum Mönch. Die Mönche nahmen sich Abraham zum Vorbild, der aus seinem Vaterland, aus der Verwandtschaft und aus dem Vaterhaus ausziehen musste, um sich ganz und gar auf Gott einzulassen. Diesen dreifachen Auszug Abrahams interpretierten die Mönche einmal als Auszug aus allen Abhängigkeiten und als Loslassen des Besitzes. Wer aus der Ehe oder aus dem Orden austritt, muss sich innerlich frei machen von der alten Bindung, und er muss das loslassen, was er bisher hatte, seine Identität, das Vertraute, in dem er zu Hause war – das ist der Auszug aus dem Vaterland. Der zweite Auszug aus der Verwandtschaft ist für die Mönche der Auszug aus der eigenen Vergangenheit mit ihren Emotionen und Lebensmustern und aus den Verletzungen der Kindheit. Wir müssen die Rollen loslassen, die wir bisher gespielt haben. Im Loslassen der Rollen geht es darum, unser wirkliches Selbst zu finden, die eigentliche Identität, die uns im Tiefsten ausmacht, das einmalige Bild, das Gott sich von uns gemacht hat. Viele halten lange an den Verletzungen fest, die sie erlebt haben. Aber das hindert sie, sich wirklich auf den Weg zu machen. Auch von den Verletzungen muss man sich verabschieden, um sich auf die Gegenwart einlassen zu können. Der dritte Auszug, der von Abraham verlangt wird, der Auszug aus dem Vaterhaus, ist für die Mönche der Auszug aus dem Sichtbaren. Jeder Abschied, der gefordert wird, ist letztlich immer auch Abschied von einem Stück dieser Welt, von etwas Sichtbarem, das wir kennen, und ein Sicheinlassen auf das Unsichtbare.

In jedem Abschied erahnen wir die Bedeutung der paulinischen Aussage: »Unsere Heimat ist im Himmel« (Philipper 3,20). Wir nehmen nicht nur Abschied, um neue Aufgaben zu übernehmen, sondern letztlich, um uns mehr nach innen zu wenden. Jeder Abschied ist eine Einladung, den inneren Weg zu gehen. Wir können die Heimat nicht wieder von einer äußeren Aufgabe oder Rolle abhängig machen. Unsere wahre Heimat ist der Himmel. Unsere Heimat liegt innen. In unserem Inneren wohnt Gott, das Geheimnis. Und nur dort, wo das Geheimnis wohnt, können wir daheim sein. Der Weg, auf den wir uns beim Abschied machen, führt immer dem Geheimnis zu, dem Haus, in dem wir zu Hause sein können, oder wie Novalis sagt: »Wohin denn gehen wir? – Immer nach Hause.«

Auch beim Abschied von einer Ehe, einem Beruf oder einer Ordensgemeinschaft geht es wie beim dreifachen Auszug der frühen Mönche letztlich darum, dass wir etwas Sichtbares aufgeben, um uns mehr und mehr dem Unsichtbaren zu widmen, um uns nach innen zu kehren und von dort her auch das Äußere in Angriff zu nehmen. Wenn wir nur die Rollen oder die Aufgaben wechseln, wird nicht wirklich etwas Neues entstehen. Es braucht die Hinwendung nach innen. So ist jeder Abschied letztlich eine spirituelle Aufgabe. Und nur der, der einen neuen spirituellen Weg findet, wird den Abschied auf Dauer so vollziehen können, dass er mit innerem Frieden und in Einklang mit sich selbst seiner Lebensspur folgen kann. Wer nur die Aufgaben wechselt, der wird bald von neuem schmerzlich erfahren, dass er sich auch an die neue Aufgabe nicht klammern kann. Und wer nur die Rollen tauscht, wird schon bald die Brüchigkeit jeder Rolle erleben.

Jeder Abschied, den wir bewusst vollziehen, möchte uns weiter hineinführen in die innere Freiheit, in die Einsicht, dass wir letztlich nicht von dieser Welt sind, sondern aus Gott geboren. Jeder Abschied möchte uns auf das innere Bild, das einmalige Bild, das Gott sich von uns gemacht hat, verweisen und uns von der Identifizierung mit den Bildern befreien, die Menschen uns übergestülpt haben.

Wenn wir nur die Rollen oder die Aufgaben wechseln, wird nicht wirklich etwas Neues entstehen. Es braucht die Hinwendung nach innen. So ist jeder Abschied letztlich eine spirituelle Aufgabe.

Abschiedsrituale
bestätigen und befreien

Wenn der Trauerprozess des Abschied-nehmens durchlaufen ist, braucht es einen Schlusspunkt: ein Abschiedsri-tual. Es kann mir helfen, den Abschied von vergan-genen Erfahrungen, von Menschen, die mir lieb waren oder die mich verletzt haben, von guten und bösen Tagen der Vergangenheit in meiner Seele und in meinem Leib fest zu verankern, damit ich in den Wogen meines Lebens nicht wieder zurückfalle in vergangene Muster.

Das Ritual ist wie ein Anker, der mir festen Halt gibt und mich immer wieder daran erinnert, dass ich mit meinem Schiff neue Ufer anlaufen möchte und nicht mehr in den alten Hafen zurückkehren darf. Und das Ritual öffnet die Tür zu neuen Erfah-rungen, zu neuen Möglichkeiten meines Lebens.

Ich kann mir überlegen, wie ich mein Ab-schiedsritual gestalten möchte, wen ich dazu ein-laden möchte. Ich kann das Abschiedsritual entweder mit den Menschen feiern, von denen ich mich verabschiede, oder mit Freunden, die mich auf meinem neuen Lebensabschnitt begleiten. Der Paartherapeut Hans Jellouschek hat Abschiedsrituale für Geschiedene entwickelt. Rituale sind »wichtige Ressourcen für die Bewältigung kritischer Lebensereignisse« (Jellouschek).

Für das Scheitern hat weder die Kirche noch die Gesellschaft Rituale bereitgestellt, da Scheitern »dem tabuisierten Bereich angehört«. Das Paar kommt nach einer angemessenen Zeit der Trauer und nach dem mühseligen Prozess der Regelung der äußeren Angelegenheiten noch einmal zusammen, gemeinsam mit den Kindern und einigen gemeinsamen Freunden. Jeder erzählt, was er am anderen geschätzt hat, welche guten Erfahrungen er mit ihm gemacht hat. Er dankt dem anderen für den gemeinsamen Weg, für die schönen Stunden, aber auch für die Herausforderung, die er dargestellt hat. Nachdem er dem anderen gedankt hat, sagt er kurz, warum der Weg für ihn nun auf andere Weise weitergehen wird. Dann erhält der andere die Möglichkeit, in ähnlicher Weise zu sprechen. Jellouschek bietet den Partnern für das Abschieds-

Ein Ritual ist wie ein Anker, der mir festen Halt gibt und mich immer wieder daran erinnert, dass ich mit meinem Schiff neue Ufer anlaufen möchte und nicht mehr in den alten Hafen zurückkehren darf. Und das Ritual öffnet die Tür zu neuen Erfahrungen, zu neuen Möglichkeiten meines Lebens.

ritual eine Art Abschiedsformel an, die sie selbstverständlich auch individuell verändern können. Die sich trennenden Partner sagen sich gegenseitig diese Formel:

»... (Anrede), ich nehme von dir, was du mir gegeben hast. Ich werde es in Ehren halten. Es war eine ganze Menge, und ich danke dir dafür. Für das, was schiefgegangen ist, übernehme ich meinen Teil der Verantwortung, und ich überlasse dir an deinem Teil deine Verantwortung.

Ich achte und würdige dich als Vater / Mutter unserer gemeinsamen Kinder, und ich werde, soweit es an mir liegt, weiter mit dir zu ihrem Wohl zusammenarbeiten. Als Partnerin / Partner nehme ich Abschied von dir. Leb wohl! Geh du auf deinem Weg, so wie ich jetzt meinen Weg gehen werde" (Jellouschek).

Wenn jeder den Text gelesen hat, setzen sie Datum und Unterschrift darunter und bitten auch die Anwesenden zu unterschreiben. Am Schluss schenken sie sich zum Abschied noch etwas, was den anderen an die gemeinsamen Zeiten erinnern soll. Oder sie laden die Kinder und Freunde zu einem Ritual ein, zu einer Umarmung, zu einer Fürbitte, zum Überreichen eines Symbols, das für sie etwas ausdrückt von ihrem Miteinander.

Und schließlich feiern sie zum Abschluss ein gemeinsames Mahl. Solche Abschiedsrituale ermöglichen es den getrennten Partnern, auch weiterhin fair miteinander umzugehen. Sie geben den Kindern das Gefühl, dass ihre Eltern noch weiterhin für sie sorgen werden, dass sie nicht gegeneinander arbeiten, sondern auf eine andere Weise miteinander. Und die Freunde werden sich nicht in zwei Gruppen teilen, in die Gruppe, die zum Mann hält, und in die Gegengruppe, die auf der Seite der Frau steht. Vielmehr werden sie gemeinsame Freunde für beide bleiben, ohne ein schlechtes Gewissen, wenn man einmal nur die Frau oder den Mann besucht.

Wenn kein Abschiedsritual mit denen möglich ist, von denen ich mich verabschieden möchte, dann ist es sinnvoll, Freunde zu einem persönlichen Ritual einzuladen. Dieses Ritual könnte so aussehen, dass ich einiges aufgeschrieben habe, was mir aus meiner Vergangenheit wichtig erscheint, was ich hinter mir lassen und was ich in den neuen Lebensabschnitt mitnehmen möchte. Das lese ich dann allen vor und grabe es in einen großen Topf guter Erde ein. Außerdem habe ich in der Natur einige Symbole ausgesucht, die zum Ausdruck bringen, was ich hinter mir lassen möchte. Auch diese vergrabe ich in dem Topf. Über das Vergrabene säe ich dann Blumensamen oder pflanze einen Baum. Dann bitte ich die Freunde, ein Segenswort über den Baum oder die Blumen zu sprechen und mit ihrer Bitte dazu beizutragen, dass die Vergangenheit geheilt wird, und dass ich sie loslassen kann.

Vor dem Ritual hatte ich die Freunde schon gebeten, mir ein Symbol mitzubringen, das meinen neuen Lebensabschnitt, meine neue Lebensspur

beschreiben könnte. Ich bitte sie nun, dass sie mir ihr Symbol überreichen und etwas dazu sagen. Dann beten wir gemeinsam und feiern ein Mahl miteinander.

Solche Abschiedsrituale wirken keine Wunder. Aber sie sind eine Hilfe, dass ich die Vergangenheit wirklich loslassen kann. Vergangene Muster und Kränkungen werden vielleicht trotzdem noch öfter mal auftauchen. Aber der Blick auf die Blumen oder den Baum zeigt mir, dass das Vergangene zum fruchtbaren Erdreich geworden ist, auf dem etwas Neues wächst. Ich darf nicht ständig die Erde umgraben, sonst könnten die Blumen nicht wachsen. Ich muss sie ruhen lassen. Ich schaue die Vergangenheit durchaus an, wenn sie hochkommt. Aber ich wühle nicht darin.

Ich lasse sie und verstehe sie als den Grund, auf dem ich jetzt baue. Das hilft mir, mich immer mehr mit meiner Vergangenheit auszusöhnen und sie als einen Teil von mir zu verstehen und anzunehmen. Nur wenn das Verlassene und Aufgegebene angenommen wird, kann Neues darauf wachsen.

Abschiedsrituale wirken keine Wunder. Aber sie sind eine Hilfe, dass ich die Vergangenheit wirklich loslassen kann.

Dem Leiden
einen Sinn geben

Jesus hat nichts über das Warum und Wozu des Leidens gesagt. Seine Antwort ist existenziell. Er hat das Leid selbst durchlebt und dadurch dem Leiden einen neuen Sinn gegeben. Doch sowohl in den Evangelien als auch in den Briefen des Neuen Testamentes finden wir Ansätze zu einer Antwort auf die Frage, wie wir unser Leid bewältigen und welchen Sinn wir unserem Leiden geben können. Ich möchte nur ein paar Antworten herausgreifen, die mir persönlich wichtig erscheinen für die Deutung und die existenzielle Bewältigung des Leidens:

Für den Evangelisten Lukas bildet der Passionsweg Jesu, der ihn über das Kreuz zur Auferstehung führt, ein Vorbild für den Christen und zugleich einen Schlüssel, wie wir unseren eigenen Leidensweg verstehen können. Auch unser Weg wird durch mancherlei Bedrängnisse führen. In der Apostelgeschichte spricht Paulus den Jüngern Mut zu, dass sie keine Angst vor Leid und Verfolgung zu haben brauchen: »Durch viele Drangsale müssen wir in das Reich Gottes gelangen« (Apg 14,22). Für Lukas,

Lukas meint offensichtlich, dass wir ohne Leiden in Gefahr wären, dass nicht Gott in uns herrscht, sondern das eigene Ego. Leiden zerbricht das Ego – damit Gott in uns Raum gewinnt und uns nach seinem Bild formt.

den Autor der Apostelgeschichte, bedeutet das Leiden also einen Durchgang zum Reich Gottes. Wir können dem Leiden einen Sinn geben, indem wir uns von ihm aufbrechen lassen für Gott, damit Gott in uns herrscht. Oft sind wir in Gefahr, Gott für uns zu vereinnahmen und uns in unserer Frömmigkeit einzurichten. Tiefes Leid kann so ein selbst errichtetes Frömmigkeitsgebäude sprengen, damit wir offen werden für den ganz anderen Gott, für den unverfügbaren und unbegreiflichen Gott. Lukas meint offensichtlich, dass wir ohne Leiden in Gefahr wären, dass nicht Gott in uns herrscht, sondern das eigene Ego. Leiden zerbricht das Ego – damit Gott in uns Raum gewinnt und uns nach seinem Bild formt.

Eine wichtige Deutung des Leidens gibt uns Lukas in seiner Erzählung von den Emmausjüngern: Zwei Jünger befinden sich auf dem Weg nach Emmaus. Sie laufen entsetzt und verständnislos vor dem Kreuzestod Jesu davon. Sie können nicht verstehen, was für einen Sinn dieser Tod haben soll. Sie hatten alle ihre Hoffnung auf Jesus gesetzt. Doch diese Hoffnung war offensichtlich zerbrochen. Jetzt spüren sie eine tiefe Sinnlosigkeit. Sie wissen nicht mehr, worauf sie ihre Hoffnung noch setzen können. Da deutet ihnen Jesus seinen eigenen Weg. Sein Weg entspricht dem, was die Propheten über ihn gesagt haben. Sein Weg ist also schriftgemäß. Und er gibt ihnen einen Schlüssel an die Hand, der ihnen den Sinn ihres Leiden aufschließen soll: »Musste nicht der Messias all das erleiden, um so in seine Herrlichkeit zu gelangen?« (Lukas 24,26).

Wie hier spricht Lukas noch öfter vom göttlichen Muss. Vielleicht bezieht er, der die griechische Philosophie wie kein anderer Evangelist kennt, sich mit dem »göttlichen Muss« auf die griechische Lehre von der »anankae«, von der Notwendigkeit des Schicksals. Doch dieses Muss ist für Lukas kein feindliches Schicksal, das wir einfach ertragen müssen. Vielmehr erahnen wir darin die göttliche Verfügung, die wir nicht verstehen und bei der wir nicht nach dem Warum fragen dürfen. Es ist einfach so. Wenn wir es akzeptieren, geht uns auch der Sinn auf. Der Sinn des Leidens besteht für Lukas darin, dass es den Durchgang zur Herrlichkeit bedeutet, die Gott jedem von uns bereitet hat. Jesus ist nicht im Tod geblieben, sondern ist von Gott auferweckt und so mit seiner ursprünglichen Herrlichkeit beschenkt worden.

Der Sinn des Leidens besteht für Lukas darin, dass es den Durchgang zur Herrlichkeit bedeutet, die Gott jedem von uns bereitet hat. Jesus ist nicht im Tod geblieben, sondern ist von Gott auferweckt und so mit seiner ursprünglichen Herrlichkeit beschenkt worden.

Was für Jesus gilt, das ist auch für uns ein Weg, dem Leiden einen Sinn zu geben. Der Sinn dessen, was uns widerfährt, was unser Leben durchkreuzt, ist, dass wir immer mehr geöffnet werden, um in die Herrlichkeit zu gelangen. Im Griechischen steht für diesen Prozess: doxa. Dieser Begriff bedeutet nicht nur Herrlichkeit, sondern auch Gestalt, Form. Doxa meint die ursprüngliche Gestalt, die Gott jedem Menschen zugedacht hat, das einmalige Bild, das sich Gott von jedem gemacht hat. Das Leiden zerbricht die Bilder, die wir uns oft genug übergestülpt haben – etwa das Bild des erfolgreichen Machers oder des in sich ruhenden Frommen, des gelassenen Menschen, der über allem steht, des spirituellen Menschen, der sich mit Gott eins fühlt.

Wir sollen das Leiden nicht suchen. Aber auf unserem Weg wird es uns immer wieder durchkreuzen. Und dann hat es den Sinn, unsere Illusionen zu zerbrechen, die wir uns vom Leben und von uns selbst gemacht haben. Sobald sich unsere selbst gemachten Bilder auflösen, dann kann erst das ursprüngliche Bild Gottes in uns aufleuchten, dann kommen wir in Berührung mit dem Glanz unserer Seele, den Gott uns schon bei der Geburt geschenkt hat. Lukas unterstreicht diese Sicht des Leidens, indem er den Auferstandenen zu den in Jerusalem versammelten Jüngern sprechen lässt: »Ich bin es selbst« (Lukas 24,39). Im Griechischen steht hier: »Ego eimi autos.« »Autos« steht in der stoischen Philosophie für das innere Heiligtum des Menschen, das von anderen Menschen nicht betreten werden kann, zu dem die Welt keinen Zutritt und über das sie keine Macht hat. Durch Tod und Auferstehung gelangen auch wir zu dem wahren Selbst, zu dem unverfälschten Bild Gottes von uns. Im Tod wird dieses wahre Selbst offenbar. Doch Tod und Auferstehung geschehen nach Lukas nicht erst bei unserem physischen Tod. Vielmehr steckt in jedem Leiden der Tod, der uns öffnen will für das wahre Selbst. Für Lukas besteht also im Leid ein wesentlicher Schritt auf dem Weg unserer Selbstwerdung, bei der Erfahrung des »autos«, des inneren Heiligtums unserer Seele, das nicht mehr zerstört oder verletzt werden kann.

Für Lukas besteht also im Leid ein wesentlicher Schritt auf dem Weg unserer Selbstwerdung, bei der Erfahrung des »autos«, des inneren Heiligtums unserer Seele, das nicht mehr zerstört oder verletzt werden kann.

eiden erschüttert auch meinen Glauben. Ich kann nicht einfach weiter glauben, wie ich das bisher immer getan habe. Das Leiden stellt meinen Glauben in Frage. Habe ich auf falsche Versprechungen Gottes gesetzt? Ist der Glaube nur Illusion? Zerbricht er, sobald Leid ihn auf die Probe stellt? Im Gespräch mit Leidenden höre ich

Leiden kann
auch den Glauben in Frage stellen

beide Stimmen: die Stimme derer, die durch die Erfahrung des Leidens ihren Glauben vertieft haben; und die Stimme derer, die ihren Glauben verloren haben, weil das Leid für sie zu unerträglich war und ist. Diese Menschen sind früher gerne zur Kirche gegangen. Doch jetzt geht es nicht mehr. Die Worte der Bibel gehen an ihnen vorbei, denn sie sind zu schön, um wahr zu sein. Und manche Predigten machen die Betroffenen wütend, weil sie den unbedarften Kirchenbesuchern eine heile Welt vorgaukeln, die es für sie selbst so nicht mehr gibt.

Die Frommen des Alten Testamentes haben ihren Glauben durch die Erfahrung des Leidens hindurch gerettet, indem sie ihren Schmerz und ihre Wut, ihr Hadern und ihre Klage im Gebet vor Gott gebracht haben. Sie sind nicht verstummt in ihrem Leid, sondern haben es vor Gott herausgeschrien. Das hat ihnen offensichtlich geholfen, trotz allen Leids an Gott festzuhalten. Denn alle Gefühle, die in ihnen auftauchten, konnten sie so zum Ausdruck bringen. Dabei haben sie sich nicht gescheut, Gott anzuklagen, ihm ihre Enttäuschung vorzuhalten und ihn aufzufordern, sich doch endlich als gnädiger Gott zu erweisen, der sich um sie kümmert und sie aus ihrer Not errettet.

Den Frommen Israels bedeutete es eine große Herausforderung zu akzeptieren, dass die Frömmigkeit keine Garantie war, von Unheil und Unglück bewahrt zu bleiben. In den Psalmen geht es daher immer wieder um die Frage, warum es den Gottlosen so gut und den Frommen so schlecht geht. Da betet der Psalmist: »Warum, o Gott, hast du uns verstoßen für immer? Was raucht dein Zorn wider die Schafe deiner Weide?« (Psalm 74,1). Dann erinnert der Beter Gott daran, dass er doch von alters her Taten des Heils auf der Erde vollbracht hat. Warum hat Gott jetzt seine Hand zurückgezogen, sodass die Feinde triumphieren? Und dann fleht er Gott an: »Erhebe dich, Gott, und führe deine Sache! Vergiss nicht das Geschrei deiner Gegner, das Toben deiner Widersacher, das ständig emporsteigt!« (Ps 74,22 f.).

In Psalm 73 denkt ein Frommer darüber nach, warum es den Frevlern so gut geht. »Ich habe mich über die Prahler ereifert, da ich das Glück der Frevler sah: Sie haben keine Qualen, ihr Leib ist gesund und wohlgenährt« (Ps 73,3 f.). Und dann schaut er auf sich: »Wahrlich, umsonst bewahrte ich lauter mein Herz und wusch meine Hände in Unschuld. Ich wurde ja alle Tage geplagt und jeden Morgen von neuem gezüchtigt« (Ps 73,13). Der Beter quält sich mit dem Gedanken an sein eigenes Leid und an die Frevler, denen es so gut geht. Doch dann tritt er ins Heiligtum Gottes und meditiert über das Schicksal des Menschen. Dort geht ihm auf: »Wahrlich, du stellst sie auf schlüpfrigen Grund, in Trug und Täuschung lässt du sie fallen« (Ps 73,18). Und er bekennt, dass er in seiner Klage letztlich töricht war und ohne Verstand. Jetzt erkennt er: »Du leitest mich nach deinem Ratschluss, hernach nimmst du mich auf in Herrlichkeit. Wen sonst hab' ich im Himmel? Bin ich bei dir, habe ich keine Lust an der Erde« (Ps 73,24). Im Gebet wandelt sich seine Sicht des Leids. Und er erkennt, dass er letztlich immer bei Gott ist und Gott ihn nicht verlässt – auch wenn es ihm zeitweise sehr schlecht geht.

Immer wieder schreiben mir Menschen in ihren Briefen, dass es ihnen so schlecht ginge. Sie erzählen, dass sie keine Kraft mehr hätten. Die Gründe sind verschiedenen Ursprungs: Die einen werden von Schulden immer mehr bedrückt. Andere leiden darunter, dass ihre Kinder andere Wege gehen oder dass diese krank, depressiv, vom rechten Weg abgekommen sind. Viele bekräftigen dann,

Die Frommen des Alten Testamentes haben ihren Glauben durch die Erfahrung des Leidens hindurch gerettet, indem sie ihren Schmerz und ihre Wut, ihr Hadern und ihre Klage im Gebet vor Gott gebracht haben. Sie sind nicht verstummt in ihrem Leid, sondern haben es vor Gott herausgeschrien.

dass sie ständig beten würden. Aber trotz allen Betens wird es einfach nicht besser. Manchmal fragen mich diese Menschen dann, ob sie etwa falsch beten würden oder irgendetwas nicht richtig machen, weil sich so gar nichts ändert. Das zeugt von einem eigenartigen Verständnis von Gebet. Sie denken, sie bräuchten Gott nur zu bitten, immer wieder zu bitten, dann würde er schon helfen. Und wenn er nicht hilft, zweifeln sie entweder an Gott oder an ihrem Beten. Sie meinen, sie hätten zu wenig Vertrauen, und suchen dann bei anderen Unterstützung.

Es ist sicher gut, auch andere um ihr Gebet zu bitten. Doch manchmal – so scheint mir – ist solches Gebet vom Leistungsgedanken getrübt, von der Einstellung: »Je mehr ich bete, desto eher muss Gott doch helfen.« Manchmal schauen die Leute die Probleme nicht wirklich an. Sie bitten Gott, dass er alles lösen soll. Aber sie strengen sich nicht an, die Probleme offen anzuschauen und anzugehen. Probleme anschauen würde heißen, das eigene Lebenskonzept in Frage zu stellen. Das würde zu Demut führen. Nur das Gebet, in dem ich meine Wahrheit Gott schonungslos hinhalte, wird weiterhelfen. Aber es hilft nicht immer in dem Sinn, dass Gott mir alle Steine aus dem Weg räumt. Vielleicht gibt er mir einfach nur die Kraft durchzuhalten. Irgendwann wird dann eine Lösung in mir aufsteigen oder die äußeren Umstände verändern sich, und auf einmal zeigt sich ein Weg, wie ich weitergehen kann.

Glauben und Beten helfen nicht immer in dem Sinn, dass Gott mir alle Steine aus dem Weg räumt. Vielleicht gibt er mir einfach nur die Kraft durchzuhalten. Irgendwann wird dann eine Lösung in mir aufsteigen oder die äußeren Umstände verändern sich, und auf einmal zeigt sich ein Weg, wie ich weitergehen kann.

Müdigkeit
hat ein Ziel

Jeder Mensch erfährt Müdigkeit. Wer nicht müde ist, legt sich auch nicht hin zum Schlafen. Wenn wir müde sind, freuen wir uns auf den Schlaf. Und am nächsten Morgen stehen wir erholt und erfrischt wieder auf. Das ist die gute Müdigkeit, die zum Lebensrhythmus gehört. Es gibt aber auch die Müdigkeit als Beschreibung eines kraftlosen und antriebslosen Menschen, der nicht bereit ist, für sein Leben und für seine Welt Verantwortung zu übernehmen. Es gibt die Müdigkeit als soziales Phänomen. Die Gesellschaft kann müde werden. Die Kirchenmüdigkeit und die Politikmüdigkeit werden allenthalben angeprangert. Diese Müdigkeit legt sich wie eine lähmende, erdrückende und schwere Decke über die Psyche des Menschen und über Gemeinschaften und Nationen.

Doch daneben gibt es auch die Müdigkeit, die uns innehalten lässt, die eine Chance ist für einen Neubeginn und die uns öffnet für die kontemplative Dimension des Lebens. In diesem Sinn haben die frühen Mönche die Müdigkeit verstanden. Und in unserer Zeit hat von dieser »kläräugigen Müdigkeit« und von der Müdigkeit, die uns mit den Menschen und der Welt auf neue wortlose Weise verbindet, Peter Handke in seinem Versuch über die Müdigkeit geschrieben. Und der koreanische Philosoph Byung-Chul Han hat diese Müdigkeit als Heilmittel für unsere Gesellschaft erkannt, die sonst den Menschen vor lauter Positivität erschöpft und vor lauter Antreiben zu immer größeren Leistungen ermüdet.

Es kommt darauf an, dass wir die beiden Seiten der Müdigkeit erkennen und dass wir so mit ihr umgehen, dass sie für uns zum Segen wird.

Jedes menschliche Phänomen hat immer zwei Seiten. Es kommt darauf an, dass wir die beiden Seiten der Müdigkeit erkennen und dass wir so mit ihr umgehen, dass sie für uns zum Segen wird. Die Müdigkeit zwingt uns, demütig zu werden, unsere Grenzen anzuerkennen. Und die Müdigkeit öffnet uns für das Hintergründige unseres Lebens. Aber sie kann uns auch zum Überdruss und Lebensekel führen. Es liegt an uns, wie wir die Müdigkeit wahrnehmen und verstehen und wie wir mit ihr umgehen.

Der erste Schritt ist: anzuerkennen, dass wir müde werden und müde sind. Der zweite Schritt besteht dann darin, die Müdigkeit anzuschauen und ihr – wie Evagrius Ponticus sagte – ins Auge zu sehen, um zu erkennen, was sie uns sagen möchte. Der dritte Schritt verlangt dann von uns eine Reaktion auf die Müdigkeit: entweder uns zum Schlaf niederzulegen, uns Erholung zu gönnen oder das zu tun, was unserer Müdigkeit entspricht. Oder aber sie lässt uns nach den tieferen Gründen unserer Müdigkeit fragen. Dann könnte uns die Müdigkeit wichtige Aussagen über unsere Seele machen. Wir würden erkennen, was uns so müde gemacht hat und wessen wir müde geworden sind.

Die Müdigkeit lädt uns ein, andere Akzente in unserem Leben zu setzen und manchmal eine andere Richtung einzuschlagen. Das eigentliche Ziel der Müdigkeit ist aber die Kontemplation. Durch die Müdigkeit sollen wir in den Grund unserer Seele gelangen, dorthin, wo die Probleme dieser Welt keinen Zugang haben, wo wir eins sind mit uns selbst, eins mit der Welt und eins mit Gott. Das ist dann die gute Müdigkeit, die klaräugige und einende Müdigkeit, die uns persönlich und unserer Gesellschaft guttut. In diesem inneren Grund, zu dem uns die Müdigkeit führen möchte, sind wir lebendig und wach. Da sprudelt in uns eine Quelle, die nie versiegt. Wenn wir aus dieser Quelle schöpfen, werden wir nicht erschöpft oder ausgebrannt, sondern redlich müde, um uns in der Müdigkeit wieder von neuem nach innen zu wenden, dorthin, wo wir eins sind mit uns selbst.

Dort, im Grund unserer Seele, bleiben wir wach. Aber es ist keine angestrengte Wachheit, sondern die Wachheit dessen, der die körperliche und seelische Müdigkeit zulässt. Es ist eine Wachheit des reinen Seins. Wir müssen uns nicht wach halten. Wenn wir in der Muße uns nach innen wenden, entdecken wir die Wachheit, die uns die Dinge sehen lässt, wie sie sind. Dann werden wir der Welt nicht müde, sondern mit neuen Ideen diese Welt so gestalten, wie es ihrem Wesen entspricht.

Das eigentliche Ziel der Müdigkeit ist aber die Kontemplation. Durch die Müdigkeit sollen wir in den Grund unserer Seele gelangen, dorthin, wo die Probleme dieser Welt keinen Zugang haben, wo wir eins sind mit uns selbst, eins mit der Welt und eins mit Gott.

Manchmal ist die Müdigkeit, die einen überfällt, auch der Beginn einer inneren Wandlung.

Müde
mit mir selbst

Es gibt Menschen, die dankbar auf ihre Vergangenheit zurückschauen. Aber sie leben auch von der Vergangenheit. Sie bringen keinen Schwung mehr auf, etwas Neues anzufangen oder neue Ideen zu entwickeln. Sie meinen, das sollten die Jüngeren tun. In Klöstern begegnet man oft solcher Haltung. Man hat das Kloster jahrelang geprägt. Jetzt sollen andere vorangehen. Doch nicht immer ist dabei die Haltung das Loslassen, um anderen Raum zu geben. Und die Stimmung ist nicht von innerer Freiheit und Freude an dem Tun der Jungen geprägt, sondern von Bitterkeit und

... Abschiede beginnen leise

Die Müdigkeit stellt alles in Frage. Sie stellt mein Leben in Frage. Habe ich richtig gelebt? Hat es sich gelohnt, dieses Leben zu leben, auf vieles zu verzichten, sich für die anderen und für die eigenen Ziele einzusetzen?

Müdigkeit. Man hat sich lange genug eingesetzt. Jetzt ist man müde geworden. Die Müdigkeit stellt alles in Frage. Sie stellt mein Leben in Frage. Habe ich richtig gelebt? Hat es sich gelohnt, dieses Leben zu leben, auf vieles zu verzichten, sich für die anderen und für die eigenen Ziele einzusetzen? Was ist daraus geworden? Bleibt die Frucht meines Lebens oder verblüht sie schnell?

Manchmal ist die Müdigkeit, die einen überfällt, auch der Beginn einer inneren Wandlung. So hat Hermann Hesse die Müdigkeit von Siddhartha beschrieben. Nachdem er das Leben mit all seinen Verlockungen erlebt hatte, kam er an den Fluss, über den ihn vor zwanzig Jahren ein Fährmann geführt hatte:

»An diesem Flusse machte er halt, blieb zögernd beim Ufer stehen. Müdigkeit und Hunger hatten ihn geschwächt, und wozu auch sollte er weitergehen, wohin denn, zu welchem Ziel? Nein, es gab keine Ziele mehr, es gab nichts mehr als die tiefe leidvolle Sehnsucht, diesen ganzen wüsten Traum von sich zu schütteln, diesen schalen Wein von sich zu speien, diesem jämmerlichen und schmachvollen Leben ein Ende zu machen« (Hesse, Siddhartha. Eine indische Dichtung. 1978, 72).

Müde seines Lebens, enttäuscht von sich selbst, wollte Siddhartha sich am liebsten in den Fluss stürzen, um zu sterben. »Da zuckte aus entlegenen Bezirken seiner Seele, aus Vergangenheiten seines ermüdeten Lebens her ein Klang. Es war ein Wort, eine Silbe, die er ohne Gedanken mit lallender Stimme vor sich hin sprach, das alte Anfangswort und Schlusswort aller brahmanischen Gebete, das heilige ›Om‹, das so viel bedeutet wie ›das Vollkommene‹ oder ›die Vollendung‹. Und im Augenblick, da der Klang ›Om‹ Siddharthas Ohr berührte, erwachte sein entschlummerter Geist plötzlich, und er erkannte die Torheit seines Tuns« (ebd., 73).

Die Müdigkeit wurde also für Siddhartha der Augenblick seiner Erleuchtung. Es war eine Müdigkeit, die ihn offen machte für Gott, aber auch offen für die Menschen. Jetzt erhob er sich innerlich nicht über die Menschen, wie er es vorher in seinem Mönchsleben getan hatte. Jetzt fühlte er sich mit allen eins, auch mit den »Kindermenschen«, die er früher verachtet hatte. »Er fühlte sich wie sie. Obwohl er nahe der Vollendung war und an seiner letzten Wunde trug, schien ihm doch, diese Kindermenschen seien seine Brüder, ihre Eitelkeiten, Begehrlichkeiten und Lächerlichkeiten verloren das Lächerliche für ihn, wurden begreiflich, wurden liebenswert, wurden ihm sogar verehrungswürdig« (ebd., 104).

Die Müdigkeit hatte Siddhartha für Gott und für die Menschen geöffnet und ihm ein tiefes Gefühl von Einheit mit allem geschenkt, was ist.

Es kommt immer darauf an, wie ich auf die Gefühle des Müdeseins reagiere. Ich kann sie überspringen. Dann wachsen sie sich aus zur inneren Bitterkeit. Und sie führen dazu, dass ich nur noch so dahinlebe. Ich gebe meine Ideale auf, werde zynisch und sarkastisch, wenn junge Menschen noch Ideale haben. Von mir geht nichts Aufbauendes aus, auch keine Weisheit, sondern eher Verneinung und Verbitterung.

Es kommt immer darauf an, wie ich auf die Gefühle des Müdeseins reagiere. Ich kann sie überspringen. Dann wachsen sie sich aus zur inneren Bitterkeit. Und sie führen dazu, dass ich nur noch so dahinlebe.

Die Müdigkeit hat dazu geführt, dass ich einfach nur noch dahinlebe, innerlich tot, wie C. G. Jung das bei vielen Älteren beobachtet hat. Sie haben die innere Wandlung verpasst und kleben an der Vergangenheit, die sie verherrlichen. Aber sie sind müde geworden. Von ihnen geht nichts mehr aus, das die Menschen um sie herum befruchtet. In einer Gemeinschaft können solche desillusionierten und zynisch gewordenen Menschen die Atmosphäre vergiften. Umso wichtiger ist es, dass wir den richtigen Umgang mit der Müdigkeit lernen, die in jedem Leben auftritt – früher oder später.

Ars moriendi – Wir verlassen Raum und Zeit

Was stirbt, sind nicht wir selbst

Gut sterben
können

Wer wirklich gelebt hat, der kann auch gut sterben. Er kann das Gedicht nachsprechen, das Hermann Hesse als Abschiedsgedicht aus der Welt geschrieben hat:

Leb wohl, Frau Welt
Es liegt die Welt in Scherben,
Einst liebten wir sie sehr,
Nun hat für uns das Sterben
Nicht viele Schrecken mehr.

Man soll die Welt nicht schmähen.
Sie ist so bunt und wild,
Uralte Zauber wehen
Noch immer um ihr Bild.

Wir wollen dankbar scheiden
Aus ihrem großen Spiel:
Sie gab uns Lust und Leiden,
Sie gab uns Liebe viel.

Leb wohl, Frau Welt, und schmücke
Dich wieder jung und glatt,
Wir sind von deinem Glücke
Und deinem Jammer satt.

Was Hermann Hesse in diesem Gedicht beschreibt, hat uns die Bibel von manchen älteren Menschen erzählt. So heißt es von Abraham: »Er starb in hohem Alter, betagt und lebenssatt, und wurde mit seinen Vorfahren vereint« (Genesis 25,8). Hier ist der Tod etwas ganz Natürliches. Wer gut gelebt hat, kann auch gerne sterben. Er ist satt geworden und muss nicht ungelebtem Leben »nachhinken«. Und

Dieser ältere Mann hat verstanden, dass der Tod ein Weg in das Einswerden mit allen Menschen ist. Und daher ist der Tod der größte Appell zum Frieden.

hier wird deutlich, dass das Sterben ein Hineinsterben in die Gemeinschaft mit all den Menschen ist, die vor mir gelebt haben. Abraham und Mose und David wehren sich nicht gegen ihren Tod. Sie schauen dankbar zurück auf das, was sie gelebt haben. Und nun sind sie einverstanden, zu sterben und mit ihren Vorfahren vereint zu werden.

Das Mittelalter hat eine eigene »ars moriendi« – eine »Kunst des Sterbens« – entwickelt. Darin ging es um die Vorbereitung auf eine gute Sterbestunde. Bei einem Vortrag über das Älterwerden erzählte eine Frau, wie ihre Mutter immer um eine gute Sterbestunde gebetet habe. Das habe sie sehr beeindruckt. Sie habe daraus gelernt, dass es gut sei, sich auf das Sterben vorzubereiten. Diese Vorbereitung ist manchmal vielleicht durch Angst geprägt.

Doch ihr Sinn ist, sich immer wieder an den eigenen Tod zu erinnern und darum zu bitten, dass dieser letzte Schritt gelingt. Im Beten um eine gute Sterbestunde geht es letztlich darum, die letzte Phase des Lebens bewusst zu leben und in ihr einen Sinn zu sehen.

Man möchte in guter Weise auf das Ziel zugehen, um am Ziel den »Siegespreis« zu erlangen: die Herrlichkeit des ewigen Lebens.

Doch es geht nicht nur um das Gebet, sondern auch um die Einübung von Haltungen, die es uns ermöglichen, gut zu sterben. Die eine Haltung ist, dass wir uns im Gedanken an den Tod eins mit allen Menschen wissen. Alle Menschen müssen sterben. Im Sterben werden wir eins mit der ganzen Menschheitsfamilie.

Henri Nouwen sieht in diesem Zugehörigkeitsgefühl zu allen Menschen – in der Solidarität mit anderen – die Bedingung, gut sterben zu können: »Wenn sich in uns allmählich das Bewusstsein entwickelt, dass uns unser Sterben mehr als alles andere in die Solidarität mit anderen führt, kann unser Sterben zur Feier unseres Einswerdens mit dem ganzen Menschengeschlecht werden. So kann uns der Tod mit allen anderen vereinen, statt uns von ihnen zu trennen; statt uns nur Schmerz einzuflößen, kann er uns eine neue Art Freude erschließen, und statt bloß als Ende unseres Lebens zu drohen, kann er zur Verheißung eines neuen Anfangs werden« (Nouwen, Die Gabe der Vollendung. Mit dem Sterben leben. Freiburg i. Br. 1986).

Ein evangelischer Pfarrer, der im Nahen Osten Konzerte mit christlichen Liedern gab, erzählte mir, ein alter Moslem habe ihm gesagt: »Wir stammen doch alle von Adam und Eva ab. Und wir werden alle im Tod der Erde übergeben. Wir sind doch Brüder und Schwestern. Warum bekämpfen wir uns nur?« Dieser ältere Mann hat verstanden, dass der Tod ein Weg in das Einswerden mit allen Menschen ist. Und daher ist der Tod der größte Appell zum Frieden. Wer im Tod noch mit anderen hadert, der vermag nicht gut zu sterben.

Eine Sterbebegleiterin erzählte mir, dass manche Menschen einfach nicht sterben können, weil sie noch nicht vergeben haben. Erst wenn sie mit sich und ihrem Leben und allen Menschen versöhnt sind, gelingt es ihnen, sich im Frieden in Gottes Arme fallen zu lassen und darin mit allen Menschen eins zu werden.

Bei einem Vortrag über das Älterwerden erzählte eine Frau, wie ihre Mutter immer um eine gute Sterbestunde gebetet habe. Das habe sie sehr beeindruckt. Sie habe daraus gelernt, dass es gut sei, sich auf das Sterben vorzubereiten.

Sterben ist
Abschied und Aufbruch

Was der Tod am Ende des Lebens ist, das erleben wir im Alter täglich schon hier. Denn da ist der Tod in unserem Leben, in den Beschwerden des Alltags, in der Krankheit, im Schwächerwerden, in der eigenen Hilflosigkeit und Ohnmacht gegenwärtig. All das zerstört uns nicht, sondern es zerbrechen nur die Illusionen, die wir uns vom Leben gemacht haben. Es bricht uns immer mehr auf für die »doxa«, für das unverfälschte und herrliche Bild, das Gott sich von jedem von uns gemacht hat. Und es bricht uns für die Herrlichkeit Gottes auf, die wir schauen dürfen, wenn wir mit Jesus durch das Tor des Todes gegangen sind.

Im Schauen der göttlichen Schönheit wird unsere tiefste Sehnsucht erfüllt. Wenn wir das Älterwerden als ein Aufgebrochenwerden für Gottes Herrlichkeit verstehen, können wir zum Sterben Ja sagen. Dann sind wir wie Jesus mit unserem Weg einverstanden. Wir wissen, dass uns dieser Weg – bei allem, was uns widerfährt und was uns zu zerbrechen scheint – in

Im Schauen der göttlichen Schönheit wird unsere tiefste Sehnsucht erfüllt. Wenn wir das Älterwerden als ein Aufgebrochenwerden für Gottes Herrlichkeit verstehen, können wir zum Sterben Ja sagen.

die immer größere Herrlichkeit Gottes führt, die in dem unverfälschten und ursprünglichen Bild Gottes in uns aufstrahlen möchte. Und so jammern wir nicht über die Beschwerden des Alters, sondern lassen uns darin aufbrechen: für die wahre Gestalt, für den ursprünglichen Glanz, mit dem Gott uns ausgestattet hat.

Das Älterwerden ist eine Einübung in das Sterben und zugleich ein Aufgebrochenwerden für Gottes Licht, das in uns aufleuchten möchte. Ich habe ältere Mitbrüder erlebt, bei denen deutlich geworden ist, dass sie durch ihre Krankheit nicht zerbrochen sind, sondern für ein mildes und strahlendes Licht aufgebrochen wurden, in dem Gottes Herrlichkeit durch ihre Schwäche hindurch für uns aufleuchtete.

Jeder von uns hat bestimmte Vorstellungen vom Sterben. Viele wollen in der Gemeinschaft mit den Ihren sterben, bei klarem Verstand, mit einem hoffnungsvollen Vermächtnis an die Angehörigen. Doch wir müssen auch die Vorstellungen vom eigenen Sterben loslassen. Wir haben es nicht in der Hand, wie wir sterben. Selbst Heilige starben in Anfechtung und seelischer Qual. Wir können uns nicht aussuchen, ob das Sterben uns unvermutet erreicht oder nach langem Krankenlager. Als älterer Mann schrieb Karl Rahner, man solle in der Weise sterben, wie Gott es verfügt hat. Karl Rahner schenkte seinem Mitbruder Piet van Breemen das Sterbebild seiner Mutter, die im Jahre 1976 im Alter von 101 Jahren gestorben ist. Auf der Rückseite stand das Gebet von Teilhard de Chardin, dem großen Jesuiten und Naturforscher, das die Mutter von Karl Rahner in den letzten Jahren immer bei sich trug. Sie hatte es mit der Hand abgeschrieben und sich mit diesem Gebet wohl täglich auf einen guten Tod vorbereitet.

Das Gebet lautet: »Nachdem ich Dich als Den erkannt habe, Der mein erhöhtes Ich ist, lass mich, wenn meine Stunde gekommen ist, Dich unter der Gestalt jeder fremden oder feindlichen Macht wiedererkennen, die mich zerstören oder verdrängen will. Wenn sich an meinem Körper oder an meinem Geist die Abnutzung des Alters zu zeigen beginnt; wenn das Übel, das mindert oder wegrafft, mich von außen überfällt oder in mir entsteht; im schmerzlichen Augenblick, wo es mir plötzlich zum Bewusstsein kommt, dass ich krank bin und alt werde; besonders in jenem letzten Augenblick, wo ich fühle, dass ich mir selbst entfliehe, ganz ohnmächtig in den Händen der großen unbekannten Mächte, die mich gebildet haben; in all diesen düsteren Stunden, lass mich, Herr, verstehen, dass Du es bist, der – sofern mein Glaube groß genug ist – unter Schmerzen die Fasern meines Seins zur Seite schiebt, um bis zum Mark meines Wesens einzudringen und mich in Dich hineinzuziehen« (zit. in: Piet van Breemen, Alt werden als geistlicher Weg. Würzburg 2004).

Wir können uns vorstellen, wie die Mutter von Karl Rahner sich durch dieses befreiende Gebet auf das Geheimnis des Todes vorbereitete und dass sie sich im Tod in Gottes liebende Arme fallen lassen konnte.

> **Ich habe ältere Mitbrüder erlebt, bei denen deutlich geworden ist, dass sie durch ihren Abschied nicht zerbrochen sind, sondern für ein mildes und strahlendes Licht aufgebrochen wurden, in dem Gottes Herrlichkeit durch ihre Schwäche hindurch für uns aufleuchtete.**

Gedanken des bekannten Tiefenpsychologen Carl Gustav Jung zu dem Thema der Lebensmitte eines Menschenlebens, das der Besinnung und Stille bedarf: Die psychische Lebenskurve läuft auf den Tod zu.

Wenn die
Lebenskurve sich neigt

Das eigentliche Problem, vor dem der Mensch in der Lebensmitte steht, ist seine Haltung gegenüber dem Tod. Die psychische Lebenskurve, die sich nach unten neigt, läuft auf den Tod zu. Nur wenn der Mensch an ein Weiterleben nach dem Tode glaubt, ist das Ende seines irdischen Lebens, ist der Tod ein vernünftiges Ziel. Nur dann hat die zweite Lebenshälfte in sich selbst ihren Sinn und ihre Aufgabe. Für Jung ist das Weiterleben nach dem Tod keine Sache des Glaubens, sondern der psychischen Realität. Die Seele findet es vernünftig. Indem sie sich darauf einrichtet, bleibt sie gesund (vgl. C. G. Jung, Gesammelte Werke, Bd. 8, 457 ff. und 469 ff.).

In der Lebensmitte muss sich der Mensch mit seinem Tod vertraut machen. Er muss bewusst das Absteigen seiner biologischen Lebenskurve annehmen, um seine psychologische Linie weiter aufsteigen zu lassen in Richtung Individuation. C. G. Jung meint: »Von der Lebensmitte an bleibt nur der lebendig, der mit dem Leben sterben will« (ebd., 466).

Die Angst vor dem Sterben sieht Jung in Zusammenhang mit der Angst vor dem Leben: »Wie es eine große Zahl junger Menschen gibt, die im Grunde genommen eine panische Angst haben vor dem Leben, das sie doch so sehr ersehnen, so gibt es vielleicht noch eine größere Zahl alternder Menschen, welche dieselbe Furcht vor dem Tode haben. Ja, ich habe die Erfahrung gemacht, dass gerade jene jungen Leute, welche das Leben fürchten, später ebenso sehr an Todesangst leiden. Sind sie jung, so sagt man, sie hätten infantile Widerstände gegen die normalen Forderungen des Lebens; sind sie alt, so müsste man eigentlich dasselbe sagen, nämlich dass sie ebenfalls Angst vor einer normalen Forderung des Lebens haben. Aber man ist dermaßen überzeugt, dass der Tod einfach das Ende eines Ablaufes ist, dass es einem in der Regel gar nicht beikommt, den Tod ähnlich als ein Ziel und eine Erfüllung aufzufassen, wie man es bei den Zwecken und Absichten des aufsteigenden, jugendlichen Lebens ohne weiteres tut« (ebd., 465).

Das Leben hat ein Ziel. In der Jugend besteht das Ziel darin, dass der Mensch sich in der Welt einrichtet und etwas erreicht.

Mit der Lebensmitte ändert sich das Ziel. Es liegt nicht auf dem Gipfel, sondern im Tal, dort, wo der Aufstieg begann. Und es gilt, sich auf dieses Ziel hinzubewegen. Wer das nicht tut, wer sich krampfhaft an seinem Leben festhält, dessen psychologische Lebenskurve verliert den Zusammenhang mit seiner biologischen. »Sein Bewusstsein steht in der Luft, während unter ihm die Parabel mit vermehrter Geschwindigkeit absinkt« (ebd., 464).

Die Angst vor dem Tod ist letztlich: Nicht-leben-Wollen. Denn leben, lebendig bleiben, reifen kann nur, wer das Gesetz des Lebens annimmt, das sich auf den Tod als sein Ziel hinbewegt.

Statt vorzuschauen auf das Ziel des Todes, blicken viele zurück in die Vergangenheit. Während wir alle einen jungen Mann von 30 Jahren, der in die Kindheit zurückblickt und infantil bleibt, bedauern, bewundert unsere Gesellschaft alte Menschen, die wie Jugendliche aussehen und sich so gebärden. Jung nennt »beide pervers, stillos, psychologische Naturwidrigkeiten. Ein Junger, der nicht kämpft und siegt, hat das Beste seiner Jugend verpasst, und ein Alter, welcher auf das Geheimnis der Bäche, die von Gipfeln in Täler rauschen, nicht zu lauschen versteht, ist sinnlos, eine geistige Mumie, welche nichts ist als erstarrte Vergangenheit.

Er steht abseits von seinem Leben, maschinengleich sich wiederholend bis zur äußersten Abgedroschenheit. Was für eine Kultur, die solcher Schattengestalten bedarf!« (ebd., 466).

Ein typisches Zeichen der Angst vor der Zukunft des Alterns ist das Festhalten an der Zeit der Jugend. C. G. Jung fragt: »Wer kennt nicht jene rührenden alten Herren, die die Studentenzeit immer wieder aufwärmen müssen und nur im Rückblick auf ihre homerische Heldenzeit ihre Lebensflamme anfa-

Leben, lebendig bleiben, reifen kann nur, wer das Gesetz des Lebens annimmt, das sich auf den Tod als sein Ziel hinbewegt.

chen können, im Übrigen aber in einem hoffnungs-losen Philistertum verholzt sind?« (ebd., 452). Statt sich auf das Altern zu bereiten, wird man zum ewig Jungen, nach Jung »ein kläglicher Ersatz für die Erleuchtung des Selbst« (ebd., 455), die vom Menschen der zweiten Lebenshälfte gefordert wird.

Die Menschen in der Lebensmitte sind heute nicht vorbereitet auf das, was sie in der zweiten Lebenshälfte erwartet. Als Grund gibt Jung an, dass wir zwar Schulen für Jugendliche haben, aber nicht für 40-Jährige, die sie auf das Bestehen der zweiten Lebenshälfte hin erziehen.

Seit alters her waren die Religionen solche Schulen. Sie haben die Menschen auf das Geheimnis der zweiten Lebenshälfte vorbereitet. Und Jung kann auch heute dem Menschen in der Lebensmitte keine andere Schule anbieten als die Religionen, die den Menschen einweisen in das Sterben, weil sie ihn über das Sichbehaupten in der Welt hinausführen in einen Bereich, wo der Mensch erst wahrhaft zum Menschen wird.

Nach Jung kann der Mensch sein Selbst nur dann entfalten, wenn er das Göttliche in sich erfährt. Die Idee des Gottes in uns, das Wort des heiligen Paulus »Nicht mehr ich lebe, sondern Christus lebt in mir« drückt für Jung die Erfahrung eines Menschen aus, der zu sich selbst gefunden hat. Und es kommt für den Menschen der Lebensmitte darauf an, dass er sein enges Ich loslässt, um sich Gott zu überlassen. Wer die Übergabe an Gott verweigert, findet nie zu einer Ganzheit und damit letztlich nicht zu seiner seelischen Gesundheit. So

ist für viele Menschen der zweiten Lebenshälfte das eigentliche Problem ein religiöses. Jung sagt:

»Unter allen meinen Patienten jenseits der Lebensmitte, das heißt jenseits 35, ist nicht ein einziger, dessen endgültiges Problem nicht das der religiösen Einstellung wäre.

Ja, jeder krankt in letzter Linie daran, dass er das verloren hat, was lebendige Religionen ihren Gläubigen zu allen Zeiten gegeben haben, und keiner ist wirklich geheilt, der seine religiöse Einstellung nicht wieder erreicht, was mit Konfession oder Zugehörigkeit zu einer Kirche natürlich nichts zu tun hat« (Jung, GW, Bd. 11, 362).

Für die Begegnung mit dem Gottesbild, das für seine psychische Gesundheit notwendig ist, bietet Jung dem Menschen die gleichen Mittel und Methoden an, die wir auch bei den geistlichen Schriftstellern finden.

Jung spricht vom Opfer, in dem der Mensch sich Gott übergibt, in dem er etwas von seinem Ich opfert, um sich selbst zu gewinnen. Die Introversion, die Jung vom Menschen der Lebensmitte fordert, vollzieht sich in Meditation und Askese. Einsamkeit und absichtliches Fasten sind für ihn »die seit alters bekannten Mittel, um jene Meditation, welche den Zugang zum Unbewussten eröffnen soll, zu unterstützen« (Jung, GW, Bd. 5, 428). Dieses Eingehen in das Unbewusste, die Vertiefung in sich selbst bedeutet für den Menschen Erneuerung und geistige Wiedergeburt.

Der Schatz, von dem Christus spricht, liegt im Unbewussten verborgen, und nur die Symbole und

Mittel der Religion machen den Menschen fähig, diesen Schatz zu heben. So wie Christus im Tod in den Hades hinabsteigt, so muss auch der Mensch durch die Nacht des Unbewussten, durch die Höllenfahrt der Selbstbegegnung hindurch, um mit der Kraft des Unbewussten gestärkt wiedergeboren zu werden. Das Ergebnis dieser Erfahrung von Menschen, die durch die Krisen der Lebensmitte hindurchgegangen sind und sich von Gott durch diese Krisen haben wandeln lassen, fasst Jung so zusammen:

»Sie kamen zu sich selber, sie konnten sich selber annehmen, sie waren imstande, sich mit sich selbst zu versöhnen, und dadurch wurden sie auch mit widrigen Umständen und Ereignissen ausgesöhnt. Das ist fast das Gleiche, was man früher mit den Worten ausdrückte: ›Er hat seinen Frieden mit Gott gemacht, er hat seinen eigenen Willen zum Opfer gebracht, indem er sich dem Willen Gottes unterwarf‹« (Jung, Psychologie und Religion, 147).

Die geistige Wiedergeburt, das Sich-wandeln-Lassen durch Gott, ist die Aufgabe der zweiten Lebenshälfte, eine Aufgabe voller Gefahren, aber auch voller Verheißungen.

Die geistige Wiedergeburt, das Sich-wandeln-Lassen durch Gott, ist die Aufgabe der zweiten Lebenshälfte, eine Aufgabe voller Gefahren, aber auch voller Verheißungen. Sie verlangt weniger psychologische Kenntnisse als vielmehr das, was wir mit Frömmigkeit bezeichnen, die Bereitschaft, sich nach innen zu wenden, um auf den Gott zu hören, der in uns ist. Mit aller geistigen Anstrengung, so fordert Jung, soll sich der Mensch der Lebensmitte seiner Aufgabe der Selbstwerdung widmen, einer Aufgabe freilich, die wir nicht aus eigener Kraft bewältigen, sondern die uns nur ›concedente deo‹ gelingen kann.

Das Sein zum Tod, das alle Philosophen als Wesen des Menschen beschreiben, wird bestärkt durch Vorboten des Sterbens, die uns während des Lebens ständig daran mahnen, dass wir sterblich sind und dass unser Weg ein Weg des Sterbens ist.

Sterben als
lebenslanger Prozess

Schon Augustinus erkennt in seinen »Confessiones«, dass der Mensch vom ersten Augenblick seiner Geburt an zu sterben beginnt. Sein Leben ist ein ständiges »tendere ad non esse«, ein Hinstreben zum Nichtsein, ein Prozess der Lebensauflösung, ein »cursus mortalitatis«, ein Lauf des Sterbens. Augustinus greift mit diesen Bildern die Auffassung des römischen Philosophen Cicero auf.

Das Leben ist ein Sein zum Tode, wie es dann später Martin Heidegger in seinem berühmten Buch »Sein und Zeit« ausgedrückt hat. »Seiend zu seinem Tode, stirbt es faktisch, und zwar ständig«, sagt Heidegger. Und er zitiert die Aussage des

»Ackermanns aus Böhmen« zustimmend: »Sobald ein Mensch zum Leben kommt, sogleich ist er alt genug zu sterben.«

Das Sein zum Tod, das alle Philosophen als Wesen des Menschen beschreiben, wird bestärkt durch Vorboten des Sterbens, die uns während des Lebens ständig daran mahnen, dass wir sterblich sind und dass unser Weg ein Weg des Sterbens ist. Solche Vorboten des Todes sind die Krankheiten, die uns immer wieder treffen. Im Märchen »Die Boten des Todes« geht es um diese Vorboten: Der Tod verspricht einem jungen Mann aus Dankbarkeit, dass er ihm geholfen hat, dass er ihn erst holen werde, wenn er ihm vorher seine Boten sendet. Der junge Mann wird öfter krank und bekommt Schmerzen. Aber sobald er gesund ist, lebt er vergnügt weiter, in der Gewissheit, er werde nicht sterben. Doch dann klopft ihm der Tod auf die Schulter und sagt: »Folge mir, die Stunde deines Abschieds von der Welt ist gekommen.« Der junge Mann wendet ein, der Tod habe ihm doch versprochen, zuerst seine Boten zu schicken.

Da sagte der Tod: »Habe ich dir nicht einen Boten über den andern geschickt? Kam nicht das Fieber, stieß dich an, rüttelte dich und warf dich nieder? Hat der Schwindel dir nicht den Kopf betäubt? Zwickte dich nicht die Gicht in allen Gliedern? Brauste es dir's nicht in den Ohren? Nagte der Zahnschmerz in deinen Backen? Wird dir's nicht dunkel vor den Augen? Über das alles hat nicht mein leiblicher Bruder, der Schlaf, dich jeden Abend an mich erinnert? Lagst du nicht in der Nacht, als wärst du

schon gestorben? Der Mensch wusste nichts zu erwidern, ergab sich in sein Geschick und ging mit dem Tode fort« (Grimms Märchen).

Viele Krankheiten – wie Erkältungskrankheiten oder grippale Infekte – scheinen mit dem Tod nichts zu tun zu haben. Doch in jeder Krankheit spüren wir, dass wir über unsere Gesundheit und Kraft nicht verfügen können. Manchmal schwächt uns eine Grippe so stark, dass wir das Gefühl haben, keine Kraft mehr für das Leben zu haben. In dieser Kraftlosigkeit kommen dann Gedanken hoch wie: »Es ist mir alles zu viel. Ich habe keine Lust mehr zu leben. Ich möchte am liebsten sterben. So kraftlos zu leben hat keinen Sinn.«

Dann aber gibt es ernstere Vorboten des Todes wie eine Krebserkrankung, bei der wir nie wissen, ob sie geheilt werden kann oder ob sie uns doch irgendwann zum Tode führt. Solche Erkrankungen mahnen uns, über die Zeitlichkeit und Endlichkeit unseres Lebens nachzudenken. Auch das Älterwerden ist ein Vorbote des Sterbens. Wir spüren, dass unsere Kräfte nachlassen und dass das Ende dieses Nachlassens der Tod sein wird.

Es gibt noch andere Vorboten des Sterbens: Da ist die Pensionierung, die für manche auch eine Art Tod bedeutet: den Tod ihrer Bedeutsamkeit, den Tod ihrer Wichtigkeit, ihres Gebrauchtwerdens. Sie verlieren die Rolle, die sie bisher innehatten und die ihnen Kraft und Halt gab. Es löst sich etwas auf, woran sie sich bisher festgehalten haben. Für andere ist es eine Art Sterben, wenn sie ihre Arbeit verlieren. Das, was sie bisher ausgemacht hat, dass sie

> **In jeder Krankheit spüren wir, dass wir über unsere Gesundheit und Kraft nicht verfügen können. Manchmal schwächt uns eine Grippe so stark, dass wir das Gefühl haben, keine Kraft mehr für das Leben zu haben.**

eine sinnvolle Arbeit hatten, dass sie etwas leisten konnten, fällt auf einmal weg. Etwas stirbt in ihnen. Für andere stirbt etwas, wenn sie die Erfolglosigkeit ihres Arbeitens schmerzlich erleben. Sie arbeiten und strengen sich an, aber alles ist umsonst. Es kommt nichts dabei heraus. Das ist wie ein Tod. Die Illusionen von einem erfolgreichen Leben sterben ab. In all diesen Situationen gilt: »Leben stirbt nicht auf einmal ab, der Mensch muss es nach und nach, Stück für Stück hergeben« (Gisbert Greshake).

Jeder Abschied ist letztlich ein Sterben. Das gilt für die Abschiede, die wir erleben, wenn unsere Kinder aus dem Haus ziehen und heiraten, oder wenn wir selbst des Berufes wegen in eine andere Stadt oder in ein anderes Land ziehen. Vor allem aber gilt es für das Abschiednehmen von lieben Menschen, die uns im Tod entrissen werden.

Das Sterben eines lieben Menschen erleben wir als großen Schmerz. Gabriel Marcel sagt vom Tod eines uns nahen Menschen: »Was zählt, ist weder mein Tod noch der Ihre, sondern der Tod dessen, den wir lieben.« Der heilige Augustinus war tief erschüttert, als sein geliebter Freund starb. Da war für ihn alles vom Tod infiziert. Er schreibt: »Was ich ansah, war alles nur Tod ... Ja, ich wunderte mich, dass die übrigen Sterblichen noch lebten, da doch er, den ich geliebt hatte, als könne er nicht sterben, gestorben war, und mehr noch wunderte ich mich, dass ich selbst, da ich doch ein zweiter Er gewesen, noch lebte, nun, da er tot war. Trefflich hat jemand von seinem Freund gesagt: die Hälfte meiner Seele« (Confessiones IV).

Wenn ein geliebter Mensch stirbt, stirbt auch etwas in uns ab. Und wir haben den Ein-

Wenn ein geliebter Mensch stirbt, stirbt auch etwas in uns ab. Und wir haben den Eindruck, dass alles um uns herum nach Tod schmeckt. Das Leben verliert seinen Geschmack.

druck, dass alles um uns herum nach Tod schmeckt. Das Leben verliert seinen Geschmack.

Die Philosophen haben nicht nur über die Anwesenheit des Todes mitten im Leben nachgedacht, sondern auch über den Sinn des Todes für die Selbstwerdung des Menschen. Der Tod war immer ein Stachel für jeden Philosophen, sich über den Sinn des Lebens Gedanken zu machen. Platon sieht den Tod als Trennung von Leib und Seele. Da die Seele das Eigentliche im Menschen ist, das Unvergängliche und Unveränderliche, das Geistige, ist der Tod für den Menschen eine Befreiung. Die Seele wird aus den Fesseln des Todes befreit. Das war für Platon ein Weg, dem Tod das Schreckliche zu nehmen, das ihm seit jeher innewohnt. Die Seele geht im Tod über zu dem »Göttlichen und Unsterblichen und Vernünftigen«. So geht die Seele im Tod über in einen Zustand des

Da wird er gefragt, wer er selbst ist, ohne seine Rollen und Masken, hinter denen er sich hier auf Erden oft genug versteckt. Er wird mit seiner Wahrheit konfrontiert und mit dem Ernst seines Daseins.

Glücks. Sie wird nicht mehr von Leidenschaften oder Irrtum beherrscht, sondern kommt zu ihrem eigenen Wesen.

Das Sterben verweist den Menschen auf sich selbst. Auch wenn der Mensch gerne in Gemeinschaft stirbt, um sich auch im Sterben von der Liebe anderer getragen zu fühlen, so erfährt der Mensch im Sterben immer auch Einsamkeit. Durch das Tor des Todes muss er alleine gehen. Da wird er gefragt, wer er selbst ist, ohne seine Rollen und Masken, hinter denen er sich hier auf Erden oft genug versteckt. Er wird mit seiner Wahrheit konfrontiert und mit dem Ernst seines Daseins. Er ist nicht einfach in dieses Dasein hineingeworfen. Er ist von Gott in diese Welt gesandt, dass er seinen Weg vor Gott geht und zum Segen wird für diese Welt. Im Tod wird er gefragt, wie er gelebt hat und ob er überhaupt wirklich und wahrhaftig gelebt hat.

Was kommt
nach dem Tod?

Von der Psychologie her hat sich C. G. Jung im Jahre 1934 dem Aufsatz »Seele und Tod« mit der Frage des Lebens nach dem Tod auseinandergesetzt. Er berichtet dort von seiner Erfahrung, dass es oft die gleichen Menschen sind, die in der Jugend vor dem Leben Angst hatten und die nun im Alter Angst vor dem Sterben haben. Sie haben Angst vor der normalen Forderung des Lebens. Zur ersten Lebenshälfte gehört es, zu kämpfen und ein starkes Ich zu entwickeln. Aufgabe der zweiten Lebenshälfte ist es dagegen, sein Ich loszulassen und sich mit dem Tod auseinanderzusetzen, indem wir uns in Gott hinein ergeben. Jung vergleicht das menschliche Leben mit einem Halbkreis. Am Anfang steigt der Kreis auf. Doch manche bleiben innerlich zurück, wenn sie noch zu sehr an ihrer Kindheit festhalten. In der Lebensmitte fängt der Halbkreis an zu sinken. Ab der Lebensmitte bleibt nur der lebendig, der im Tod ein Ziel sieht und der bereit ist, sich auf dieses Ziel zuzubewegen. »Von der Lebensmitte an bleibt nur der lebendig, der mit dem Leben sterben will« (C. G. Jung). Doch viele wehren sich gegen die Notwendigkeit des Todes. Sie halten am Leben fest. Jung meint: Sie bleiben »als Erinnerungssalzsäulen stehen, die sich zwar noch lebhaft an ihre Jugendzeit zurückerinnern, aber kein lebendiges Verhältnis zur Gegenwart finden können« (C. G. Jung).

So mahnt C. G. Jung den Menschen, sich mit seinem Tod auszusöhnen. Dabei möchte er nicht an den Glauben appellieren, dass der Tod eine zweite Geburt sei. Aber er erinnert an die allgemein verbreiteten Auffassungen der Religionen vom Tod: »Man kann sogar behaupten, dass die Mehrzahl dieser Religionen komplizierte Systeme der Vorbereitung auf den Tod sind.« Religiöse Symbole würden nicht dem Kopf entstammen, sondern »aus dem Herzen, jedenfalls aus einer psychischen Tiefenschicht, die dem Bewusstsein, das immer nur Oberfläche ist, wenig ähnelt«.

Jung will nicht beweisen, dass es ein Leben nach dem Tod gibt. Er weist aber darauf hin, dass es der allgemeinen Seele der Menschheit mehr entspräche, »wenn wir den Tod als die Sinnerfüllung des Lebens und als sein eigentliches Ziel betrachten anstatt als ein bloß sinnloses Aufhören. Wer also einer aufklärerischen Meinung in dieser Hinsicht huldigt, hat sich psychologisch isoliert und steht im Gegensatz zu

> **Die Seele ahnt, dass es so etwas wie »Ewigkeit« gibt: ein Leben ganz im Augenblick, ein Leben, in dem die Grenzen zwischen Zeit und Ewigkeit, zwischen Gott und Mensch und zwischen den Menschen aufgehoben werden.**

seinem eigenen allgemein-menschlichen Wesen.« Sich von seinen eigenen seelischen Grundtatsachen zu entfernen ist jedoch nach C. G. Jung Ursache aller Neurosen. Man würde so sein Denken verbiegen und die Verbindung mit der Tiefe seiner Seele verlieren. Jung beobachtet, dass sich die Seele auf den Tod vorbereitet. Das erkennt er vor allem an den Träumen, die in Symbolen das Herannahen des Todes anzeigen und die die Seele einladen, sich auf den Tod einzulassen und das, was verkehrt war, richtigzustellen.

Jung weiß, dass keiner etwas Definitives über den Tod und das Leben nach dem Tod aussagen kann. Aber er nimmt die Wahrheiten ernst, die ihm die Seele vor Augen führt. Er geht von telepathischen Phänomenen aus, die ihm zeigen, dass die Seele nicht an raumzeitliche Kategorien gebunden ist, sondern »dem angehöre, was unzulänglich und symbolisch als ›Ewigkeit‹ bezeichnet wird«.

Ob die Wahrheiten der Seele »absolute Wahrheiten sind oder nicht, werden wir nie beweisen können«. Aber wir wissen, dass der, der sich gegen die Einsichten seiner Seele wehrt, entwurzelt wird und seine Orientierung verliert. Er kann keinen Sinn mehr in seinem Leben erkennen. Und das führt letztlich zur neurotischen Rastlosigkeit. Jung schließt seinen Aufsatz mit den Worten: »Rastlosigkeit erzeugt Sinnlosigkeit, und Sinnlosigkeit des Lebens ist ein seelisches Leiden, das unsere Zeit noch nicht in seinem ganzen Umfang und in seiner ganzen Tragweite erfasst hat« (aus: Seele und Tod; in: GW 8, Zürich 1967).

Die Psychologie ermutigt uns, den Ahnungen der eigenen Seele zu trauen. Die Seele weiß in ihrer Tiefe, dass mit dem Tod nicht alles aus ist und dass es noch eine andere Form des Lebens gibt, die nicht an die Kategorien von Raum und Zeit gebunden ist.

Im Alter hat sich C. G. Jung nochmals im Gespräch mit seiner langjährigen Mitarbeiterin Aniela Jaffe über das Leben nach dem Tod geäußert. Er spricht von Gedanken und Bildern, die ihn sein Leben lang umgetrieben hätten, für die er aber keine letzten Beweise liefern könne. Daher könne er über das Leben nach dem Tod nur Geschichten erzählen. Er bezeichnet diese Haltung mit dem griechischen Wort »mythologein«. »Für den Verstand ist das ›mythologein‹ eine sterile Spekulation, für das Gemüt aber bedeutet es eine heilende Lebenstätigkeit; sie verleiht dem Dasein einen Glanz, welchen man nicht missen möchte. Es liegt auch kein zureichender Grund vor, warum man ihn missen sollte.« Jung meint, dass der Mythos uns »hilfreiche und bereichernde Bilder des Lebens im Totenland« anböte. Man kann diese Bilder bezweifeln. Aber wer ihnen folgt, hat genauso recht wie der, der sie leugnet. »Während aber der Leugnende dem Nichts entgegengeht, folgt der dem Archetypus Verpflichtete den Spuren des Lebens bis zum Tode. Beide sind zwar im Ungewissen, der eine aber gegen seinen Instinkt, der andere mit ihm, was einen beträchtlichen Unterschied und Vorteil zugunsten des Letzteren bedeutet.«

C. G. Jung äußert sich nicht, wie er sich das Leben nach dem Tod konkret vorstellt. Einmal spricht er aber davon, dass der Tod eine Hochzeit sei. »Die Seele erreicht sozusagen die ihr fehlende Hälfte, sie erlangt Ganzheit.« Das Denken über das, was uns im Tod erwartet, hat für Jung Auswirkungen auf unseren Umgang mit den Dingen. Wir würden uns dann nämlich nicht auf Erfolg oder Besitz fixieren, sondern für das Wesentliche offen bleiben: »Je mehr der Mensch auf falschem Besitz insistiert und je weniger das Wesentliche für ihn spürbar ist, desto unbefriedigender ist sein Leben. Er fühlt sich beschränkt, weil er beschränkte Absichten hat, und das schafft Neid und Eifersucht. Wenn man versteht und fühlt, dass man schon in diesem Leben an das Grenzenlose angeschlossen ist, ändern sich Wünsche und Einstellungen. Letzten Endes gilt man nur wegen des Wesentlichen, und wenn man das nicht hat, ist das Leben vertan« (aus: Erinnerungen – Träume – Gedanken. Olten 1971).

Auch wenn ich nicht alle Anschauungen C. G. Jungs teile, die er bezüglich Tod und ewigem Leben hat, so zeigen mir seine Gedanken doch, dass tief in unserer Seele eine Ahnung von ewigem Leben ist. Von der Psychologie her können wir nicht sagen, wie wir uns den Tod und das Leben nach dem Tod vorstellen sollen. Aber die Psychologie ermutigt uns, den Ahnungen der eigenen Seele zu trauen. Die Seele weiß in ihrer Tiefe, dass mit dem Tod nicht alles aus ist und dass es noch eine andere Form des Lebens gibt, die nicht an die Kategorien von Raum und Zeit gebunden ist. Sie ahnt, dass es so etwas wie »Ewigkeit« gibt: ein Leben ganz im Augenblick, ein Leben, in dem die Grenzen zwischen Zeit und Ewigkeit, zwischen Gott und Mensch und zwischen den Menschen aufgehoben werden. Die Psychologie nimmt wahr, dass in vielen Menschen und Kulturen der Glaube und die Hoffnung auf ein Leben nach dem Tod vorhanden sind.

Man kann nun sagen, dass dies eine Einbildung des Menschen sei, damit er hier auf Erden mit dem Leid zurechtkommt und trotz allen Scheiterns hoffnungsvoll zu leben vermag. Aber wir dürfen auch vertrauen, dass uns das allgemeine Wissen der menschlichen Seele nicht in die Irre führt. Auch wenn wir nichts Endgültiges über den Tod und das ewige Leben sagen können, so verweist uns doch das »Wissen« der menschlichen Seele auf die Hoffnung, dass wir im Tod nicht für immer erlöschen.

Sterbe-
begleitung

Die Hospizbewegung hat den Tod aus der Verdrängung befreit. Sie hat erkannt, dass es der menschlichen Gesellschaft nicht guttut, den Tod zu verdrängen. Viele Menschen, die sich in der Hospizbewegung engagieren, begleiten die Sterbenden. Sie lassen sie nicht allein. Sie haben den Mut, den Sterbenden beizustehen, auch wenn sie verzweifelt oder aber aggressiv sind, sich gegen das Sterben aufbäumen und von Gott und frommen Worten nichts wissen wollen. Die Begleiter von der Hospizbewegung wollen die Angehörigen nicht von der Begleitung verdrängen. Sie unterstützen sie, wenn diese überfordert sind. Und oft genug helfen sie ihnen, sich dem Sterbeprozess eines Anverwandten auszusetzen. Denn viele Angehörige sind hilflos, wenn ihre Mutter oder ihr Vater oder ein Kind stirbt. Sie haben in sich die Tendenz, dem Tod auszuweichen. Sie haben Angst, mit dem Sterben konfrontiert zu werden. Oft haben sie noch nie einen Menschen beim Sterben begleitet. So sind sie in Spannung, was da geschehen wird. Die Hospizbegleiter ermutigen die Angehörigen, einfach beim Sterbenden zu bleiben, mit ihm zu sprechen oder seine Hand zu halten. Sie vermitteln ihnen, dass sie selbst beschenkt werden, wenn sie den Sterbenden begleiten, dass sie die Beziehung zum Sterbenden vertiefen können.

Der Tod eines Menschen erinnert uns immer auch an das eigene Sterben. So stellt der Sterbende die Frage an uns: Wie wird es mir gehen, wenn ich einmal sterbe? Wer bin ich, wenn mein Leben endlich ist?

Es genügt nicht, es nur voller Mitleid bei den Sterbenden auszuhalten und sie in ihrem Sterben nicht alleinzulassen. Es braucht auch ein gutes Gespür für das, was im Sterben bei den Menschen geschieht. Es braucht ein Wissen um die Nöte und Kämpfe, die ein Sterbender zu bestehen hat. Und es braucht eine Offenheit für die Bilder, die dabei auftauchen. All diese Bilder und Reaktionen des Sterbenden müssen ernst genommen werden. Den Sterbenden nur zu beruhigen, dass alles nicht so schlimm sei, hilft nicht weiter.

Der Begleiter kann den Sterbenden nur dann gut begleiten, wenn er sich mit seinem eigenen Sterben auseinandersetzt. Der Tod eines Menschen erinnert uns immer auch an das eigene Sterben. So stellt der Sterbende die Frage an uns: Wie wird es mir gehen, wenn ich einmal sterbe? Wer bin ich, wenn mein Leben endlich ist? Wie relativiert das Sterben mein Leben und die Maßstäbe meines Lebens? Was wird wohl bei mir hochkommen, wenn ich die Kontrolle aus der Hand gebe? Was ist hinter meiner Fassade der Anständigkeit und Korrektheit an Schattenseiten? Wenn sich der Begleiter seinem eigenen Tod stellt, wird er offen für das, was der Sterbende ihm zeigt. Er verabschiedet sich von vorgefertigten Bildern vom Sterben, von seinen Erwartungen, wie der geliebte Mensch sterben soll. Er lässt sich auf das ein, was er beobachtet. Er ist bereit, mit dem Sterbenden durch all die Nöte und Kämpfe mitzugehen, die er gerade erlebt.

Die Hospizbewegung hat ihren Namen von den Hospizen des Mittelalters genommen. Hospize wurden von Mönchen und Nonnen geleitet. »Sie nahmen Arme auf, pflegten kranke und sterbende Menschen und gaben Pilgern zum Heiligen Land eine Herberge. Hospize standen also allen offen, die unterwegs und hilflos waren. Hier versuchte man, ihnen Schutz und Geborgenheit, Stärkung und Heilung zu geben« (Tausch-Flammer, 179). Die Hospizbewegung will also Sterbenden einen Raum der Geborgenheit schenken, eine Raststätte, in der sie auf ihrem Weg in die Vollendung innehalten und mit anderen über ihren Weg sprechen können. »Das Ziel der Hospizbewegung ist, Menschen das Sterben zuhause zu ermöglichen und ihnen zu helfen, dass die Zeit des Sterbens auch eine Zeit des Lebens ist« (ebd. 179 f.).

Bekannt ist das Wort, das die Begründerin der Hospizbewegung, die englische Krankenschwester und Ärztin Cicely Saunders gegenüber einem Sterbenden gesagt hat und in dem ihr Programm der Begleitung deutlich wird: »Sie sind wichtig, weil Sie eben Sie sind. Sie sind bis zum letzten Augenblick Ihres Lebens wichtig, und wir werden alles tun, damit Sie nicht nur in Frieden sterben, sondern auch leben können bis zuletzt« (Schmitt-Mannhart, 266).

Dieser Satz gilt gerade bei schwerstkranken und dementen Menschen, die heute für die Ärzte oft als austherapiert und daher nicht mehr interessant gelten. Gerade ihnen muss unsere Fürsorge gelten. Die Hospizbewegung hat uns die Würde jedes Menschen neu aufgezeigt und dabei viele Vorurteile, die in der Gesellschaft gelten, entkräftet, etwa das Vorurteil, dass das Leben eines demenzkranken Menschen ein unwürdiges Leben sei. »Die unwürdigste Art zu sterben ist das von Allen-verlassen-Sein!« (ebd., 268).

Die Hospizbewegung hat die mittelalterliche »ars moriendi« neu entdeckt. Im Mittelalter gab es zahlreiche Bücher für die Sterbebegleitung. Berühmt ist das Sterbebüchlein des Johannes

> »Sie sind wichtig, weil Sie eben Sie sind. Sie sind bis zum letzten Augenblick Ihres Lebens wichtig, und wir werden alles tun, damit Sie nicht nur in Frieden sterben, sondern auch leben können bis zuletzt« (Schmitt-Mannhart).

Gershon, in dem der Tod meditiert und der Sterbende getröstet und zugleich ermahnt wird, seine Sünden zu bereuen und sich mit seinen Feinden auszusöhnen. Darin stehen auch die Sterbegebete Anselms von Canterbury, durch die sich der Sterbende in die Haltung des Vertrauens hineinmeditieren sollte. Der Sterbende sollte in Gemeinschaft mit Menschen seinen Tod erleben. Er sollte vom Eingebundensein in die menschliche Gemeinschaft durch das einsame Tor des Todes in die neue Gemeinschaft des ewigen Lebens schreiten. Entscheidend war hier einmal die Aussöhnung mit dem eigenen Leben, mit der eigenen Schuld, und dann das Vertrauen in den Gott, der das arme Leben annimmt und erlöst.

Ein wichtiges Bild, das dem Menschen helfen sollte, sich ohne Angst in Gottes Hände fallen zu lassen, war das Bild der Pietà. Maria, die Mutter Gottes, hält ihren toten Sohn auf ihrem Schoß. Dieses Bild war gerade in Pestzeiten, in denen der Tod ständig vor der Tür lauerte, für viele ein Hoffnungsbild. Ein Mensch, der trotz allen Glaubens immer auch Angst hat vor dem Unbekannten des Sterbens, soll durch die Meditation der Pietà im Glauben wachsen, dass wir im Tod in mütterliche Arme hineinsterben werden. Der Tod ist nichts Schreckliches. Er ist eine Neugeburt.

Der Rosenkranz war damals auch ein Gebet, um sich in das Sterben einzuüben. Es ist Ausdruck des Glaubens, dass wir im Tod nicht in fremdes Grauen hineinsterben, sondern in die mütterlichen Arme Gottes hinein. Wenn fünfzigmal gebetet wird »Heilige Maria, Mutter Gottes, bitte für Sünder, jetzt und in der Stunde unseres Todes. Amen«, dann wächst da die Ahnung, dass Sterben etwas mit der Mutter und mit einer neuen Geburt, mit dem mütterlichen Gott und einem Neuwerden in ihm zu tun hat.

Ein anderes hilfreiches Bild ist, dass der Sterbende von seinem Engel über die Schwelle des Todes getragen und in die liebenden Arme Gottes hineingelegt wird. Dieses Bild ist nicht nur für den Sterbenden hilfreich, sondern auch für die Begleiter. Denn oft fühlen sie sich schuldig, wenn der Begleitete gerade dann stirbt, wenn sie nicht da sind. Niemand stirbt allein. Der Engel ist immer bei ihm. Und manchmal suchen sich die Menschen gerade den Augenblick, in dem niemand da ist. Das gilt vor allem dann, wenn sie das Gefühl haben, die Angehörigen oder Begleiter können sie nicht loslassen. Dann brauchen sie das Alleinsein, um gehen zu können. Sie spüren, dass dann der Engel da ist, der sie begleitet, und nicht mehr nur die Angehörigen. Manche erleben den Engel, der sie begleitet, in Lichtphänomenen. Manche haben den Eindruck, dass die verstorbene Mutter, der verstorbene Vater oder die verstorbene Tochter als Engel kommt, um sie abzuholen und sie über die Schwelle des Todes ins Licht zu begleiten.

> **Und manchmal suchen sich die Menschen gerade den Augenblick, in dem niemand da ist. Das gilt vor allem dann, wenn sie das Gefühl haben, die Angehörigen oder Begleiter können sie nicht loslassen. Dann brauchen sie das Alleinsein, um gehen zu können. Sie spüren, dass dann der Engel da ist, der sie begleitet, und nicht mehr nur die Angehörigen.**

Erfahrung
wirklichen Lebens
bis zuletzt

Die Begleitung Sterbender gehört seit jeher zur Erfahrung wirklichen Lebens. Und sie gehört zur Kultur menschenwürdigen Sterbens. Neben all der Verdrängung des Todes und der Abschiebung Sterbender in Krankenhäuser entsteht heute ein neues Gefühl für menschenwürdiges Sterben, für die Notwendigkeit einer guten Begleitung Sterbender. Die Begleitung Sterbender verwandelt auch die Begleiter. Denn sie stellt sie vor die Frage, wie sie selbst reagieren würden, wenn sie eine lebensbedrohliche Krankheit hätten, ob sie bereit wären, wirklich loszulassen, und was sie dann noch klären und in Ordnung bringen möchten.

Wenn sie sich den eigenen Fragen stellen, die ihnen der Tod stellt, dann werden sie auch sensibel für das, was die Sterbenden bewegt. Dabei müssen sie sich verabschieden von allen festen Vorstellungen, wie Sterben gehen soll. Jeder Sterbeprozess ist ein Geheimnis. Jedes Sterben ist anders. Wir haben es zu würdigen, so wie es ist, ohne es zu bewerten. Jeder stirbt seinen eigenen Tod. Und wir sollen den Menschen, den wir begleiten, so sterben lassen, wie er es für sich möchte. Unsere Aufgabe ist, ohne zu werten, dabei zu sein, zu unterstützen, einen Raum anzubieten, in dem der Sterbende über das sprechen kann, worüber er mag.

Der Begleiter ist einfach da, hört auf das, was der Sterbende ihm sagt, und lässt sich auf das ein, was ihm vom Sterbenden kommt. Er soll sich befreien von dem Druck, er müsse den Sterbenden auf die wesentlichen Fragen vorbereiten. Wenn für den Sterbenden die Zeit gekommen ist, dann wird er schon Signale geben, dass er um sein nahes Ende weiß. Wenn er es aber verdrängt, muss ich ihn nicht gewaltsam darauf stoßen, dass er nur noch kurze Zeit zu leben hat. Er soll vielmehr den anderen versuchen zu verstehen. Warum verdrängt er den Tod? Warum kann er noch nicht daran denken loszulassen? Muss er noch etwas in Ordnung bringen? Hängt er noch zu sehr am Leben?

Der Begleiter ist nicht der Lehrer des Sterbenden, sondern einer, der sich hineinhorcht in das Geheimnis seines Lebens und seines Sterbens. Je vorurteilsloser und empathischer das geschieht, desto mehr wird sich der Sterbende öffnen und die Fragen ansprechen, die ihn wirklich bewegen. Dabei spürt der Begleiter, dass er dem Sterbenden gegenüber ehrlich und authentisch sein muss. »Gerade der sterbende Mensch nimmt sehr sensibel wahr, ob wir uns hinter einer Maske verstecken oder ob wir uns von seiner Not betroffen machen lassen und uns mit unserem ›Sein‹ auf ihn einlassen« (Daniela Tausch-Flammer).

Aber nicht nur der Sterbende nimmt wahr, ob wir vor ihm authentisch sind. Der Begleiter selbst spürt auch oft, was im Sterbenden vor sich geht. Manchmal fühlt er einen tiefen Frieden bei der Begleitung. Da spürt er, dass von dem Sterbenden Liebe und Frieden ausgehen. Aber manchmal fühlt sich der Begleiter in der Nähe des Sterbenden körperlich und seelisch unwohl. Dann soll er auch auf seine innere Wahrnehmung hören. Oft drückt sie aus, dass im Sterbenden noch viel unerlöst ist, dass er sich noch nicht seiner Wahrheit stellt. Ich soll dabei meine Empfindungen ernst nehmen, aber zugleich darf ich nicht bewerten. Ich muss dem Sterbenden den Raum und die Zeit zugestehen, durch all das Unerlöste zu gehen,

Die Begleitung Sterbender verwandelt auch die Begleiter. Denn sie stellt sie vor die Frage, wie sie selbst reagieren würden, wenn sie eine lebensbedrohliche Krankheit hätten, ob sie bereit wären, wirklich loszulassen, und was sie dann noch klären und in Ordnung bringen möchten.

um in den Frieden zu gelangen. Monika Renz hat bei der Begleitung die Erkenntnis gewonnen: »Die Atmosphäre lügt nicht« (Monika Renz).

Es hilft dem Sterbenden nicht, über meine Gefühle, die der Sterbende bei mir auslöst, hinwegzusehen: »Im Hinwegsehen über sein Umgetriebensein und dessen Hintergründe erweise ich dem Sterbenden keinen Dienst. Der Versuch, Themen zu umschiffen, verlängert häufig den Sterbeprozess und damit das Leiden des Sterbenden« (Renz).

Früher hat die Familie ihre Angehörigen im Sterben begleitet. Heute fühlen sich viele Angehörige mit dieser Aufgabe überfordert. Sie sind froh, wenn ihnen Begleiter und Begleiterinnen von der Hospizbewegung zu Hilfe kommen.

Doch die Aufgabe der Begleiter ist es, den Angehörigen nicht einfach das wegzunehmen, was diese selbst leisten müssten. Sie beziehen die Angehörigen mit in die Begleitung ein. Sie unterstützen sie, damit sie auch den Mut finden, bei den Sterbenden zu bleiben und sich auf den Sterbeprozess einzulassen.

Die Angehörigen sind oft sehr dankbar, dass sie von erfahrenen Begleitern an die Hand genommen werden und so selbst fähig werden, die Sterbenden zu begleiten. Sie erfahren es als Geschenk, dass sie vor dem Sterben nicht zurückgewichen sind. Oft erlebten sie dadurch eine tiefe Versöhnung mit dem Sterbenden, eine neue Nähe, wie sie sie während des Lebens nicht erfahren haben, und Dankbarkeit für das Geheimnis dieses sterbenden Menschen.

Woher komme ich, wohin gehe ich?

Spiritualität des Älterwerdens: Mensch, werde wesentlich!

Der Glaube
wandelt sich

Auch der Glaube wandelt sich im Alter. Manche zu optimistische Versprechungen, dass der Glaube uns immer trägt und dass Gott uns immer hilft, haben sich als hohl erwiesen. Ältere Menschen müssen sich über ihren Glauben aufs Neue Gedanken machen. Sie sind herausgefordert, hinter all den bisherigen Gottesbildern den unbegreiflichen Gott zu suchen. Manche nehmen jedoch die spirituelle Herausforderung nicht an, sondern werfen mit den zerbrochenen Gottesbildern auch Gott selbst über Bord. Sie wollen nichts mehr von ihm wissen. Oft genug werden sie dann bitter und enttäuscht.

Viele gläubige Christen erfahren im Alter eine Krise ihres Glaubens. Sie beginnen zu zweifeln, ob all das letztlich trägt, worauf sie ihre Hoffnung gesetzt haben. Sie haben schmerzliche Erfahrungen gemacht. Sie haben etwa ihren Ehepartner oder eines ihrer Kinder verloren. Sie fühlen sich krank und einsam. Was trägt sie noch? Was bedeutet ihr Glaube? Manche verhärten sich und halten stur an den Glaubenssätzen ihrer Kindheit fest. Andere wenden sich ab vom Glauben und wollen nichts mehr von Gott wissen, weil ihnen Gott

Viele gläubige Christen erfahren im Alter eine Krise ihres Glaubens. Sie beginnen zu zweifeln, ob all das letztlich trägt, worauf sie ihre Hoffnung gesetzt haben. Sie haben schmerzliche Erfahrungen gemacht.

nicht geholfen habe. Wieder andere suchen durch ihre Zweifel hindurch nach einem tragenden Grund. Sie spüren, dass alles, was wir im Glauben erkennen können, nur ein Hinweis auf den unbegreiflichen Gott ist, dass unsere dogmatischen Aussagen Bilder, Anhaltspunkte für jenen Gott sind, der jenseits aller Bilder ist.

Manchmal kommen ältere Menschen zu mir und sind verzweifelt. Sie haben ihr ganzes Leben auf dem Glauben aufgebaut. Doch jetzt droht er ihnen zu entschwinden. Ich versuche dann, ihnen klarzumachen, dass das keine Schuld bedeute und dass das ganz normal sei: Die augenblicklichen Zweifel sind eine Herausforderung, für den Glauben ein tieferes Fundament zu graben. Und ich lade sie ein, ihre Zweifel zu Ende zu denken. Es kann ja theoretisch sein, dass alles, was wir von Gott denken, nur Einbildung ist, oder dass unsere Vorstellung vom ewigen Leben nur Einbildung ist. Aber wenn wir das zu Ende denken, dann wird alles absurd.

Manchmal kommen ältere Menschen zu mir und sind verzweifelt. Sie haben ihr ganzes Leben auf dem Glauben aufgebaut. Doch jetzt droht er ihnen zu entschwinden. Ich versuche dann, ihnen klarzumachen, dass das keine Schuld bedeute und dass das ganz normal sei.

Mir persönlich geht es dann so, dass bei diesem Weiterdenken tief in meinem Herzen ein Impuls aufsteigt und ich mir ganz entschieden sage: »Ich setze auf diese Karte. Ich traue der Bibel, ich traue der Liturgie, ich traue dem heiligen Augustinus, der heiligen Teresa von Avila.« Bei allem Zweifel entscheide ich mich für den Glauben und für das Leben. Dieser Glauben wird bis zum Tod ein angefochtener Glauben bleiben, aber dennoch ein Glauben, der mich trägt, und ein Glauben, der mich auch die Menschen verstehen lässt, die sich schwer mit ihm tun.

Für viele ältere Menschen sind Rituale wichtige Bestandteile ihrer Spiritualität. Rituale geben ihnen Heimat und das Gefühl, dass sie von Gottes Geheimnis umgeben sind. Und Rituale strukturieren ihren Tag und öffnen ihn für Gott. Und sie geben ihnen das Gefühl, dass sie selbst leben, anstatt gelebt zu werden.

Für meine Mutter waren jahrelang klare Rituale sehr wichtig. Sie stand um 7 Uhr morgens auf, ging um 8 Uhr in die Eucharistiefeier in die nahe Pfarrkirche, machte sich dann Frühstück, legte sich auf das Sofa und betete für die Kinder und Enkelkinder zwei Rosenkränze. Dann hörte sie Kassetten, die sie sich vom Blindenbund immer wieder kommen ließ. Auf diese Weise hielt sie sich im Alter geistig noch lebendig und hörte viele interessante Bücher. Dann machte sie sich das Mittagessen, hielt einen Mittagsschlaf und am Nachmittag sah sie entweder fern oder erledigte noch kleine Arbeiten im Haushalt oder telefonierte mit ihren Kindern. Die Rituale gaben ihr das Gefühl, noch selbst zu leben, ihr Leben noch selbst zu gestalten. Daher jammerte sie nie über ihre Behinderung, sondern freute sich am Leben. Die Rituale waren für sie eine Quelle für die Lust am Leben.

Rituale vermitteln immer auch das Gefühl von Heimat, nicht im Sinn der Nostalgie, sondern weil sie auf das Geheimnis verweisen, das unter uns wohnt: auf das Geheimnis Gottes, in dessen Heim wir daheim sein dürfen. Daheim sein kann man nur dort, wo das Geheimnis wohnt. Das wissen ältere Menschen, die sich an Rituale halten. Auch wenn sie nach außen nicht viel tun können: allein ihr Leben, das sie selbst leben, anstatt gelebt zu werden, ist Zeugnis für das Geheimnis, das sie übersteigt. Es ist Zeugnis für ein erfülltes Leben.

Zu den Ritualen meiner Mutter gehörte, dass sie täglich immer das gleiche Gebet am Morgen betete. Sie lernte das Gebet auswendig, das sie im Gotteslob gefunden hat: »Herr, du schenkst mir jeden neuen Tag, und jeder Tag ist gleich wichtig vor dir« (Gotteslob 15,6). Und danach betete sie jeden Tag das Gebet für ihren verstorbenen Mann: »Vater, du hast meinen Mann zu dir genommen. Wir sind ein Stück unsres Lebens miteinander gegangen« (Gotteslob 26,2).

Als sie im Alter die Gebete manchmal nicht mehr auswendig konnte, bat sie meine Schwester, sie solle ihr diese beiden Gebete in Großbuchstaben abschreiben, damit sie sie auf ihrem Lesegerät lesen und wieder auswendig lernen konnte. Meine Schwester war tief berührt, als sie spürte, dass meine Mutter jeden Tag mit diesen beiden Gebeten begann. In dem ersten Gebet lautet eine Stelle: »Auch wenn ich nicht alle Menschen selbstlos lieben kann, hilf, dass ich keinen entmutige, der mir begegnet.« Als meine Schwester dieses Gebet und vor allem auch diese Textstelle für meine Mutter abschrieb, spürte sie, aus welcher Quelle sie lebte und worum sie sich jeden Tag mühte. Meine Mutter meditierte sich in dem Morgengebet in den Tag hinein. Sie wollte jeden Tag als Angebot Gottes annehmen und die Spur ihrer Liebe in diesen Tag eingraben.

Die Rituale und die immer gleichen Gebete haben meine Mutter jahrelang begleitet. Doch als sie im letzten Jahr krank wurde, spürte sie, dass ihr geistliches Leben noch einfacher werden musste.

Sie machte eine Erfahrung, die vielen älteren Menschen widerfährt: Im Alter wird die Spiritualität immer einfacher, immer freier von äußeren Formen, immer stiller und offener für den unbegreiflichen Gott. Wir müssen dann nicht mehr viel nachdenken.

Wir halten unsere Leere Gott hin und lassen sie von ihm erfüllen. Wir können nicht mehr die Emotionen wiederholen, mit denen wir in der Jugend im Lied begeistert Gott besungen haben. Unser geistlicher Weg wird immer stiller. Wir brauchen nicht mehr viele Worte. Im Schweigen öffnen wir uns Gott. Im Schweigen sind wir einverstanden mit Gott und dem Leben, das er uns zugemutet hat. Wir hören auf, uns selbst und andere zu bewerten. Wir haben die Höhen und Tiefen unseres Menschseins erlebt und kommen nun vor Gott und in Gott zum Frieden mit uns und unserer Welt. Wer so alt wird, von dem geht Segen für die Menschen seiner Umgebung aus.

In den letzten Jahren hat meine Mutter auch das Fernsehen ganz gelassen. Sie hat nie sehr viel ferngesehen. Doch in den letzten beiden Jahren interessierte sie sich überhaupt nicht mehr dafür. Da ging sie einfach nur noch nach innen. Sie konnte einfach still liegen oder im Rollstuhl sitzen und in die Natur schauen.

Im Alter wird die Spiritualität immer einfacher, immer freier von äußeren Formen, immer stiller und offener für den unbegreiflichen Gott. Wir müssen dann nicht mehr viel nachdenken.

Die Formen der Spiritualität werden auf einmal nicht mehr wichtig. Nicht mehr die Methode zählt, sondern allein noch das Sein.

Wandel
der Spiritualität

Als wir in unserem Konvent in Münsterschwarzach über gelingendes Älterwerden sprachen, kam auch die Rede darauf, den älteren Mitbrüdern einen Fernseher aufs Zimmer zu stellen, damit es für sie nicht so langweilig würde. Für mich wäre das eine Bankrotterklärung an unsere Spiritualität. Ältere Menschen sollen sich nicht mit den tausend Bildern zuschütten lassen, die ihnen das Fernsehen präsentiert. Sie sollen nach innen gehen und die inneren Bilder entdecken, in denen sich Gott in sie eingebildet hat – durch die Erfahrungen der Stille, die sie machen durften, durch die Begegnungen mit Menschen und durch die Worte, die ihr Herz berührt haben.

Natürlich ist es einfacher, sich mit Fernsehen die Zeit zu vertreiben. Und es gibt auch Zeiten, in denen das Fernsehen den Geist wach halten kann, weil man sich für vieles interessiert. Aber seit jeher haben die geistlichen Traditionen für das Alter den Weg der Stille und der Meditation hoch geschätzt. Wenn vieles Äußere wegfällt, dann geht es darum, das innere Licht zu sehen, all das noch zu verarbeiten, was in uns auftaucht, und so wahrhaft weise zu werden und sich mit allem, was in uns ist, Gott zu öffnen.

Mit dem Einfacherwerden der Spiritualität geht im Alter einher, dass die überpersönlichen Aspekte Gottes in den Vordergrund treten. Der ältere Mensch, der sein Ego losgelassen hat, fühlt sich vor Gott wie einer, der sich in den Grund des Seins hinein ergibt und mit ihm eins wird. Er leugnet nicht die Personalität Gottes. In den Worten der Schrift spürt er das Du Gottes, das ihn anspricht. Aber sein Gebet wird immer stiller und einfacher. Er ist einfach nur da vor Gott und in Gott. Gott ist das Du, das ihn anspricht, aber auch der Grund, der ihn trägt. Und indem er sich selbst vergisst, geht ihm das Geheimnis Gottes auf.

Die Formen der Spiritualität werden auf einmal nicht mehr wichtig. Nicht mehr die Methode zählt, sondern allein noch das Sein. Als meine Mutter in ihrer Krankheit die Gottesdienste nicht mehr besuchen konnte, wie sie es jahrzehntelang getan hatte, da wuchs in ihr etwas anderes. Sie ergab sich einfach in Gott hinein. Die äußeren Formen waren nicht mehr wichtig. Sogar das persönliche Rosenkranzgebet ging nicht mehr. Sie spürte jetzt, dass das Wesen des Gebets im Jasagen zu Gott und seinem unergründlichen Geheimnis besteht.

Der Vater eines Mitbruders sagte zu seinem Sohn: »Manchmal kann man nicht mal mehr beten. Und alles, was mein Bruder (der Pfarrer war) sagt, hilft da auch nicht. Da hockt man nur noch da. Es tut weh. Ich bin traurig. Aber das ist halt so.« Dies ist eine treffende Beschreibung, wie die Spiritualität im Alter sich wandelt. Jetzt zählt nicht mehr der »religiöse Überbau«. Alle zu frommen Worte klingen hohl. Vielmehr braucht es jetzt ein Einschwingen in das, was ist. Dann lässt man sich gerade in dem, was einen trifft und bewegt, in Gott hinein fallen. Viele oder alle religiösen Formen relativieren sich, die man ein Leben lang treu praktiziert hat.

Es gibt allerdings auch die andere Erfahrung. Eine Frau erzählte von ihrer Mutter, sie könne mit ihr über alles sehr frei reden. Nur wenn sie mit ihr über den Glauben spräche und da einiges in Frage stelle, würde sich die Mutter wehren. Das wolle sie nicht hören. Sie wolle an dem, was sie trage und halte, nicht kratzen lassen. Offensichtlich ist der Glauben ihr ein so starker Halt, dass sie Angst bekommt, wenn jemand sie darin verunsichert. Sie braucht den Glauben, um ihr Altwerden gut zu bewältigen. Er ist ihr etwas Heiliges, an dem man nicht rütteln darf. Dabei geht es nicht um einzelne Fragen, ob man das so oder anders sehen könne. Der Glaube steht einfach für das, was Sicherheit mitten in der Verunsicherung des Alters schenkt, was Halt in der Haltlosigkeit und Festigkeit in der Brüchigkeit des Älterwerdens gibt.

Jetzt zählt nicht mehr der »religiöse Überbau«. Alle zu frommen Worte klingen hohl. Vielmehr braucht es jetzt ein Einschwingen in das, was ist. Dann lässt man sich gerade in dem, was einen trifft und bewegt, in Gott hinein fallen.

Echtheit
unserer Spiritualität

Eine Spiritualität, die sich auf den Geist Jesu berufen will, wird den Menschen an Seele und Leib gesund machen. Dabei ist jedoch nicht an einen äußerlichen Begriff von Gesundheit gedacht. Die Echtheit unserer Spiritualität zeigt sich nicht im Grad unserer körperlichen Gesundheit. Wir dürfen uns nicht unter einen neuen spirituellen Leistungsdruck stellen, als ob jede Krankheit auf einen Mangel an Spiritualität hinweist. Wir wissen, dass uns ein geistliches Leben körperlich und seelisch gesund machen kann und uns gesund hält. Aber Gott kann uns auch die Krankheit schicken, um uns auf unsere Grenze hinzuweisen, und als Chance, wirklich ihn zu suchen

Ob gesund oder krank, wir leben immer vor dem gegenwärtigen Gott und haben unseren Wert darin, dass Gott uns anspricht und anschaut, ja dass er durch uns und in uns ein Wort spricht, das in unserem Leben für andere hörbar werden möchte.

und nicht nur unsere Gesundheit. Die Krankheit gehört wesentlich zu uns. Es wäre fatal, wenn wir meinten, ein gesundes geistliches Leben würde uns von jeder Krankheit entheben. Das wäre Stolz. Die Demut erkennt an, dass wir Menschen sind, die Grenzen haben und sie auch haben dürfen, die immer wieder krank werden, um in unserer Krankheit dem eigenen Schatten zu begegnen. Die Krankheit kann ein Ort echter und tiefer Gottesbegegnung werden. Wenn wir in unserer Krankheit auf Gott hören und uns ihm übergeben, dann sind wir mitten in unserer Krankheit heil, dann wird die Krankheit zur Quelle des Segens für uns und für andere. Obwohl krank, spüren wir Frieden in uns und eine stille Freude und Dankbarkeit über den Gott, der uns gerade auch in der Wunde der Krankheit berühren möchte.

Die eigene Gesundheit ist eine geistliche Aufgabe. Es genügt nicht, sich mit Medikamenten gesund zu halten. Um gesund leben zu können, müssen wir geistlich leben. In einem geistlichen Leben wird der ganze Mensch angesprochen, nichts wird ausgeklammert, nichts abgespalten. So kann alles heil und gesund werden. Aber auch die Krankheit ist eine geistliche Aufgabe. Sie ist ein Anruf Gottes, das Geheimnis unseres Lebens zu erkennen, das nicht im Fitsein besteht, sondern darin, dass wir von Gott geschaffen und geliebt sind, dass wir auf dem Weg sind, ihm offen und unverhüllt im Tod zu begegnen und in seine barmherzigen Arme zu fallen. Ob gesund oder krank, wir leben immer vor dem gegenwärtigen Gott und haben unseren Wert darin, dass Gott uns anspricht und anschaut, ja, dass er durch uns und in uns ein Wort spricht, das nur durch uns in dieser Welt erklingen möchte, ein einmaliges Wort, das in unserem Leben für andere hörbar werden möchte. Unser Wert besteht darin, dass Gott schon in uns wohnt. Und der Gott, der in uns wohnt, wird uns auch in der Wohnung erwarten, die Christus uns beim Vater bereitet hat. Ob gesund oder krank, wir gehen auf den Gott zu, der heilen und verwunden kann, der uns Gesundheit und Krankheit zumutet, damit wir ihn in beidem erfahren als das wahre Heil und die wahre Gesundheit.

> **Unser Wert besteht darin, dass Gott schon in uns wohnt. Und der Gott, der in uns wohnt, wird uns auch in der Wohnung erwarten, die Christus uns beim Vater bereitet hat. Ob gesund oder krank, wir gehen auf den Gott zu, der heilen und verwunden kann, der uns Gesundheit und Krankheit zumutet, damit wir ihn in beidem erfahren als das wahre Heil und die wahre Gesundheit.**

Im Alter zeigt sich klarer und eindeutiger, ob sich jemand wirklich angenommen hat. Manche nehmen sich an, solange sie Erfolg haben, gebraucht werden, beliebt sind oder im Mittelpunkt des Interesses stehen. Sie haben ihre Existenz auf die Anerkennung gebaut und ihr Selbstwertgefühl daraus bezogen.

Annahme
der eigenen endlichen Erdexistenz

Nur derjenige findet Geschmack an seinem Leben und an sich selbst, der sich bedingungslos annimmt und bejaht. Viele alte Menschen beklagen sich, dass sie in ihrem Leben zu kurz gekommen seien und dass sie so viel Leid erlebt hätten. Sie bleiben in der Anklage und im Vorwurf stecken. Und sie haben den Eindruck, sie würden übersehen und würden nichts mehr gelten. Weil zu viel ungelebtes Leben in ihnen ist, sind sie nicht fähig, sich mit ihrem Leben – mit ihrem ganzen Leben – anzunehmen. Sie sind oft auch nicht bereit, ihr Älterwerden anzunehmen. Sie möchten immer noch wie in der Jugend im Mittelpunkt stehen.

Ein Professor erzählte mir, wie schwer es ihm falle, auf einmal nicht mehr zu Vorträgen oder Rundfunkansprachen eingeladen zu werden. Er habe den Eindruck, man hätte ihn vergessen. Er war durchaus überzeugt, dass er der Welt noch Wichtiges zu sagen hätte, dass er gerade aus seiner Erfahrung heraus den Menschen Wesentliches vermitteln könne. Doch keiner wolle es mehr hören.

Das tat ihm weh. Es ist nicht einfach, dieses Nicht-mehr-gefragt-Werden anzunehmen und nun im eigenen Altwerden neue Akzente zu setzen und zu überlegen, wie man, ohne gefragt zu werden, im Frieden mit sich selbst zu leben vermag. Das Alte Testament hat uns im Psalm 71 das Gebet eines alten Menschen überliefert. Es zeigt uns, wie es gelingen kann, sich selbst anzunehmen.

Da ist ein älterer Mensch, der die Augen auch vor dem Negativen in seinem Leben nicht verschließt: »Viel Not und Unheil ließest du mich schauen«, betet er. Und er spricht von Feinden, die ihn belauern und gegen ihn reden, die ihn verspotten, denn Gott habe ihn verlassen. Sie sagen: »Es gibt für ihn keinen Retter.« Sein Leben ist umsonst. Doch gegen diese negativen Erfahrungen hält der Beter an Gott fest:

> »Du bist ja meine Hoffnung, o Herr,
> Herr, meine Zuversicht von Jugend auf.
> Vom Mutterschoß an stütz ich mich auf dich,
> vom Mutterleibe an bist du mein Helfer.
> Allezeit gilt dir mein Lobpreis« (Psalm 71,5-6).

Der Beter bedenkt sein Leben. Er bleibt nicht bei den Anfeindungen oder bei den Niederlagen stehen. Er fixiert sich nicht auf die Verletzungen, die er erfahren hat. Vielmehr hat er bei allem seine Zuversicht auf Gott gesetzt. Dieses Vertrauen auf Gottes Beistand hat ihn zum inneren Frieden geführt. Anstatt sich gegen sein Leben aufzulehnen, anstatt zu jammern und sich bitter über das Schicksal zu

Der Beter bedenkt sein Leben. Er bleibt nicht bei den Anfeindungen oder bei den Niederlagen stehen. Er fixiert sich nicht auf die Verletzungen, die er erfahren hat. Vielmehr hat er bei allem seine Zuversicht auf Gott gesetzt.

beklagen, lobt er beständig Gott. Er spricht gut über sein Leben. Für ihn heißt leben zugleich loben. Der amerikanische Schriftsteller Sinclair Lewis hat einmal gesagt: »Loben ist nichts anderes als hörbar gewordene Gesundheit.« Loben ist wohl die gelungenste Weise, sich selbst und das eigene Leben anzunehmen.

Der Benediktiner und Alttestamentler Notker Füglister spricht im Zusammenhang mit dem Lob angesichts des nahen Todes, dass die manchmal nichtssagende Redewendung »das Zeitliche segnen« dadurch eine ganz neue Bedeutung bekomme. Und er zitiert dazu den österreichischen Publizisten Friedrich Heer: »Das Zeitliche segnen, gut sterben kann nur, wer dieses Zeitliche schon in seinem Leben gesegnet hat. Böse Todesangst, das nicht geliebte Leben steht plötzlich in schwerer dunkler Wucht vor uns.«

Wer Gott angesichts seines Todes loben kann, der segnet das Zeitliche, der spricht gut über das, was in der Zeit war und ist. Und so kann er segnend das Zeitliche loslassen und sich in Gottes Zeitlosigkeit fallen lassen.

Im Alter zeigt sich klarer und eindeutiger, ob sich jemand wirklich angenommen hat. Manche nehmen sich an, solange sie Erfolg haben, gebraucht werden, beliebt sind oder im Mittelpunkt des Interesses stehen. Doch wenn niemand sie beachtet, beginnen sie zu jammern und sich zu beklagen. Bei ihnen wird deutlich, dass sie sich selbst nicht akzeptiert haben. Sie haben ihre Existenz auf die Anerkennung gebaut und ihr Selbstwertgefühl daraus bezogen.

Gebet lässt
die Seele atmen

Das Gebet sehen die Mönche weniger als eine Pflicht, sondern als ein Geschenk Gottes an. Es hat therapeutische Wirkung. Es heilt die Wunden des Menschen. Es bringt die Seele zum Atmen und es reinigt den Geist. Das Gebet verwandelt die Gedanken und Gefühle des Menschen.

Dabei ist es wichtig, dass wir nicht gegen unseren Ärger oder unsere Angst, gegen unsere Eifersucht oder unsere Depression anbeten, sondern mit ihnen beten. Wir sollen im Gebet unsere Angst, unseren Ärger und unsere Traurigkeit vor Gott tragen. Wenn wir vor Gott in unsere Traurigkeit hinabsteigen und ihr bis auf den Grund folgen, dann wird sie uns für Gott aufbrechen. Auf dem Grund unserer Angst, unserer Depression, unserer Bitterkeit werden wir Gott finden, der unser verwundetes Herz beruhigt und die Abgründe unserer Seele mit seinem milden Licht erleuchtet.

Unser Geist ist oft getrübt durch negative Emotionen. Wir sehen unser Leben und unseren Mitmenschen nicht klar, sondern nur durch die von unserem Ärger oder unseren Projektionen getrübte Brille. Im Gebet geht es nun darum, unseren Ärger Gott hinzuhalten. Wenn ich meinen Ärger vor Gott trage, bekomme ich schon Abstand dazu. Und wenn ich in meinem Ärger bewusst auf Gott und Gottes Barmherzigkeit schaue, wird der Ärger an Macht verlieren.

Das Gebet hilft mir, zu mir selbst zu finden, in mein Herz zurückzukehren. Wenn ich in meinem Ärger verharre, bin ich nicht bei mir, sondern bei dem, der mich gekränkt hat. Und ich gebe ihm Macht über mich. Ich lasse mich von ihm bestimmen. Das Gebet entmachtet den Ärger und befreit mich von dem Menschen, dem ich in meinem Ärger Macht über mich eingeräumt habe. Das Gebet reinigt den Geist. Es verbessert den Atem meiner Seele. Wer voller Ärger ist, der riecht oft genug nach Hass und Wut. Wer betet, verbreitet einen angenehmen Geruch, den Geruch von Liebe und Frieden.

> **Das Gebet hilft mir, zu mir selbst zu finden, in mein Herz zurückzukehren. Das Gebet reinigt den Geist. Es verbessert den Atem meiner Seele.**

Viele ältere Menschen haben Angst, dass sie hilflos oder pflegebedürftig werden. Sie befürchten, von der Familie abgeschoben zu werden und ins Altersheim zu kommen. Oder sie haben Angst, ihr Partner könne vor ihnen sterben und sie würden das Alleinsein nicht verkraften.

Wohin dann
mit der Angst?

Der Beter von Psalm 71 nimmt nicht nur seine Vergangenheit an. Er sagt auch Ja zur Gegenwart: »O Gott, du hast mich gelehrt von Jugend auf, und bis heute darf ich von deinen Wundern künden« (Ps 71,17). Er hat sich sein Leben lang von Gott begleitet gewusst. Und auch heute preist er Gottes Wunder. Er fixiert seinen Blick nicht auf sein Älterwerden: auf das Schwinden seiner Kräfte, auf die zunehmende Einsamkeit, auf das Abgeschnittensein vom Strom des Lebens. Vielmehr vermag er auch heute Gottes Wunder zu sehen. Er sieht, was Gott an ihm wirkt, und erzählt davon. Es ist ein Wunder, dass er jeden Morgen aufstehen kann, dass er sehen und hören, riechen und schmecken und Menschen und Dinge zärtlich berühren darf. Er hat einen Blick für das Wunderbare, das Gott in seiner Schöpfung wirkt, für die Wunder menschlicher Kultur – etwa einer verzaubernden Musik oder eines herrlichen Gemäldes. Er verdrängt sein Älterwerden nicht. Doch er schaut nicht voll Angst auf das, was kommen mag. Vielmehr bittet er Gott: »Auch wenn ich alt und grau bin, o Gott, verlass mich nicht.«

Viele ältere Menschen haben die Zukunft bedrohlich vor Augen. Sie haben Angst, dass sie hilflos oder pflegebedürftig werden und niemanden haben, der sich um sie kümmern wird. Sie befürchten, von der Familie abgeschoben zu werden und ins Altersheim zu kommen. Oder sie haben Angst, ihr Partner könne vor ihnen sterben und sie würden das Alleinsein nicht verkraften. Der Psalmist verschließt seine Augen nicht vor der Zukunft. Doch er kann auch die Zukunft annehmen, weil er mit einer anderen Brille auf sie schaut. Er ist überzeugt: »Du wirst mich neu beleben, du führst mich wieder heraus aus den Tiefen der Erde!« (Ps 71,20) Dies ist eine paradoxe Bitte. Der Alte spürt, dass er schwächer wird, dass seine Lebenskraft schwindet und dass Krankheit und Schwäche ihn erwarten. Und doch ist er überzeugt, dass Gott ihn neu belebt. Dies ist dann ein Leben, das nicht an die Kraft des Leibes gebunden ist. Es ist vielmehr das Leben des Geistes, an das er glaubt und das er von Gott erwar-

tet. Auch wenn er manchmal die Tiefen der Erde schaut, die Dunkelheit der Depression, die Angst, nicht mehr über sich bestimmen und das Leben nicht mehr selbst gestalten zu können, so vertraut er doch darauf, dass Gott ihn aus der Tiefe der Erde herausführt, aus dem dunklen Loch der Depression befreit und ihm in seiner Schwäche eine andere Stärke verleiht.

Dieser Glaube – dass trotz Alter und Krankheit ein anderes Leben in uns wächst – kommt in der Bibel immer wieder zum Ausdruck. So kann Paulus angesichts der vielen Bedrängnisse sagen:

»Deshalb sind wir nicht verzagt, im Gegenteil: Wenn auch unserer äußerer Mensch aufgerieben wird, so erneuert sich doch unser innerer von Tag zu Tag« (2 Korinther 4,16).

Nur wenn ich aus diesem Glauben lebe, habe ich keine Angst vor dem Aufgeriebenwerden durch Krankheit und Altersbeschwerden.

Auch wenn er manchmal die Tiefen der Erde schaut, die Dunkelheit der Depression, die Angst, nicht mehr über sich bestimmen und das Leben nicht mehr selbst gestalten zu können, so vertraut er doch darauf, dass Gott ihn aus der Tiefe der Erde herausführt, aus dem dunklen Loch der Depression befreit und ihm in seiner Schwäche eine andere Stärke verleiht.

Zwischen dem dritten und dem sechsten Jahrhundert bevölkerten zahllose Mönche die Wüsten Ägyptens und Syriens. Die Wüste übte auf Menschen, die einen spirituellen Weg gehen wollten, eine eigenartige Faszination aus. Die Wüste galt damals als Ort der Dämonen. Die Mönche wollten die Mächte der Finsternis in ihrem eigenen Reich besiegen, um dort das Licht Christi aufscheinen zu lassen. Sie glaubten, dass durch ihre Askese die Welt heller und heiler werden könnte. Antonius war der Erste, der sich um das Jahr 270 in die Wüste wagte. Ihm folgten Menschen, de-

Lebensweisheit
der Mönche aus der Wüste

nen die Volkskirche zu »lasch« geworden war. Sie wollten die Worte Jesu so radikal leben, wie sie ursprünglich gemeint waren.

Auf den ersten Blick verkörpern die frühen Mönche eine Spiritualität, die uns fremd erscheint. Aber wenn wir ihre Worte genauer anschauen, entdecken wir ihre Aktualität. Sie sprechen aus Erfahrung und bilden sich keine Theorie über das Wesen des Menschen, sondern haben an ihrem eigenen Leib erfahren, was Menschsein heißt, wie der Weg zu Gott aussieht, welcher Weg gelingt und welcher in den Abgrund führt. Daher strömten damals Scharen von Ratsuchenden aus Italien und Griechenland in die Wüste Ägyptens, um die Altväter, wie man die Mönche bald nannte, aufzusuchen und bei ihnen Weisung für ihr Leben zu erfahren.

Die Antworten, die die Mönchsväter auf die Fragen ihrer Besucher gaben, sammelte man zuerst mündlich und fasste sie schließlich in der Sammlung der »Apophthegmata patrum« = der »Sprüche der Väter« zusammen. Die Worte der Altväter treffen uns auch heute direkt ins Herz. Über sie kann man nicht diskutieren. Man muss sich ihnen stellen. Tief in unserer Seele werden wir von ihnen angerührt und spüren: »Ja, das ist die Wahrheit. So geht Menschwerdung. So ist Gott.«

Die Worte der Altväter atmen Weisheit und Milde. Da wird nicht moralisiert, da wird nicht mit erhobenem Zeigefinger gedroht. Die Mönche sehen die Gefährdungen des Menschen. Aber trotzdem sind sie voller Optimismus. Sie glauben daran, dass wir nicht einfach dazu verdammt sind, unsere Vergangenheit zu wiederholen oder unser Leben lang an den Verletzungen unserer Lebensgeschichte zu leiden. Wir können an uns arbeiten. Wir können unsere Vergangenheit loslassen und uns auf den Weg zu Gott machen. Wir sind dazu berufen, mit Gott eins zu werden. Das ist unsere höchste Würde.

Auf diesem Weg der Einswerdung mit Gott begegnen wir allerdings unserer eigenen Wahrheit. Und die ist nicht immer angenehm. Aber so realistisch die Mönche von den Abgründen der Seele sprechen, so optimistisch äußern sie sich auch über die Kraft, die Gott dem Menschen geschenkt hat. Wir sind nicht einfach Opfer unserer Erziehung, Opfer unserer Gesellschaft. Wir können kämpfen, um das Leben zu gewinnen. Wir sind dazu berufen, für das Leben zu kämpfen. Und wir sind dazu berufen, in der Kontemplation mit Gott eins zu werden, in der Ekstase der Liebe mit Gott zu verschmelzen.

Der Weg der Menschwerdung und der Einswerdung mit Gott ist ein spannender Weg. Da bleibt uns nichts Menschliches fremd. Wir brauchen auf diesem Weg nicht nur Ausdauer und Gottes Geist, sondern auch einen großen Humor.

Der Weg der Menschwerdung und der Einswerdung mit Gott ist ein spannender Weg. Auf diesem Weg begegnen wir den Abgründen unserer Seele. Da bleibt uns nichts Menschliches fremd. Wir brauchen auf diesem Weg nicht nur Ausdauer und Gottes Geist, sondern auch einen großen Humor. Wir brauchen den Mut, hinabzusteigen in die eigene Menschlichkeit. Wir müssen lächelnd und gelassen auf die vielen Fluchtversuche schauen, auf denen wir Gott ausweichen möchten.

Aber wir dürfen auch darauf vertrauen, dass Gott uns immer und überall begleitet, auch wenn wir vor ihm davonlaufen. Er lässt nicht von uns ab. Er verliert nie die Geduld mit uns. Daher können wir uns immer wieder von neuem aufmachen, um ihn zu finden und in seiner Liebe das Leben zu entdecken, das er uns zugedacht hat. Weil Gott so viel Geduld mit uns hat, führen auch die Mönchsväter uns immer wieder liebevoll zurück auf den Weg zu Gott.

Evagrius Ponticus ist der bedeutendste geistliche Autor des vierten Jahrhunderts. Er war ein theologisch hochgebildeter Grieche, der in der Einsamkeit der Wüste seine Sehnsucht nach Gott lebte und dabei in die Abgründe seiner Seele schaute. Er erkannte, dass man auf dem geistlichen Weg nicht zu Gott kommen kann, ohne sich selbst zu begegnen und die Wirklichkeit der eigenen Seele schonungslos aufzudecken.

In seinem Werk »Praktikos« beschreibt Evagrius unser Leben als Kampf gegen die Leidenschaften. Die Auseinandersetzung mit den Gedanken und Gefühlen, mit den Bedürfnissen und Leidenschaften der menschlichen Seele ist die Voraussetzung, dass wir zur inneren Ruhe finden, dass wir in unserer Seele gesund werden. Und diese Gesundheit der Seele ist wiederum die Voraussetzung, dass wir zum wahren Gebet finden, zum Beten ohne Zerstreuung, zur Kontemplation, in der wir eins werden mit Gott. Das Ziel allen Ringens und Suchens ist für Evagrius das unablässige Gebet, das Beten, in dem der Mönch in Gott hinein erhoben wird. Darin besteht für ihn auch die höchste Würde des Menschen, im Gebet über sich hinauszuwachsen und mit Gott zu verschmelzen. Diese Gedanken hat Evagrius in seinem Buch »Über das Gebet« entfaltet. In diesem faszinierenden Werk spüren wir die Sehnsucht des Autors nach Gott und seine Liebe zu Gott, der allein unsere tiefste Sehnsucht zu stillen vermag.

Die Auseinandersetzung mit den Gedanken und Gefühlen, mit den Bedürfnissen und Leidenschaften der menschlichen Seele ist die Voraussetzung, dass wir zur inneren Ruhe finden, dass wir in unserer Seele gesund werden. Und diese Gesundheit der Seele ist wiederum die Voraussetzung, dass wir zum wahren Gebet finden, zum Beten ohne Zerstreuung, zur Kontemplation, in der wir eins werden mit Gott.

Gebet vertreibt
die Sorgen

Evagrius beschreibt nicht nur den mühsamen Weg, um zu einem Beten zu gelangen, das nicht mehr von Gedanken, Emotionen, Bedürfnissen und Sorgen gestört wird. Er preist immer wieder auch die wohltuende Wirkung des Gebetes auf die Seele des Menschen. Das Gebet vertreibt Traurigkeit und Mutlosigkeit. Heute leiden viele an Depressionen. Sie versuchen, die Depression mit Medikamenten in den Griff zu bekommen. Oder sie machen eine Therapie, um von ihren depressiven Stimmungen loszukommen. Die frühen Mönche sehen im Gebet die eigentliche Therapie für die Seele. Wer den Weg des Gebetes geht, der wird von Traurigkeit und Mutlosigkeit geheilt.

Doch wie kann das Gebet unsere depressive Seele heilen? Evagrius denkt hier sicher nicht an das Bittgebet, dass wir Gott anflehen, er möge uns von unserer Depression heilen. Vielmehr besteht das Gebet für Evagrius darin, dass ich meine traurigen Gefühle Gott hinhalte. Ich setze mich mit meinen depressiven Stimmungen vor Gott und stelle mir vor, wie Gottes Liebe in meine Traurigkeit und Mutlosigkeit hineinströmt. Ich konzentriere mich auf meinen Atem und lasse im Atem Gottes Liebe und Gottes Licht in die dunklen Abgründe meiner Depression eindringen. Dann kann es sein, dass sich meine Stimmung langsam aufhellt, dass ich mitten in meiner Traurigkeit einen tiefen Frieden spüre.

Ich kann meinen Atem auch mit dem Jesusgebet verbinden. Mit jedem Atemzug spreche ich das Gebet in meine Traurigkeit hinein: »Herr Jesus Christus, Sohn Gottes, erbarme dich meiner!« Ich lasse meine depressive Stimmung zu. Ich kämpfe nicht dagegen an. Aber ich lasse mich von ihr auch nicht gefangen nehmen. Ich spreche das Gebet in meine traurige Stimmung hinein. So kann sich das Gefühl langsam aufhellen.

Manchmal braucht es allerdings lange, bis das Gebet mitten in meiner Traurigkeit einen Raum des Friedens schafft. Im Gebet steigt dann der Engel Gottes hinein in meine Traurigkeit und Mutlosigkeit und umgibt mich mit einem Mantel der Hoffnung und der Freude. Der therapeutische Weg des Gebetes könnte uns nicht nur bei Traurigkeit und Mutlosigkeit, sondern auch bei Angst und Ohnmacht, bei Ärger und Enttäuschung helfen. Wir müssten nicht bei jedem Problem gleich eine Therapie anfangen. Das Gebet könnte vieles in uns heilen, bei dem wir uns die Hilfe von kompetenten Ärzten oder Psychologen erhoffen.

> **Der therapeutische Weg des Gebetes könnte uns nicht nur bei Traurigkeit und Mutlosigkeit, sondern auch bei Angst und Ohnmacht, bei Ärger und Enttäuschung helfen.**

Gebet bewirkt
tiefes Vertrauen

alles zum Guten lenkt. Das Vertrauen, das das Gebet erzeugt, wird sich auch auf die Menschen ausdehnen. Ich werde auch ihnen zutrauen, dass ein guter Kern in ihnen ist. Und ich vertraue darauf, dass Gott seine gute Hand über sie hält.

Engel werden mich im Gebet begleiten. Der Engel, der Gottes Antlitz schaut, öffnet auch meine Augen für das Geheimnis Gottes. Der Engel wird mir auch den Sinn der Schöpfung erschließen. Er wird mir zeigen, dass die Schöpfung den Schöpfer widerspiegelt, dass Gottes Geist und Gottes Liebe in der Schöpfung erfahrbar werden. Er wird meinen Blick dafür schärfen, dass ich in allem Gott erkenne. Ich werde die Schönheit des Grases wahrnehmen und darin Gottes Zärtlichkeit entdecken. Ich werde im Herbst die bunten Farben der Blätter bestaunen und darin Gottes Schönheit sehen. Die Berge werden mich

N eben dem Frieden ist die größte Frucht des Betens das Vertrauen. Es ist das Vertrauen, dass alles gut ist. Kontemplation ist für Evagrius die Zustimmung zum Sein, das Einverstandensein mit dem eigenen Leben, mit der Welt, so wie sie geschaffen ist. Obwohl ich an vielem leide, obwohl ich mich an meinen eigenen Grenzen reibe, erahne ich im Gebet der Kontemplation dennoch, dass tief in mir drin alles gut ist.

Wenn ich Gott in mir erfahre, dann wird alles andere, woran ich leide, nicht mehr so wichtig. Ich kann mein Leben nicht erklären. Aber in der Tiefe spüre ich, dass alles, so wie es geworden ist, gut ist.

Wenn ich Gott in mir erfahre, dann wird alles andere, woran ich leide, nicht mehr so wichtig. Ich kann mein Leben nicht erklären. Aber in der Tiefe spüre ich, dass alles, so wie es geworden ist, gut ist. Ich vertraue darauf, dass Gott selbst mich so geformt hat und dass Gott auch jetzt bei mir ist und

auf die Erhabenheit Gottes hinweisen, auf seine Heiligkeit und Größe. Ich werde nicht nur in der Kammer meines Herzens beten, sondern in allem, was ich sehe, höre, betaste, rieche und schmecke. Die Engel werden mich einführen in die Kunst, in allem Gott zu berühren und zu erfahren.

Die Besinnung
auf die eigene Tiefe befriedet

Früher haben viele Menschen, die in der Landwirtschaft aufgewachsen sind, diese Geborgenheit in der Natur gespürt. Im Alter haben sie sich einfach draußen auf eine Bank gesetzt und dieses Einssein mit allem wahrgenommen. Sie brauchten nicht viel Unterhaltung. Sie fühlten sich in der Natur geborgen.

Die zweite Hilfe ist das Getragensein von Gott. Gott ist der, der uns überall mit seiner liebenden und heilenden Nähe umgibt. Und Gott ist in uns. Wenn wir in der Einsamkeit in die Tiefe des eigenen Herzens hinabsteigen, werden wir dort Gott finden – als den, der unser unruhiges Herz beruhigt, als den inneren Reichtum, der all den äußeren Reichtum weit übertrifft.

Fritz Riemann formuliert diese Erfahrung als Psychologe so, dass sie für alle suchenden Menschen offen ist: »Hier hilft uns wohl nur noch die Besinnung nach innen, auf die eigene Tiefe, in welcher wir vielleicht durchstoßen können zu dem,

> **»Hier hilft uns wohl nur noch die Besinnung nach innen, auf die eigene Tiefe, in welcher wir vielleicht durchstoßen können zu dem, was wir Gott oder den kosmischen Seinsgrund oder das mystische All-eins-Sein nennen« (Fritz Riemann).**

was wir Gott oder den kosmischen Seinsgrund oder das mystische All-eins-Sein nennen. Dann kann unsere letzte Einsamkeit des Sterbens in ein Aufgehobensein münden, in eine Selbstvergessenheit, der vielleicht das Wort Erlösung am ehesten entspricht.«

Es ist für mich interessant, dass diese Sätze kein Theologe, sondern ein Psychologe schreibt. Er weiß, dass wir im Alter angesichts der Einsamkeit des Sterbens eine größere Geborgenheit als den eigenen Geist brauchen. Es ist die Geborgenheit, die wir in Gott finden. Gott, der uns jetzt im Leben umgibt, wird uns auch im Tod empfangen und uns mit seinen liebenden Armen umfangen. Diese Gewissheit lässt uns die Einsamkeit als Quelle echter Spiritualität aushalten.

Der evangelische Theologe Paul Tillich hat es so ausgedrückt: »Religion ist das, was jeder mit seiner Einsamkeit anfängt.« So zeigt sich im Umgang mit der eigenen Einsamkeit, ob wir wirklich religiös sind oder ob unser religiöses Tun nur ein Ausweichen vor dem Alleinsein war, das spätestens im Tod von uns allen gefordert wird.

Die Mystik sagt uns, dass in uns ein Raum ist, in dem Gott, das Geheimnis, wohnt. Letztlich daheim sein kann man nur dort, wo das Geheimnis wohnt. Wenn ich in Berührung mit diesem inneren Raum der Stille bin, kann ich bei mir selbst daheim sein. Und dann ist die Einsamkeit verwandelt.

Friedrich Nietzsche wusste um die Gefahr der Einsamkeit und um die Erfahrung der Heimat als Heilmittel gegen die Einsamkeit. Er hat sich »die schmerzlichste, die schneidendste Frage eines Herzens« gestellt, nämlich die Frage: »Wo kann ich heimisch werden?«

Im Alter stellt sich uns diese Frage, wo wir Heimat finden, auf neue Weise. Friedrich Nietzsche hat in seinem Gedicht »Vereinsamt« die Situation des älteren Menschen geschildert, der nun »zur Winter-Wanderschaft verflucht« ist. In der ersten Strophe heißt es dort:

Die Krähen schrein
Und ziehen schwirren Flugs zur Stadt:
Bald wird es schnein. –
Wohl dem, der jetzt noch Heimat hat.

Doch die letzte Strophe – sonst die letzte Zeile der ersten wiederholend – schließt er mit dem Satz:

Weh dem, der keine Heimat hat!

Gerade im Alter entscheidet sich das Gelingen an der Frage, ob wir Heimat haben oder nicht und wo wir sie finden. Wir können sie nicht mehr bei den befreundeten Menschen finden, die uns nacheinander wegsterben. Wir müssen sie letztlich bei Gott und in Gott finden, in dem inneren Raum, in dem das Geheimnis in uns wohnt und uns daheim sein lässt.

Gerade im Alter entscheidet sich das Gelingen an der Frage, ob wir Heimat haben oder nicht und wo wir sie finden. Wir können sie nicht mehr bei den befreundeten Menschen finden, die uns nacheinander wegsterben. Wir müssen sie letztlich bei Gott und in Gott finden ...

Gebet –
Begegnung mit sich selbst

Um Gott begegnen zu können, muss ich erst einmal mir selbst begegnen. Ich muss erst einmal bei mir sein. Und das bin ich im Normalfall nicht. Denn wenn ich mich beobachte, so entdecke ich, dass meine Gedanken hin- und herwandern, dass ich irgendwo mit meinen Gedanken bin, nur nicht bei mir. Ich habe keinen Kontakt zu mir, die Gedanken reißen mich aus mir heraus und führen mich woanders hin. Nicht ich denke, sondern es denkt in mir, die Gedanken verselbständigen sich, sie überdecken mein eigentliches Ich. Der erste Akt des Gebetes ist, dass ich erst einmal mit mir selbst in Berührung komme. Das haben uns die Kirchenväter und frühen Mönche immer wieder gelehrt. So sagt Cyprian von Karthago: »Wie kannst du von Gott verlangen, dass er dich hört, wenn du dich selbst nicht hörst? Du willst, dass Gott an dich denkt, und du selbst denkst nicht an dich« (Quomodo te audiri a Deo postulas, cum te ipsum non audias? Vis esse Deum memorem tui, quando tu ipse memor tui non sis). Du selbst bist ja gar nicht bei dir, wie willst du, dass Gott bei dir ist? Wenn ich nicht bei mir zu Hause

Wenn ich nicht bei mir zu Hause bin, kann Gott mich auch nicht antreffen, wenn er zu mir kommen möchte. Auf sich hören, heißt einmal, auf sein wahres Wesen hören, mit sich in Berührung kommen, es heißt aber auch, auf seine Gefühle und Bedürfnisse hören, auf das hören, was sich in mir regt.

bin, kann Gott mich auch nicht antreffen, wenn er zu mir kommen möchte. Auf sich hören, heißt einmal, auf sein wahres Wesen hören, mit sich in Berührung kommen, es heißt aber auch, auf seine Gefühle und Bedürfnisse hören, auf das hören, was sich in mir regt. Auf sich selbst hören, mit sich und seinen tiefsten Bedürfnissen in Berührung kommen, das ist für Cyprian die Bedingung, dass wir im Gebet mit Gott in Berührung kommen.

Gebet ist keine fromme Flucht vor mir selbst, sondern zuerst einmal ehrliche und schonungslose Selbstbegegnung. So sagt Evagrius Ponticus: »Willst du Gott erkennen, so lerne dich vorher selbst kennen.« Das ist keine Verpsychologisierung des Glaubens, sondern notwendige Voraussetzung des Betens. Wenn ich sofort in fromme Worte oder Gefühle fliehe, so führt mich das Gebet nicht zu Gott, sondern nur in die weiten Räume meiner Phantasie. Ich muss erst ehrlich in mich selbst hineinhorchen. In der Begegnung mit Gott muss ich mir selbst begegnen. Dabei können wir nicht sagen, was zuerst kommt, die Selbstbegegnung als Voraussetzung für die Gottesbegegnung oder die Gottesbegegnung als Voraussetzung für die Selbstbegegnung. Beides bedingt sich gegenseitig und vertieft sich wechselseitig. Mir selbst begegnen heißt jedoch nicht, ständig um mich und meine Probleme zu kreisen oder meine psychische Situation zu analysieren, sondern zu meiner wahren Identität vorzustoßen, zu meinem Ich zu finden, zu meinem eigentlichen Personkern.

Die Frage ist, wie ich zu dem Punkt vorstoßen kann, an dem ich wirklich »Ich« sagen kann. Ein Weg besteht darin, einfach immer wieder zu fragen: Wer bin ich? Dann werden mir spontan Antworten oder Bilder kommen. Und zu jeder dieser Antworten sage ich dann: Nein, das bin ich nicht, das ist nur ein Teil von mir. Ich bin nicht der, für den mich meine Freunde halten, ich bin nicht der, für den ich mich selbst halte. Ich bin nicht identisch mit der Rolle, die ich bei Bekannten spiele, und nicht mit der Maske, die ich mir bei Fremden überstülpe. Ich kann beobachten, dass ich mich anders in der Kirche gebe als bei der Arbeit, anders daheim als in der Öffentlichkeit. Wer bin ich wirklich? Ich bin auch nicht identisch mit meinen Gefühlen und Gedanken.

Indem wir immer tiefer in uns hineinfragen, werden wir eine Ahnung von dem Geheimnis des eigenen Ich bekommen.

Die Gedanken und Gefühle sind in mir, aber das Ich geht nicht in ihnen auf, es ist jenseits allen Denkens und Fühlens zu suchen. Wir können dieses Ich nicht definieren und festhalten. Aber indem wir immer tiefer in uns hineinfragen, werden wir eine Ahnung von dem Geheimnis des eigenen Ich bekommen. Ich, das ist mehr als sich von anderen zu unterscheiden, mehr als der bewusste Personkern, mehr als das Ergebnis meiner Lebensgeschichte. Das Ich heißt: Ich bin von Gott bei meinem Namen gerufen, mit einem unverwechselbaren Namen. Ich bin ein Wort, das Gott nur in mir spricht. Mein Wesen besteht nicht in meiner Leistung, nicht in meinem Wissen, auch nicht in meinem Fühlen, sondern in dem Wort, das Gott nur in mir spricht und das nur in mir und durch mich in dieser Welt vernehmbar werden kann. Sich selbst begegnen heißt daher, eine Ahnung von diesem einmaligen Wort Gottes in mir zu bekommen. Gott hat schon durch meine Existenz gesprochen, er hat sein Wort in mir gesagt. Beten als Selbstbegegnung heißt, in seinem innersten Geheimnis Gott zu begegnen, der mich in mir selbst angesprochen und sich in mir ausgesprochen hat.

Ein anderer Weg zum eigenen Ich könnte über den Atem gehen. Im Ausatmen kann ich mir vorstellen, dass ich alle Masken und Rollen von mir abfallen lasse, alles, was mein Wesen verstellt. Und beim Einatmen kann ich mir das Bild vor Augen halten, dass Gottes Geist in mich einströmt und dass er den eigentlichen Kern, das unverfälschte Wesen wachsen lässt, wie eine Knospe, die noch unberührt ist. Im Einatmen komme ich dann in Berührung mit meinem innersten Kern, mit dem echten Ich, mit dem Bild, das Gott sich von mir gemacht hat. Aber hier kann ich das Ich nicht festhalten, ich erahne nur im Atmen, dass ich das Geheimnis erspüre, das meine Einmaligkeit ausmacht. Wenn ich Gott begegnen will, muss ich zumindest meinem wahren Ich etwas näher gekommen sein, ich muss zumindest ein Gespür dafür haben, wer ich eigentlich bin.

Ich bin ein Wort, das Gott nur in mir spricht. Mein Wesen besteht nicht in meiner Leistung, nicht in meinem Wissen, auch nicht in meinem Fühlen, sondern in dem Wort, das Gott nur in mir spricht und das nur in mir und durch mich in dieser Welt vernehmbar werden kann.

Wir können Gott nur in Gegensätzen denken. Gott ist der, der das große Universum geschaffen hat, aber er ist auch in mir, mir innerlicher, als ich mir selbst bin.

Gebet –
Begegnung mit Gott

Wir meinen oft, wir würden Gott doch längst kennen. Wir beten ja schon lange zu ihm. Wir haben ja schon genug von ihm gehört und können uns vorstellen, wer er ist. Aber stimmt das, was wir von Gott wissen, mit dem wirklichen Gott überein? Oder projizieren wir nur unsere Wünsche und Sehnsüchte auf Gott? Entstammen unsere Gottesbilder nur unserer Erziehung oder den Phantasien des eigenen Herzens? Auf der einen Seite brauchen wir Bilder, um uns Gott vorzustellen und um ihm begegnen zu können. Aber auf der anderen Seite müssen wir diese Bilder immer wieder übersteigen auf den eigentlichen Gott hin. Wir dürfen uns Gott nicht so niedlich vorstellen, nicht als den Kumpel, dem wir auf die Schulter klopfen. Es ist der unendliche Gott, der

Schöpfer der Welt. Wir können Gott nur in Gegensätzen denken. Gott ist der unendliche Schöpfer, aber er ist auch der, der sich jetzt um mich kümmert, der mich jetzt liebend anschaut. Gott ist der, der das große Universum geschaffen hat, aber er ist auch in mir, mir innerlicher, als ich mir selbst bin. Gott ist der barmherzige Vater, der mich liebend aufnimmt, aber er ist auch der Herr, vor dem mir nichts anderes übrig bleibt, als vor ihm niederzufallen. Gott ist mir vertraut, weil er sich mir geoffenbart hat und weil ich ihm in mir selbst begegne, aber er ist zugleich der ganz Andere, Unverfügbare, Unverständliche, der alle unsere theologischen Lehrsätze immer wieder in Frage stellt. Wenn wir diesem Gott wirklich begegnen und nicht mehr nur den Begriffen unserer Theologie, dann mag es uns ergehen wie Ijob, der nach seinen Kämpfen mit Gott bekennen muss: »Vom Hörensagen nur hatte ich von dir vernommen; jetzt aber hat mein Auge dich geschaut. Darum widerrufe ich und atme auf, in Staub und Asche« (Ijob 42,5 f.).

Die Bilder, die wir uns von Gott machen, sind wie Fenster, durch die wir in die richtige Richtung schauen. Aber Gott ist jenseits der Bilder, er lässt sich nicht festlegen durch die Bilder. Er ist immer der ganz Andere, der Unerklärliche, das Geheimnis schlechthin. Wenn wir anfangen zu beten, tut es uns gut, hineinzuhorchen in das Geheimnis Gottes, alle Bilder zu übersteigen und etwas zu erahnen von dem immer größeren Gott. Auch hier werden wir nicht zu einem Punkt kommen, wo wir Gott definieren können, sondern wir werden nur sensibler werden für das Geheimnis des Gottes, dem wir im Gebet begegnen wollen. Wenn ich allein in meiner Klosterzelle bete, dann kommen mir manchmal Zweifel: Stimmt das denn alles, was du dir von Gott denkst, oder ist das nicht alles Einbildung? Stellst du dir das so vor, weil es so schön ist, weil du damit gut leben kannst, weil es sich so besser predigen oder schreiben lässt? Wenn diese Zweifel kommen, versuche ich sie zu Ende zu denken. Ich sage mir: ja, das kann sein, dass alles nur Einbildung ist; alle religiöse Literatur ist nur Einbildung, Beruhigung des Menschen, dass er besser leben kann, Illusion, um die Augen vor der bitteren Wirklichkeit zu verschließen. Doch wenn ich das zu Ende denke, dann kommt eine tiefe Gewissheit in mir auf: nein, so absurd kann das menschliche Leben nicht sein. Ich kann mir einfach nicht vorstellen, dass all die Heiligen nur Illusionen nachgelaufen sind, dass alle Kultur nur Nervenberuhigung ist. Es ist die Grundfrage, ob wir Menschen überhaupt etwas von der Wahrheit erkennen können oder ob wir nur im Dunkeln tappen und uns eine Illusion zurechtschneidern. Aber dann ist alles absurd. Wenn ich diese Absurdität zulasse, spüre ich nicht nur innere Gewissheit, sondern dann entscheide ich mich auch für die Alternative des Glaubens: Ich will auf diese Karte setzen. Ich will einem heiligen Augustinus folgen und nicht den Skeptikern, die in der Absurdität des Daseins eine Lebensphilosophie finden. Und dann bekommt für mich das Gebet eine neue Dimension. Ich darf mich an den Urgrund des Seins, an die

Ursache der ganzen Schöpfung wenden als ein Du. Ich darf dieses Du ansprechen, das da hinter dem Schleier der sichtbaren Welt verborgen ist. Ja, dieser Gott, dieses geheimnisvolle Du hat mich zuvor angesprochen. Er ist eine Person, einer, der mich liebt, der den Schleier des Seins durchstoßen hat und mir in seinem Wort eine Ahnung von seinem Geheimnis eröffnet hat.

Zugleich wird mich die Frage der Neuzeit nach dem abwesenden Gott bedrängen. Wir können heute nicht mehr so naiv von Gott reden wie früher. Wir haben erfahren, dass selbst die Theologie von dem toten Gott sprach. Nach Gott Ausschau halten, das heißt, seine Abwesenheit auszuhalten und doch zugleich daran zu glauben, dass er ganz nahe ist, dass seine liebende und heilende Gegenwart uns umhüllt, dass er in unserem Herzen ist. Gott begegnen, heißt für uns, dass wir durch die Zweifel unserer Zeit hindurchgegangen sind und durch sie hindurch dem Gott trauen, der uns in Jesus Christus sichtbar erschienen ist, der in Christus sein Herz geoffenbart hat. Und es ist ein menschliches Herz, das da in Christus erscheint, ein Herz, das wir verstehen können mitten in der Unverständlichkeit dieser Welt. Die Gottesfrage, die die Neuzeit radikaler als frühere Zeiten gestellt hat, könnte uns so sensibler dafür machen, was es heißt, diesem geheimnisvollen Gott, diesem Vater Jesu Christi begegnen zu können. Die Zweifel halten uns in unserer Suche nach dem wahren Gott lebendig, sie hindern uns daran, uns vorschnell mit unserer Beziehung zu Gott zufriedenzugeben. Wir müssen uns immer wieder neu in das Geheimnis Gottes vortasten. Mitten im Gebet halte ich oft inne und

frage: Was heißt das denn wirklich? Wer ist Gott wirklich? Und dann versuche ich, mein Fragen und Suchen mit dem Bild Jesu Christi zu konfrontieren. In Jesus ist dieser unfassbare Gott sichtbar, da ist der Unverständliche verstehbar geworden. Dann halte ich in die Zweifel die Worte Jesu aus dem Johannesevangelium hinein: »Niemand hat Gott je gesehen. Der Einzige, der Gott ist und am Herzen des Vaters ruht, er hat Kunde gebracht« (Johannes 1,18). »Wer mich gesehen hat, hat den Vater gesehen« (Johannes 14,9). Wenn ich in Gott hineinhorche, stoße ich auf das Geheimnis Jesu Christi. Und wenn ich diesen Menschen Jesus aus Nazareth zu Ende denke, dringe ich zum Geheimnis Gottes vor. Ich kann Jesus nur verstehen, wenn ich als seinen Umrund Gott selbst erkenne. – Zum Gebet gehört wesentlich diese Spannung: die Zweifel an Gott zu Ende denken und sie mit Jesus Christus konfrontieren; und Jesus Christus anschauen und in ihm Gott erspüren.

Es ist ein menschliches Herz, das da in Christus erscheint, ein Herz, das wir verstehen können mitten in der Unverständlichkeit dieser Welt.

Beten heißt dann, alle Kammern meines Leibes und meiner Seele, meines Bewussten und meines Unbewussten aufzuschließen und Gott dort eintreten zu lassen, damit das ganze Haus meines Lebens von Gott bewohnt und erleuchtet wird.

Nicht fromm
sein, sondern wahrhaftig

D as Gebet muss nicht fromm sein, sondern in erster Linie ehrlich. Ich soll Gott in alle Abgründe meines Herzens hineinschauen lassen, ihm alle Dunkelheiten hinhalten, alle Verhärtungen, alle Bitterkeiten. Dabei kann es mir helfen, wenn ich auf meinen Leib und auf meine Träume achte. Sie können mir zeigen, wo ich etwas von Gott abgetrennt habe, wo ich mich in Privaträume zurückgezogen habe. Die Verspannungen in meinem Leib deuten darauf hin, dass ich da etwas nicht anschaue und dass ich es auch von Gott nicht anschauen lasse. Meine Träume sagen mir, was noch dunkel und unerlöst ist in mir, wo in meinem Keller etwas modert, weil das Licht Gottes nicht hineindringt. Alle finstern Winkel und alle verschlossenen Räume meines Hauses soll ich im Gebet Gott hinhalten, damit sein Licht und seine Liebe alles erleuchten und verwandeln. Beten heißt dann, alle Kammern meines Leibes und meiner Seele, meines Bewussten und meines Unbewussten aufzuschließen und Gott dort eintreten zu lassen, damit das ganze Haus meines Lebens von Gott bewohnt und erleuchtet wird.

Wenn ich Gott alles gesagt habe, was mir einfällt und was in der Stille in mir hochkommt, dann soll ich versuchen, ihm meine ganze Wahrheit zu sagen. Wie steht es denn wirklich um mich? Was ist meine wahre Situation? Wo fliehe ich vor Gott, wo bin ich mit mir selbst im Zwiespalt, wo stimmt es nicht mit mir? Dabei geht es nicht so sehr um einzelne Fehler, die ich vielleicht begangen habe, sondern um die Grundfrage meines Lebens. Was will ich denn mit meinem Leben? Wo verschließe ich die Augen vor der Wirklichkeit meines Lebens, vor der Wirklichkeit Gottes? Wo kreise ich nur um Wünsche und Bedürfnisse, anstatt mich Gott zu öffnen? Das Gebet zwingt mich in die Wahrheit. Aber die Wahrheit wird mich auch frei machen. Sie bringt mich wieder in Ordnung, sie macht mich recht, wenn ich verkrümmt war in meinen eigenen Überlegungen und Wünschen. Die Begegnung mit Gott führt mich in meine Wahrheit, führt mich zu mir selbst.

Für viele ist Beten identisch mit Bitten. Das ist sicher zu einseitig. Aber dennoch ist auch das Bitten ein wesentlicher Teil der Begegnung mit Gott.

Was will ich denn mit meinem Leben? Wo verschließe ich die Augen vor der Wirklichkeit meines Lebens, vor der Wirklichkeit Gottes? Wo kreise ich nur um Wünsche und Bedürfnisse, anstatt mich Gott zu öffnen? Das Gebet zwingt mich in die Wahrheit.

Ich darf Gott um alles bitten, was mir wichtig ist. Bitten heißt zunächst, dass ich meine Bedürfnisse und Wünsche zugebe, dass ich Gott sage, was mir fehlt und wonach ich mich sehne. Bedürfnisse und Wünsche gehören wesentlich zu mir. Und es wäre Stolz, sie zu verdrängen oder sie aus der Begegnung mit Gott herauszuhalten. Ich darf vor Gott alles aussprechen, auch meine Wünsche und Bedürfnisse, auch meine Nöte und Schwierigkeiten. Und ich darf Gott bitten, dass er mir hilft, oder dass er den Menschen hilft, die mir am Herzen liegen.

Im Bitten bekenne ich in aller Demut, dass ich bedürftig bin, dass ich nicht ohne bestimmte Bedingungen auskomme. Ich bekenne auch, dass Gott allein mir noch nicht genügt, dass ich auch seine Hilfe brauche, dass mir auch seine Gaben wichtig sind und nicht nur die Begegnung mit ihm. Bitten ist dabei nicht nur ein »Sichfügen« in den Willen Gottes, sondern zuerst einmal wirkliches Betteln um Hilfe. Ich darf Gott zutrauen, dass er mich versteht und dass er meine Wünsche ernst nimmt. Doch zugleich lasse ich mich im Bitten von Gott in Frage stellen. Indem ich ihm in aller Freiheit meine Wünsche sage, bekomme ich auch schon Abstand dazu. Ich halte sie Gott hin und lasse mich von ihm in Frage stellen. Bitten ist dann ein Ringen mit Gott, an dessen Ende die Ergebung in Gottes Willen steht. Aber ich muss mich eben nicht sofort in Gottes Willen ergeben, sondern darf ihm durchaus meine eigenen Vorstellungen und Wünsche sagen.

Jesus selbst fordert uns auf, zu bitten, und er verheißt, dass er auf unsere Bitten hören werde:

»Alles, um was ihr in meinem Namen bittet, werde ich tun, damit der Vater im Sohn verherrlicht werde« (Johannes 14,13). Im Gleichnis vom gottlosen Richter und der Witwe macht er uns Mut, ohne Unterlass zu beten und um unser Recht zu kämpfen. Und er verspricht, dass Gott helfen wird: »Sollte Gott seinen Auserwählten, die Tag und Nacht zu ihm schreien, nicht zu ihrem Recht verhelfen, sondern zögern? Ich sage euch: Er wird ihnen unverzüglich ihr Recht verschaffen« (Lukas 18,7 f.). Wir haben also ein Recht auf Leben und sollen darum kämpfen, auch vor Gott. Doch wir dürfen uns die Erfüllung unserer Bitten nicht zu äußerlich vorstellen. Natürlich kann Gott von außen eingreifen und die äußeren Verhältnisse ändern. Wir dürfen in dem Vertrauen beten, dass Gott wirklich eingreift. Aber zugleich sollen wir sehen, dass das Gebet als Begegnung mit Gott selbst schon die Erfüllung unserer Bitte sein kann. Im Gebet erfahre ich das Recht auf Leben. Da hat kein Feind mehr Macht über mich. Da erfahre ich in Gott eine tiefe Geborgenheit, die stärker ist als alles, was mich am Leben hindern möchte. Im Gebet spüre ich, dass ich nicht alleingelassen bin wie die Witwe, die keine Lobby hat und sich an keinen wenden kann, weil selbst der Richter kein Interesse hat, ihr zu helfen.

Im Gebet erfahre ich das Recht auf Leben. Da hat kein Feind mehr Macht über mich. Da erfahre ich in Gott eine tiefe Geborgenheit, die stärker ist als alles, was mich am Leben hindern möchte. Im Gebet spüre ich, dass ich nicht alleingelassen bin.

Im Gebet erfahre ich Gottes Schutz. Das nimmt den äußeren Verhältnissen die Macht über mich. Ganz gleich, ob Gott auch die äußeren Bedingungen ändert, so kann ich in jedem Gebet schon eine Veränderung meiner Einstellung erfahren. Bitten ist immer beides: Gott darum bitten, dass er etwas tut und eingreift, dass er die äußeren Verhältnisse ändert; und im Gebet, im vertrauensvollen Bitten schon eine innere Änderung erfahren, eine Ahnung, dass mir im Grunde nichts schaden kann, dass ich in Gottes Hand bin, ganz gleich, was auch immer geschehen mag.

Das Gebet gibt uns mitten in der Fremde und Unbehaustheit unseres Daseins das Gefühl von Geborgenheit, von Verstandensein und Angenommensein. Wir dürfen uns mit unseren Fragen an den wenden, der sie allein zu beantworten vermag.

Sprechen mit
Gott – wie kann das sein?

Worum geht es eigentlich bei dem, was wir normalerweise Gebet nennen, Sprechen mit Gott? Da fragen manche gleich: Was soll ich denn Gott sagen, er weiß doch sowieso schon alles. Natürlich weiß Gott alles. Gott braucht auch mein Gebet nicht. Aber ich brauche das Gebet. Mir tut es gut, dass ich mich mit meinen innersten Nöten und Ahnungen an Gott wenden kann. Wir können uns ja mal vorstellen, was wäre, wenn wir uns nur an Menschen wenden könnten und nicht an Gott, den Urgrund allen Seins. Dann kämen wir uns im Letzten unverstanden vor. Denn Menschen können unsere letzten Fragen nicht beantworten. Sie können uns ein Stück Verständnis und Geborgenheit schenken. Aber mit unseren tiefsten Ahnungen und Sehnsüchten ließen sie uns allein. Wir würden in einer kalten und unverstandenen Welt leben. Das Gebet gibt uns mitten in der Fremde und Unbehaustheit unseres Daseins das Gefühl von Geborgenheit, von Verstandensein und Angenommensein. Wir dürfen uns mit unseren Fragen an den wenden, der sie allein zu beantworten vermag. Gerade auf die Frage nach dem Leiden und nach dem Tod Unschuldiger kann uns kein Mittel wirklich antworten. Aber wir leben eben nicht im Raum des Absurden, sondern wir dürfen Gott, den Urgrund aller Welt, ansprechen.

Was soll ich nun Gott sagen? Alles, was in mir auftaucht. Ich soll mein Leben zur Sprache bringen, so wie es konkret ist. Ich kann Gott von Begegnungen mit Menschen erzählen, von dem, was mich gerade beschäftigt, von Ärger und Enttäuschung, von Freuden und schönen Erlebnissen, von Ängsten und Sorgen und von meiner Hoffnung. Das Gebet muss nicht fromm sein, nur ehrlich. Es soll wirklich mein Leben vor Gott ausbreiten. Dabei kann es helfen, wenn ich das, was mir einfällt, in Worte kleide, entweder in innere Worte, oder aber auch in vernehmbare Worte. Es ist eine gute Übung, sich einmal zu zwingen, eine halbe Stunde laut mit Gott zu reden. Dabei kann ich mit der Frage beginnen: Gott, was hältst Du eigentlich von mir? Was sagst Du zu mir und zu dem, was ich tue? Oder ich könnte mich fragen, was ich diesem Gott sagen möchte, so dass es meiner Wahrheit entspricht. Dabei muss ich mich zwingen, wirklich die halbe Stunde durchzuhalten. Wenn mir Gott ferne rückt, dann rede ich darüber mit Ihm. Wenn ich ärgerlich werde, sage ich es Ihm. Und wenn mir nichts mehr einfällt, spreche ich mit Gott darüber, wie viel wichtiger mir andere Dinge sind als Er. Diese Weise des Betens ist allerdings keine Übung für jeden Tag, sonst würde sie zu einem Geplapper werden. Von Zeit zu Zeit, vor allem dann, wenn es in mir durcheinander und leer geworden ist, ist es eine gute Hilfe. Ich mache diese Übung selbst gar nicht so gerne. Aber wenn ich mich darauf einlasse, spüre ich, dass sie mir guttut. Am Anfang habe ich genügend Worte und Formulierungen parat, um mein Gebet interessant zu machen. Doch irgendwann kommt der Punkt, wo ich meinen Formulierungen nicht mehr traue, wo ich wirklich die Wahrheit meines Lebens Gott sagen muss. Da muss ich dann ehrlich sagen, was mich in meinem Herzen bewegt. Das Gebet geht immer anders aus, als ich es mir erwartet habe. Es zwingt mich in die Wahrheit. Ich kann Gott nichts vormachen. Ich muss ihm sagen, wie es wirklich mit mir steht. Es genügt nicht, ihm alles Mögliche zu erzählen, ich muss ihm meine innerste Wahrheit erzählen. Nur dann wird mich das Gebet befreien. Denn die Wahrheit allein wird uns frei machen.

Was soll ich nun Gott sagen? Alles, was in mir auftaucht. Ich soll mein Leben zur Sprache bringen, so wie es konkret ist. Ich kann Gott von Begegnungen mit Menschen erzählen, von dem, was mich gerade beschäftigt, von Ärger und Enttäuschung, von Freuden und schönen Erlebnissen, von Ängsten und Sorgen und von meiner Hoffnung.

Intim werden mit Gott, das heißt, vor ihm
wirklich alle meine Gefühle auszudrücken,
die in mir sind und die oft genug verschüttet sind, weil ich selbst Angst vor ihnen
habe.

Keine Angst
vor dem eigenen Herzen

Noch etwas anderes will das Gespräch mit
Gott sein: der Ort der Intimität, an dem
ich Gott alles sage, was in meinem Herzen ist an Sehnsucht, an Ahnungen, an Wünschen,
an Wunden. Intim werden mit Gott, das heißt, vor
ihm wirklich alle meine Gefühle auszudrücken,
die in mir sind und die oft genug verschüttet sind,
weil ich selbst Angst vor ihnen habe. Da kommen vielleicht sehr kindliche Gefühle hoch, wie
die Sehnsucht nach Geborgenheit und Liebe, Gefühle, die ich vor mir selbst verberge, weil sie mir
peinlich sind, weil ich meine, als Erwachsener sei
ich doch darüber hinweg. Das Gebet will mir Mut
machen, wirklich alles auszudrücken, nichts zu-
rückzuhalten, meine tiefsten Sehnsüchte und alle
Defizite meines Lebens, meine Liebe und das An-

gerührtsein in meinem Herzen. Dabei werde ich mit meinen Worten an Grenzen stoßen. Gebärden können mir helfen, meine intimsten Gefühle auszudrücken. So könnte ich die Hände über der Brust kreuzen und Gott meine Sehnsucht nach Intimität hinhalten. Ein Mitbruder erzählte, dass er manchmal unter die Decke krieche und Gott all das sage, was er sich sonst nicht traue, dass er all die Gefühle Gott hinhalte, die eben nur unter der warmen Decke am Abend aufsteigen, und dass er manchmal ein Kissen an die Brust drücke und so bete, um Gott sein Bedürfnis nach Liebe und Zärtlichkeit zu zeigen. Wenn wir den Mut haben, das vor Gott anzusprechen und auszudrücken, was wir vor uns selbst verbergen, was wir nur in der intimsten Liebe zu einem Partner sagen würden, dann wird unser Leben tiefer und lebendiger. Es verliert alle Langweiligkeit und Durchschnittlichkeit. Wir wer-

Wenn wir den Mut haben, das vor Gott anzusprechen und auszudrücken, was wir vor uns selbst verbergen, was wir nur in der intimsten Liebe zu einem Partner sagen würden, dann wird unser Leben tiefer und lebendiger. Es verliert alle Langweiligkeit und Durchschnittlichkeit.

den echter und freier. Wir haben keine Angst mehr vor unserem eigenen Herzen. Das Herz beginnt zu schlagen. Wir fühlen: wir sind wirklich da, wir leben. Es ist schön zu leben. Zugleich ist es natürlich und schmerzlich. Es gibt keine Intimität ohne Verwundbarkeit. Aber gerade das macht uns lebendig und echt. Das Gebet sollte für uns der Ort sein, an dem wir intim sein können, an dem wir mit dem Innersten in uns in Berührung kommen und unser Innerstes Gott hinhalten. Unser ganzes Leben würde dadurch gewinnen. Die Masken fielen weg. Wir bräuchten nicht so viele Schalen um uns herum. Wir könnten auch Menschen näher an uns heranlassen. Und wir würden im Innersten spüren, was Menschsein heißt: im Herzen angerührt und angesprochen zu werden, verwundet zu werden von der Liebe Gottes, die uns aufschließt für Gott und die Menschen.

Wenn wir Gott alles erzählt haben, was uns bedrängt, sollen wir es dabei belassen. Wir müssen darauf vertrauen, dass Gott es gehört hat und dass es bei ihm gut aufgehoben ist, und nicht ständig um uns kreisen und Gott nur als Zuhörer benutzen, der selbst nichts zu sagen hat.

Schweigen
vor Gott

Wenn wir Gott alles gesagt haben, was in uns aufsteigt, dann sollen wir uns nicht unter Druck setzen, noch weiter nach Worten zu suchen. Wir können dann einfach vor Gott sitzen und vor ihm schweigen. Das Gebet vollendet sich im Schweigen. So sagt es die Gebetslehre des Mönchtums. Das Schweigen hat dabei zwei Bedeutungen: einmal das Hören und dann das Einswerden mit Gott.

Wenn wir Gott alles erzählt haben, was uns bedrängt, sollen wir es dabei belassen. Wir müssen darauf vertrauen, dass Gott es gehört hat und dass es bei ihm gut aufgehoben ist, und nicht ständig um uns kreisen und Gott nur als Zuhörer benutzen, der selbst nichts zu sagen hat. Das gibt es ja auch im menschlichen Gespräch. Manche benutzen einen nur als Mülleimer. Sie erzählen von sich, aber sie wollen gar keinen Rat hören. Sobald man antwortet, meinen sie, das würden wir halt nicht verstehen, unser Rat würde ihre konkrete Situation nicht berücksichtigen, wir hätten ja keine Ahnung, wie es bei ihnen wirklich zugehe. Wenn ich merke, dass ich als Gesprächspartner nicht ernst genommen werde, werde ich aggressiv. Ich habe keine Lust, nur als Mülleimer zu dienen. Ich möchte dem anderen begegnen. Das kann ich aber nur, wenn er auch auf mich hört. Sonst wird es nie ein Gespräch. Wir dürfen auch Gott nicht als Mülleimer benutzen. Wir müssen ihm die Chance geben, etwas zu sagen.

Aber da meldet sich schon der Zweifel: Wie sagt Gott denn etwas zu mir, wie kann ich ihn hören? Ich höre doch keine Stimme vom Himmel. Nein, ich höre keine lauten Worte. Aber beim Gebet kommen mir Gedanken. Und ich kann mich fragen, woher die Gedanken kommen. Die Psychologie würde sagen, die Gedanken tauchen aus dem Unbewussten auf. Aber warum jetzt gerade dieser Gedanke auftaucht, kann sie auch nicht mit Bestimmtheit erklären. Da ist es durchaus legitim, zu sagen, Gott spreche in den Gedanken zu mir. Es sind meine Gedanken, die in meinem Hirn ablaufen und für Messinstrumente registrierbar sind. Aber in meinen Gedanken spricht eben Gott zu mir. Natürlich kann ich das auch nicht mit Gewissheit sagen. Ich könnte mir ja auch selbst die Antwort geben. Woher kann ich erkennen, dass Gott in meinen Gedanken zu mir spricht? Die Mönche unterscheiden drei Arten von Gedanken: Gedanken, die von Gott kommen, die von den Dämonen stammen und die aus mir herrühren. Um welche Gedanken sich es jeweils handelt, das kann ich an ihrer Wirkung erkennen. Gedanken, die von Gott stammen, bewirken immer inneren Frieden und eine gelassene Ruhe. Gedanken, die von den

Wie sagt Gott denn etwas zu mir, wie kann ich ihn hören? Ich höre doch keine Stimme vom Himmel. Nein, ich höre keine lauten Worte. Aber beim Gebet kommen mir Gedanken. Und ich kann mich fragen, woher die Gedanken kommen.

Dämonen kommen, erzeugen Unruhe und Angst, sie verkrampfen und verspannen den Leib. Und die Gedanken aus mir heraus zerstreuen mich und machen mich oberflächlich. Sie führen mich von mir selbst weg. Ich fühle mich dann zerflossen und ausgegossen.

Manchmal scheinen Gedanken sehr fromm zu sein, aber sie kommen doch von den Dämonen, oder wie wir heute lieber sagen würden, vom eigenen Über-Ich. Wenn mir z. B. im Gebet einfällt, was ich falsch gemacht habe, so würden alle Selbstvorwürfe und Selbstzerfleischungen von den Dämonen kommen und nicht von Gott. Wenn ich vor Gott meine Schuld anschaue, dann richte ich meinen Blick mehr auf den barmherzigen Gott als auf meine Schuld. Und ich fühle mich mitten in meiner Schuld von Gott angenommen und geliebt. Der Blick auf Gott erzeugt also trotz meiner Schuld und trotz der Aufforderung umzukehren, einen inneren Frieden. Wenn ich mich aber selbst zerfleische, weil ich mir die Schuld nicht verzeihen kann, so entspringt das mehr dem eigenen Über-Ich, das sich nicht damit abfinden kann, nicht so ideal zu sein, wie es gerne sein möchte. Wir meinen, wir seien fromm, weil uns unsere Schuld so leidtut. Aber in Wirklichkeit tut sie uns nicht wegen Gott leid, sondern unseretwegen, weil sie das Idealbild zerstört, das wir von uns in uns tragen. Ob also Gott in den Gedanken zu mir spricht, das kann ich an der Wirkung der Gedanken und Gefühle erkennen. Wenn Gott zu mir spricht, erfüllt er mich immer mit einem tiefen Frieden und einer stillen Freude.

Das Schweigen
Gottes macht uns feinfühlig

Die Frage nach der Herkunft der Gedanken ist gerade auch beim Gebet um Entscheidung wichtig. Der Druck, immer das Bessere zu tun, klingt zwar fromm, aber er stammt meistens vom eigenen Über-Ich. Wir setzen uns selbst unter Druck und überfordern uns. Wenn z. B. ein junger Mensch vor der Frage steht, ins Kloster zu gehen oder nicht, so laufen oft Gedanken ab, wie: Eigentlich müsste ich ins Kloster gehen, denn das ist besser, da diene ich Gott mehr. Wenn dann Ängste hochkommen, dann versucht man sie wegzudrängen, indem man um die Kraft bittet, die man zum Klosterleben braucht. Aber oft entsteht dann ein Überdruck, eine Angst, der Berufung doch nicht gewachsen zu sein. Gott überfordert uns nie. Wir selbst sind es, die uns überfordern. Hilfreicher wäre es da, sich die beiden Alternativen vorzustellen und sie in aller Ruhe auszuphantasieren. Wie wäre es, wenn ich in 10 oder 20 Jahren verheiratet wäre, in dem oder jenem Beruf wäre, Kinder hätte, usw.? Welche Gefühle kämen da hoch? Und dann soll ich mich mit der anderen Alternative anfreunden: Wie würde ich mich fühlen als Mönch oder als Nonne in 10 oder 20 Jahren? Dabei sollte ich auf die Gefühle achten und sie miteinander vergleichen. Dort, wo mehr innerer Frieden ist, dort will mich Gott haben. Mehr Frieden heißt natürlich nicht, dorthin zu gehen, wo es leichter ist, sondern dorthin, wo ich mehr Übereinstimmung mit meinem inneren Fühlen entdecke. Denn Gott spricht nicht in überzeugenden Argumenten zu uns, sondern in unserem innersten Spüren. Dabei müssen wir zwei Ebenen in uns unterscheiden: die eine Ebene, die oberflächlich alle Wünsche erfüllt haben möchte, und die andere Ebene, die wir nur erreichen, wenn wir still genug in uns hineinhor-

Gott spricht nicht immer sofort zu uns. Wir müssen vielmehr lange in die Stille hineinhorchen, bis wir sensibel werden für das, was Gott uns sagen möchte. Zu schnell möchten wir Gott unsere eigenen Gedanken in den Mund legen. Wenn Gott schweigt, zwingt er uns, tiefer hineinzufragen, wer dieser Gott wirklich ist.

chen und uns vor Gott in unser innerstes Fühlen hineinspüren. Auf dieser Ebene spricht Gott zu uns. Und auch alle Worte Jesu, die uns manchmal zu überfordern scheinen, sind an diese Ebene gerichtet, um uns herauszufordern zu einem Leben, das unserem innersten Wesen entspricht. Manchmal zeigt mir Gott bei so einem Gebet gar nichts. Dann ist es eben ein Hinweis, dass die Zeit für die Entscheidung noch nicht reif ist, dass ich in aller Demut und Geduld noch warten muss, bis Gott mir eindeutiger zeigt, was für mich der richtige Weg ist.

Gott spricht nicht immer sofort zu uns. Wir müssen vielmehr lange in die Stille hineinhorchen, bis wir sensibel werden für das, was Gott uns sagen möchte. Zu schnell möchten wir Gott unsere eigenen Gedanken in den Mund legen. Wenn Gott schweigt, zwingt er uns, tiefer hineinzufragen, wer dieser Gott wirklich ist. Er lehrt uns, unsere eigenen Phantasien nicht mit Gott und Gottes Worten zu verwechseln. Das Schweigen Gottes macht uns feinfühlig, ob wir in unserem schweigenden Harren nicht doch noch etwas von Gott vernehmen können. Augustinus sagt einmal: »Der ist der beste deiner Diener, dem weniger daran liegt, zu hören, was er will, als nur zu wollen, was er von dir hört.«

Das Schweigen Gottes erzieht uns dazu, auf das zu hören, was Gott von uns will, und es hindert uns daran, uns die Antwort selbst zu geben. Es fordert uns heraus, uns noch weiter dem Geheimnis Gottes zu öffnen und unsere Bilder noch mehr von Gott zerbrechen zu lassen, bis wir offen werden für den wirklichen Gott. Es gibt Phasen des Gebetes, da wir an der Abwesenheit Gottes leiden. Wir haben das Gefühl, gegen eine leere Wand zu sprechen und keine Antwort zu bekommen. Ja, wir haben Angst, im Gebet allein mit uns selbst zu sein. Wir dürfen die Abwesenheit Gottes nicht vorschnell überspringen, sondern müssen sie aushalten. Natürlich ist Gott gegenwärtig, aber wir erfahren ihn als abwesend, weil wir selbst nicht bei uns sind, weil wir nicht in der Wahrheit sind.

Die Abwesenheit Gottes auszuhalten, bedeutet daher, vor Gott wieder in die Wahrheit zu kommen, die eigenen Projektionen aufzugeben und den ganz anderen Gott hinter allen Vorstellungen zu entdecken. Und es bedeutet, dass wir das Gebet nicht selbst machen können, sondern dass wir angewiesen sind auf Gottes Kommen. Es ist seine freie Entscheidung, uns zu begegnen. Vielleicht wartet er mit der Begegnung, weil wir noch nicht fähig sind, ihm wirklich gegenüberzutreten. Er wartet so lange, bis wir bereit sind, ihm entgegenzugehen. Und diese Bereitschaft nennt die Bibel Umkehr, Metanoein, Umdenken, seine Gedanken aus der Zerstreuung zurücknehmen und auf Gott hin wenden.

Gott ist nicht ein Gedanke unter vielen. Und wir können ihm nicht begegnen, wenn wir mit unseren Gedanken außerhalb von uns spazieren gehen. Wir müssen die Gedanken in unser Herz zurückbinden. Gott begegnen wir nur in unserem Herzen. Die Abwesenheit Gottes auszuhalten heißt, geduldig immer wieder in sein eigenes Herz zurückzukommen, um dort auf Gott zu hören.

Gott begegnen wir nur in unserem Herzen. Die Abwesenheit Gottes auszuhalten heißt, geduldig immer wieder in sein eigenes Herz zurückkommen.

Wenn ich meine Situation ehrlich anschaue, dann darf ich meine Ohnmacht Gott hinhalten und ihn bitten, dass er etwas in Bewegung bringt, bei mir selbst oder bei anderen Menschen.

Fragen
ans Beten – Bittgebet

In Vorträgen über das Beten sind Fragen an mich herangetragen worden, die mich nachdenklich gemacht haben. Auf einige dieser Fragen möchte ich versuchen zu antworten.

Da ist einmal die Frage der Fürbitte. Es ist nicht nur die Frage, ob ich für andere beten darf oder nicht, sondern auch, ob ich für mich selbst beten darf. Darf ich beten, dass Gott mich gesund macht, dass er mir hilft in meiner Ehekrise oder in meinen beruflichen Schwierigkeiten? Oder soll ich mich einverstanden erklären mit dem Willen Gottes und akzeptieren, was er mir an Problemen schickt?

Ich darf mit allen meinen Wünschen zu Gott kommen. Ich darf auch unvernünftige Wünsche äußern. Ich darf meine Not schildern und meine Sehnsucht, dass er mich aus der Not herausreißt.

Aber die Fürbitte darf nicht dazu führen, dass ich Gott dazu benutze, mir möglichst schnell zu helfen. Auch die Fürbitte muss zu einer Begegnung mit Gott werden und mit mir selbst. Das heißt für mich, dass ich Gott nicht einfach die Lösung des Problems zuschiebe, sondern dass ich mit Gott mein Problem bespreche. Wenn ich mein Problem Gott offen hinhalte, dann werde ich auch erkennen, wo ich selbst Schritte tun muss. Wenn ich in einer Ehekrise stecke, darf ich Gott nicht einfach die Verantwortung für die Krise übertragen. Ich muss auch selbst fragen, was ich ändern muss, warum ich in diese Krise geraten bin, was die anderen an mir stört und wo ich an mir arbeiten muss. Die Fürbitte ersetzt nicht die ehrliche Selbstbegegnung, sondern stößt sie an. Wenn ich meine Situation ehrlich anschaue, dann darf ich meine Ohnmacht Gott hinhalten und ihn bitten, dass er etwas in Bewegung bringt, bei mir selbst oder bei anderen Menschen. Wenn ich krank bin, darf ich Gott darum bitten, mich zu heilen. Aber am Ende der Bitte muss immer die Bereitschaft stehen: Dein Wille geschehe.

Um meine Heilung zu bitten heißt für mich auch, dass ich mit Gott ringe, was diese Krankheit denn bedeuten soll, warum sie über mich gekom-

Um meine Heilung zu bitten heißt für mich auch, dass ich mit Gott ringe, was diese Krankheit denn bedeuten soll, warum sie über mich gekommen ist, und wozu sie gut sein kann.

men ist, und wozu sie gut sein kann. Bei einem Vortrag meinte ich einmal, dass manche Gott zu leicht dazu benutzen, ihre Probleme und Krankheiten von ihnen zu nehmen. Eine Frau kam wütend auf mich zu und sagte, sie sei tief enttäuscht. Denn schließlich sei es doch richtig, dass alle ihre Verwandten um Heilung gebetet hätten. Das hätte ihr geholfen. Natürlich dürfen wir um Heilung beten und sollen darauf vertrauen, dass das Gebet heilende Kraft hat. Aber zugleich will mich das Gebet in eine ehrliche Auseinandersetzung mit mir selbst und mit Gott führen. Es will mein Selbstbild in Frage stellen und mein Gottesbild. Und nur wenn ich mich in Frage stellen lasse, darf ich – wie die Frau im Gleichnis vom ungerechten Richter (Lukas 18, 1–8) – hartnäckig Gott meine Bitten vortragen, dass er mir doch Recht verschaffe, dass er mir ein Leben ermöglicht, das diesen Namen verdient.

Fragen ans

Beten – Einswerden mit Gott?

Eine andere Frage ist die Frage nach der Beziehung zwischen dem Gebet als Begegnung mit Gott und dem Gebet als Einswerden mit Gott. Einswerden ist mehr als Begegnung. Jede tiefe Begegnung lässt mich die Einheit mit dem anderen spüren. Es wird in mir etwas angesprochen, angerührt, in Schwingung versetzt, was mich mit dem anderen verbindet.

Aber beim Einswerden geht es noch um etwas anderes. Eine Erfahrung des Gebetes ist, dass ich nicht mehr selbst bete, sondern dass mein Gebet im Schweigen mündet. In diesem Schweigen bin ich nicht mehr vor Gott, sondern ich werde eins mit Gott. In diesem Einswerden ist kein Gegenüber mehr. Ich bin einfach da. Ich bin eins mit mir selbst, mit dem Augenblick, mit dem

... dann sind wir einverstanden mit uns selbst und mit unserer Lebensgeschichte. Dann ist in uns eine tiefe Zustimmung zur Welt, so wie sie ist. Dann spüren wir in der Tiefe eine Einheit mit allen Menschen.

Atem, mit meinem Leib. Und in dieser Einheit bin ich auch eins mit Gott. Ich habe teil an seinem Sein.

Wie Gott darf ich sagen: »Ich bin ich.« Ich bin ganz gegenwärtig. Ich reflektiere nicht darüber nach. Ich vergesse mich selbst. Ich gebe jede Selbstreflexion auf. Es ist immer nur ein Augenblick, in dem so ein Einswerden möglich ist. Aber wenn es da ist, dann steht in uns alles still. Dann sind wir reines Sein. Dann sind wir in Gott und Gott in uns. Dieses Einswerden kann man nicht machen. Es ist immer ein Geschenk Gottes, das uns überraschend trifft. Wir können uns im Beten und Schweigen darauf vorbereiten. Aber herbeizwingen können wir das nicht. Wenn wir diese Einheit erfahren, dann ist es höchstes Glück, dann spüren wir: »Gott allein genügt.« Dann sind wir einverstanden mit uns selbst und mit unserer Lebensgeschichte. Dann ist in uns eine tiefe Zustimmung zur Welt, so wie sie ist. Dann spüren wir in der Tiefe eine Einheit mit allen Menschen. Aber im nächsten Augenblick werden wir wieder entlassen in das Hin und Her unseres Alltags und unserer zerrissenen Seele. Das gehört dann auch zum Gebet, die eigene Zerrissenheit Gott hinzuhalten, damit er sie wieder wandelt in die Erfahrung von Einssein.

Immer wieder werde ich auch gefragt, wie denn das »Zu-Ende-Denken« beim Gebet konkret gehen soll. Ich möchte es an drei Beispielen erläutern. Das eine betrifft die Angst. Manche bitten Gott darum, ihre Angst zu nehmen. Sie setzen sich gar nicht mit dieser Angst auseinander. Je mehr sie Gott darum bitten, sie von ihrer Angst zu befreien, desto mehr sind sie darauf fixiert. Für mich heißt Beten als »Zu-Ende-Denken«, dass ich mir die Angst vorstelle und sie mir erlaube. Ja, ich habe Angst vor dem Versagen, Angst, mich vor anderen zu blamieren. Ich habe Angst vor Krankheit und Sterben. Ich gebe die Angst zu und erlaube mir, mir vorzustellen, wie das wäre, wenn ich mich blamieren würde, krank werden oder wenn ich durch einen Unfall umkommen würde. Indem ich in das Gefühl der Angst hineingehe und durch das Gefühl durchgehe auf Gott hin, kann sich meine Angst relativieren. Ja, meine Angst kann mich sogar zu Gott führen. Ich habe Angst vor der Krankheit. Aber ich habe keine Garantie, dass mich Gott vor der Krankheit schützt. So gehe ich in der Vorstellung in die Krankheit hinein und lasse mich von ihr zu Gott führen. Gera-

> ... meine Angst kann mich sogar zu Gott führen. Ich habe Angst vor der Krankheit. Aber ich habe keine Garantie, dass mich Gott vor der Krankheit schützt. So gehe ich in der Vorstellung in die Krankheit hinein und lasse mich von ihr zu Gott führen.

de die Ohnmacht, die ich gegenüber meiner Angst und gegenüber einer eventuellen Krankheit spüre, kann mich für Gott aufbrechen. Ich kämpfe nicht gegen die Angst. Das würde dazu führen, dass ich ständig mit ihr beschäftigt bin. Wenn sie auftaucht, lasse ich sie zu, denke sie zu Ende, gehe in sie hinein und durch sie hindurch. Auf diesem Weg werde ich bei Gott ankommen. Mitten in meiner Angst werde ich auf einmal einen tiefen Frieden und Vertrauen spüren. Ich weiß, dass ich auch mit meiner Angst in Gottes guter Hand bin.

Ein anderes Beispiel betrifft meine Bedürfnisse und Wünsche. Manche Menschen beklagen sich, dass sich keiner um sie kümmert, dass sie keinen Partner oder keine Partnerin finden. Und sie bitten Gott darum, dass er für sie dieses Problem lösen möge. Natürlich dürfen wir auch hier Gott um seine Hilfe bitten. Aber wenn wir ihm die Verantwortung für eine mögliche Freundschaft zuschieben, sind wir enttäuscht, wenn unser Wunsch nicht in Erfüllung geht. Ein wichtiger Weg wäre für mich auch da: Ich gebe zu, dass ich mich nach Freundschaft und Partnerschaft sehne. Und dann stelle ich mir vor, wie das wäre, wenn ich eine Freundin, einen Partner hätte. Wären dann alle meine Wünsche erfüllt? Wäre ich dann am Ziel meiner Sehnsucht angelangt? Indem ich den Wunsch zulasse und zu Ende denke, relativiert er sich. Ich erkenne dann, dass ich bei aller Sehnsucht nach Freundschaft auch danach streben muss, in Gott meinen Grund zu finden. Sonst wird meine Sehnsucht jeden Menschen überfordern und ins Leere gehen.

Wenn wir die Schritte der Kunst des Älterwerdens üben, dann werden wir im Leben und im Tod zum Segen für andere. Schöneres kann man nicht sagen über das geglückte Älterwerden.

Ausblick

Schon jetzt

Wir werden das Zeitliche nur segnen, wenn wir schon in der Zeit, in der wir leben, die Menschen um uns herum segnen und wenn wir für sie beten, damit Gottes Segen sie begleite. Wenn sich die Menschen um uns herum durch unser ganzes Dasein, durch unser Leben und Sterben, gesegnet wissen, dann dürfen wir vertrauen, dass ihre Reaktion ähnlich wie die der Jünger im Lukasevangelium sein wird: Sie werden mit großer Freude in ihren Alltag zurückkehren, weil sie sich beschenkt und gesegnet fühlen.

Oft sagen wir von einem älteren Menschen, der weise geworden ist, der mit sich im Frieden ist und eine gute Ausstrahlung auf seine Umgebung hat: Er ist ein Segen für die Familie, für die Menschen, für diese Welt. Über jedem von uns steht die Zusage, die Gott Abraham gemacht hat: »Du bist ein Segen« (Genesis 12,2). Wenn wir diese Zusage verinnerlichen, dann werden wir aufhören, uns zu entschuldigen, dass wir anderen zur Last fallen, wenn wir alt werden. Wir werden vielmehr

Über jedem von uns steht die Zusage, die Gott Abraham gemacht hat: »Du bist ein Segen« (Genesis 12,2). Wenn wir diese Zusage verinnerlichen, dann werden wir aufhören, uns zu entschuldigen, dass wir anderen zur Last fallen, wenn wir alt werden. Wir werden vielmehr in allen Phasen unseres Lebens – auch in den letzten Etappen des Alterns und schließlich im Sterben – darauf vertrauen, dass wir ein Segen für die Menschen sein dürfen.

in allen Phasen unseres Lebens – auch in den letzten Etappen des Alterns und schließlich im Sterben – darauf vertrauen, dass wir ein Segen für die Menschen sein dürfen. Das wird helfen, Ja zu sagen zu unserer Einsamkeit, zu unserer Gebrechlichkeit, zum Altwerden und Sterben. – Wenn wir die Schritte der Kunst des Älterwerdens üben, dann werden wir im Leben und im Tod zum Segen für andere. Schöneres kann man nicht sagen über das geglückte Älterwerden. Vertrauen wir, dass die Menschen auch bei unserem Tod sagen werden: »Er war und ist für uns ein Segen.« – »Sie war und ist für uns ein Segen.«

Segen

für das, was ist,
und für das,
was auf uns
zukommt

Verheißung und Zusage eines Schutzengels an seinen Schutzbefohlenen

Ich lasse dich nicht fallen und verlasse dich nicht.

Ich bleibe bei dir mit meiner Liebe,

ich begleite dich, wohin du auch gehst.

Meine Liebe sei deine Kraft,

meine Treue sei dein Schutz.

Meine Zärtlichkeit hülle dich ein,

und meine Sehnsucht

komme dir entgegen.

Wenn du traurig bist, will ich dich trösten,

in deiner Unruhe lege ich meine Hand auf dich,

in deinem Schmerz küsse ich deine Wunde,

und im Getriebensein gehe ich als Engel der Langsamkeit

an deiner Seite.

Wenn Menschen dich verlachen,

stärke ich dir den Rücken,

in deiner Einsamkeit nehme ich dich in meine Arme,

in deiner Sprachlosigkeit leihe ich dir meine Stimme,

und wenn du gebeugt bist, richte ich dich auf

durch einen Blick der Liebe.

Wenn alles in dir erstarrt,

schenke ich dir meine Wärme,

und wenn Sorgen dich drücken,

flüstere ich dir Worte der Zuversicht ins Ohr.

Füllt Gram deine Seele, will ich ihn vertreiben,

und meine Gegenwart möge dir Licht sein in allem, was du tust.

Am Morgen weckt dich meine Sehnsucht,

und am Abend deckt meine Liebe dich zu;

schlafe ein in meinen Armen

Atem in Atem, Herz an Herz ...

lausche, es schlägt für dich ...

durch die lange Nacht, an jedem neuen Tag ...